国家社科基金项目（20FJKB005)

河南省哲学社会科学规划项目（2020BJY010)

河南省高等学校哲学社会科学优秀学者项目（2018YXXZ03）

河南大学哲学社会科学创新团队培育项目（2019CXTD009）

博士生导师学术文库

A Library of Academics by
Ph.D.Supervisors

学习困难儿童信息加工的
脑机制研究

王恩国 著

光明日报出版社

图书在版编目（CIP）数据

学习困难儿童信息加工的脑机制研究 / 王恩国著
. --北京：光明日报出版社，2021.5
ISBN 978 - 7 - 5194 - 5958 - 1

Ⅰ.①学… Ⅱ.①王… Ⅲ.①学习困难—儿童教育—
研究 Ⅳ.①G76

中国版本图书馆 CIP 数据核字（2021）第 068199 号

学习困难儿童信息加工的脑机制研究
XUEXI KUNNAN ERTONG XINXI JIAGONG DE NAOJIZHI YANJIU

著　　者：王恩国			
责任编辑：宋　悦		责任校对：傅泉泽	
封面设计：一站出版网		责任印制：曹　净	

出版发行：光明日报出版社

地　　址：北京市西城区永安路 106 号，100050

电　　话：010 - 63169890（咨询），63131930（邮购）

传　　真：010 - 63131930

网　　址：http：//book. gmw. cn

E - mail：songyue@ gmw. cn

法律顾问：北京德恒律师事务所龚柳方律师

印　　刷：三河市华东印刷有限公司

装　　订：三河市华东印刷有限公司

本书如有破损、缺页、装订错误，请与本社联系调换，电话：010 - 63131930

开　　本：170mm×240mm			
字　　数：305 千字		印　　张：17.5	
版　　次：2021 年 5 月第 1 版		印　　次：2021 年 5 月第 1 次印刷	
书　　号：ISBN 978 - 7 - 5194 - 5958 - 1			
定　　价：95.00 元			

前　言

　　长期以来研究者对学习困难所采用的词语不同，如脑损伤、教育障碍、阅读障碍、过度活动、多动症候群、语言障碍、轻微脑功能障碍、心理语言障碍、神经心理障碍、学习失能、学习迟缓、学习困难、学习障碍等。这从一个侧面反映出学习困难问题的复杂性。目前，学习困难不仅是心理学、教育学、医学研究的重点课题，而且成为社会关注的热点问题，同时，学习困难也是长期困扰教育界的一大难题。学习困难儿童在中小学生中占有相当大的比例，由于采用的诊断方法不同，不同国家报道的比例不尽相同，美国开展的一些大规模研究发现，约有6%的小学生和初中生被诊断为数学学习困难，另外约有5%的儿童被诊断为阅读困难，这个数字是相当惊人的。学习困难关乎千家万户的利益，对儿童一生成长起着至关重要的作用。学习困难儿童的存在是一种普遍现象，如何帮助他们提高学习成绩是当前心理学、教育学研究所面临的重大理论和实际课题，而解决这一问题的关键在于发现造成学习困难的真正原因。学习困难儿童的神经机制研究有助于揭示造成学习困难的深层原因，为学习困难的矫正和治疗提供帮助。

　　本书通过对学习困难脑机制研究演变过程的分析发现，学习困难脑机制研究从医学、生理模式向神经、心理模式转变。这种转变与医学模式探讨所遇到的困难和局限有关，更与对学习困难儿童教育的重视分不开；从认知加工转向信息加工的脑机制探讨是今后学习困难研究的必然趋势。多年来，不同的理论对于学习困难的致病原因存在很大分歧，但就学习困难的神经功能异常达成了共识。随着脑科学的快速发展，尤其是无损伤性技术的出现，为研究学习困难儿童的脑机制提供了条件。学习困难与脑的关系研究主要集中在脑的特定缺陷和发育迟缓两个方面。

　　纵观近30年来学习困难的脑机制研究，尽管学界取得了丰硕的成果，但还有许多问题和不足，这些问题主要表现在：阅读困难研究较多，其他类型学习困难的研究相对较少；在阅读困难研究中，词汇识别和语音加工的研究相对较多，对句子加工和信息整合的研究较少；在基本感知加工的研究中，听觉加工的研究相对较多，视觉加工研究相对少；对学习困难采用聚类研究相对较多，分类研究相对较少；所用刺激材料以外文为主，对汉语学习困难的脑机制研究才刚刚起步。

本书是在前期对学习困难儿童认知加工机制研究的基础上，进一步考察造成学习困难儿童信息加工缺陷的脑机制，从学习困难儿童脑信息自动加工的特点入手，进一步探讨学习困难儿童与对照组语义加工、选择性注意的脑机制、注意保持的脑机制以及记忆编码与提取的脑机制，利用 ERP 研究手段，将行为实验与 ERP 研究相结合，全面深入地探讨学习困难儿童的脑机制特点，揭示学习困难儿童在进行学习活动时大脑信息加工的差异，探明造成学习困难的深层原因。尤其是使用 ERP 技术研究学习困难有巨大的潜力和优势，不仅能从脑机制加工的层面上了解学习困难，而且对于学习困难的诊断和治疗有长远的意义。这种方法未来在临床上有非常广阔的应用前景，尤其是对异常儿童的诊断，它可以帮助人们明确造成儿童学习困难的原因，进而设计出最适合儿童学习和社会心理需要的矫正方案。

本书能够顺利完成是许多人努力的结果，我的硕士研究生王燕、田媛、郭亚恒、黄海伟等同学对数据的采集分析做出了大量辛勤的工作。在此向他们表示诚挚的谢意。

当然，本书只探讨了学习困难的部分脑机制特点，鉴于学习困难的复杂性，这一研究领域任重道远。同时，尽管对书稿字斟句酌，反复校对，但由于本人所学所知有限，难免对某些问题把握得不深不透，书中可能存在偏差和疏漏之处，恳请广大读者批评指正。

王恩国

2020 年 3 月于开封

目 录
CONTENTS

第一章 学习困难儿童信息加工的脑机制研究概述 ················ 1

第一节 学习困难儿童神经机制研究的历史回顾 ············· 1

第二节 发展性阅读障碍的神经机制研究 ················ 3

　一、阅读障碍的脑形态学研究 ···················· 3

　二、阅读障碍的脑功能研究 ······················ 6

第三节 发展性阅读障碍儿童的视、听通道加工的神经机制 ······ 13

　一、视觉加工特点 ·························· 14

　二、听觉加工特点 ·························· 15

第四节 学习困难亚型的神经机制 ·················· 18

　一、学习困难亚型的脑形态学 ···················· 19

　二、学习困难亚型的脑电活动特点 ················ 19

　三、学习困难亚型的 ERP 研究 ·················· 22

第二章 学习困难儿童脑信息自动加工特点 ·············· **30**

第一节 脑信息自动加工研究概述 ·················· 31

　一、失匹配负波 ·························· 31

　二、脑信息自动加工功能 ······················ 32

　三、MMN 研究常见的实验范式 ·················· 34

　四、MMN 产生机制理论及其影响因素 ·············· 34

　五、学习困难的 MMN 研究 ···················· 36

　六、问题提出与研究假设 ······················ 36

第二节 学习困难儿童视觉通道脑信息自动加工的特点 ········ 37

　一、实验目的 ·························· 37

　二、研究方法 ·························· 37

三、结果与分析 ……………………………………………… 39

　第三节　学习困难儿童听觉通道脑信息自动加工的特点 …………… 50

　　一、实验目的 ……………………………………………… 50

　　二、研究方法 ……………………………………………… 50

　　三、结果与分析 …………………………………………… 51

　　四、总讨论与结论 ………………………………………… 65

第三章　阅读障碍儿童语义加工的脑机制研究 ……………… **69**

　第一节　阅读障碍语义加工研究概述 ………………………… 70

　　一、语义加工的神经机制研究概述 ……………………… 70

　　二、阅读障碍语义加工研究概述 ………………………… 73

　　三、阅读障碍儿童 N400 研究进展 ……………………… 75

　第二节　阅读障碍儿童词汇语义加工的脑机制研究 …………… 76

　　一、实验目的 ……………………………………………… 76

　　二、研究方法 ……………………………………………… 77

　　三、结果 …………………………………………………… 78

　　四、讨论 …………………………………………………… 87

　第三节　阅读障碍儿童句子语义加工的脑机制研究 …………… 88

　　一、实验目的 ……………………………………………… 88

　　二、研究方法 ……………………………………………… 88

　　三、结果 …………………………………………………… 89

　　四、小结 …………………………………………………… 98

　　五、总讨论与结论 ………………………………………… 99

第四章　学习困难儿童注意保持的特点 ……………………… **102**

　第一节　关联性负波的相关研究 ……………………………… 102

　　一、关联性负波概述 ……………………………………… 102

　　二、关联性负波的理论假说 ……………………………… 104

　　三、关联性负波的应用研究 ……………………………… 105

　第二节　学习困难儿童听觉注意保持的 ERP 研究 …………… 106

　　一、学习困难儿童注意特点的相关研究 ………………… 106

　　二、研究方法 ……………………………………………… 107

　　三、研究结果 ……………………………………………… 108

第三节　发展性障碍儿童视觉通道注意保持的 ERP 研究 …………… 116
　　一、研究方法 ……………………………………………………… 116
　　二、结果分析 ……………………………………………………… 117
　　三、总讨论与结论 ………………………………………………… 123
　　四、未来研究的展望 ……………………………………………… 127
　　五、对未来研究的展望 …………………………………………… 127

第五章　学习困难儿童分心抑制的脑机制研究 ………………… **128**
　第一节　分心抑制研究概述 ………………………………………… 128
　　一、分心抑制与工作记忆的关系 ………………………………… 128
　　二、分心抑制机制 ………………………………………………… 131
　　三、负启动 – 选择性注意抑制加工的指标 …………………… 133
　　四、问题提出与研究假设 ………………………………………… 134
　第二节　学习困难儿童位置抑制能力的 ERP 研究 ……………… 135
　　一、研究方法 ……………………………………………………… 136
　　二、结果 …………………………………………………………… 138
　　三、讨论 …………………………………………………………… 149
　第三节　学习困难儿童特性抑制的 ERP 研究 …………………… 151
　　一、研究方法 ……………………………………………………… 151
　　二、结果 …………………………………………………………… 153
　　三、小结 …………………………………………………………… 163
　　四、讨论与结论 …………………………………………………… 165
　　五、展望 …………………………………………………………… 167

第六章　学习困难儿童记忆编码与提取的脑机制 ……………… **169**
　第一节　记忆编码与提取神经机制的相关研究 ………………… 170
　　一、记住和熟悉 …………………………………………………… 170
　　二、编码的 ERP 研究 …………………………………………… 173
　　三、提取的 ERP 研究 …………………………………………… 179
　第二节　学习困难儿童数字编码与提取的 ERP 研究 …………… 189
　　一、研究目的 ……………………………………………………… 189
　　二、研究方法 ……………………………………………………… 189
　　三、结果 …………………………………………………………… 191

四、讨论 ·················· 204

五、结论 ·················· 208

第三节　学习困难儿童汉字编码与提取的 ERP 研究 ·········· 209

一、研究目的 ·················· 209

二、研究方法 ·················· 209

三、结果 ·················· 211

四、小结 ·················· 223

五、总讨论与结论 ·················· 227

六、有待进一步探讨的问题 ·················· 231

参考文献 ·················· **232**

第一章

学习困难儿童信息加工的脑机制研究概述

导致学习困难的原因是多方面的，这些因素涉及感觉障碍、精神障碍、智力低下、后天脑损伤、教育缺失或者不良的学习环境等。长期以来，许多研究者认为，学习困难是某些神经生物学异常引起的。然而，该理论一直停留在这样的假设而缺乏直接研究证据的支持，因而经常遭到批评。例如，早在1975年，Rourke就表达了对学习困难研究中证据不足的担忧，他认为，需要对研究中的关系变量进行重新论证，以发现学习困难的神经生物学特征。在20多年的研究积累中，有关学习困难的神经机制特点取得了重大进展。

第一节　学习困难儿童神经机制研究的历史回顾

学习困难是一种通病，它包括不同缺陷类别的群体。这种障碍在获取与应用听、说、读、写、推理或数学能力上有明显的困难。一般推测是由个体内在的神经系统的功能异常所引起，在人的一生中，任何时候都有可能发生。学习障碍或许存在行为控制、社会知觉及社会互动的问题，但这些并非构成缺陷的主因。虽然学习障碍有可能与其他的障碍状况（如感官损伤、智力不足、严重情绪困扰）同时存在，或受一些外在因素影响（如文化差异、文化刺激不足或不当教学），但它并非由前述状况或影响所直接促成。有关学习困难的生物基础研究起源于19世纪后期（Pickle，1998）。学习困难是一类异质群体，研究早期曾称为阅读障碍或失语症。强调失语症导致学习困难的研究大量导向阅读障碍这一特殊群体。这种定义思路无疑限制了后续的实证研究。

阅读障碍的研究起源于克里奇利（Critchley，1964）。当时的颅相学提出了大脑的功能定位假说，大脑功能的定位很快成为许多科学家研究的热点。布罗卡的脑功能定位就是在这种背景下提出的。布罗卡明确提出失语症的脑区病变在左额叶。随后，其他研究者提出不同的认知功能有赖于不同的脑区。由此，功能定位研究成为 19 世纪末关注的热点（Richardson，1989）。这些早期的临床和病理研究表明，语言障碍是造成阅读障碍的主要原因，可能与专门的大脑区域受损有关（Kolb et al.，1996）。此外，阅读障碍（如发展性阅读障碍）的早期概念是基于失语症脑损伤的成人病例。（Spreen et al.，1995）。

布罗德本特（Broadbent，1872）最早报告了一个典型的获得性失语症，该男子生前被撞倒后，突然失去了认识书面文字的能力，病人死后不久的尸检报告揭示了两个实质性的脑部病变。布罗德本特发现，左侧角回和缘上回脑区病变是导致阅读功能障碍的主要原因。此后不久，库斯莫（Küssmaul，1877）报道了另一例失语症病例，该患者的病变在大脑枕叶的内侧下部位，患者视力正常，但无法识别书面语言中的上下文。

对造成阅读障碍原因的解释主要包括获得性损伤和遗传两个方面。苏格兰眼科医生詹姆斯·欣谢尔伍德（James Hinshelwood，1895）的主要兴趣是对阅读障碍的训练，该病例是一位突然失去阅读能力的教师，随后发现，该患者曾遭受左颞叶病变。欣谢尔伍德由此推断，阅读障碍患者可能也会出现类似的缺陷。摩根（Morgan，1896）深受这些观念的影响，他最早把阅读障碍描述为先天性词盲。

欣谢尔伍德认为，获得性损伤和先天性遗传的阅读障碍是由左侧角回的神经紊乱所导致。他进而认为，这种病变的原因是负责词语的视觉记忆中心受到损伤。此外，欣谢尔伍德还认为，获得性损伤的病变部位不同会导致不同类型的失语症。阅读障碍的许多早期案例研究显示，医疗和行为模式的效果存在显著差异。在目前许多有关学习困难的文献中这种观点仍然被保留着。

从 1920 年开始，有关阅读障碍的研究正在从生理学模式（脑损伤）向发展模式转变，认为阅读障碍可能与个体成熟迟缓有关。这种研究思路的转变与奥尔顿（Orton，1937）的贡献密不可分。奥尔顿（1937）认为，阅读障碍是左侧大脑半球的语言发展滞后造成的，大脑两个半球加工的视觉图像为镜像对称，阅读障碍产生的主要原因是不能有效抑制非语言优势半球的信息激活。由此可见，奥尔顿更注重后天的发展状况，他认为，阅读障碍产生的主要原因是"发展性"多于"先天性"，这种观点更好地反映了遗传和环境因素之间的相互作用。

20 世纪四五十年代，学习困难研究重新又与脑损伤联系在一起（Kessler，1980）。研究者发现，学习困难儿童具有多动表现，更容易分心，这些现象的发现，使研究者重新与脑损伤联系起来。因此，这种行为和认知功能障碍被推断为一个合理的基础神经学诊断。随后，许多存在行为和认知功能障碍的这些内生因素合并称为脑损伤，后来称为"轻微脑功能障碍"（Johnson et al., 1980）。由此，学习困难与神经病学联系在了一起，被称为行为—心理范式。也就是说，根据行为—心理测量的数据，在没有直接的神经证据的基础上，推测为神经生物学异常，事实上，当时这种反映神经功能缺陷的证据是一种纯粹的推理与假说（Taylor et al., 1983）。正是在这种研究背景推动下，研究者亟须找到学习困难是否存在神经系统缺陷的直接证据。

多年来，尽管不同的理论对于学习困难的致病原因，存在很大分歧，但学习困难的神经功能异常达成了共识。随着脑科学的发展，尤其是无损伤性技术的出现，为研究学习困难儿童的神经基础的直接证据提供了条件。发展性阅读障碍与脑的关系研究主要集中在脑的特定缺陷和发育迟缓两个方面（Kender et al., 1995）。除此之外，已经制定了完整的脑—行为研究模型来考察学习困难大脑异常，学习困难研究范围也已经超越了阅读障碍这一特定领域（Rourke, 1995）。同时，阅读障碍与其他形式的学习困难存在不同的加工机制，有针对性地分类探讨学习困难有利于揭示不同类型学习障碍深层的神经机制。

第二节 发展性阅读障碍的神经机制研究

一、阅读障碍的脑形态学研究

脑形态学主要考察阅读障碍儿童是否存在不同于正常儿童的神经解剖特点。对上述问题的解决通常采用两种途径：尸体解剖和神经影像学研究。

（一）尸体解剖研究

Drake（1968）第一次通过尸体解剖数据考察阅读障碍儿童神经病理学特点。患者是一名 12 岁的男孩，他存在典型的阅读、拼写和数学障碍，同时存在一些明显的行为障碍（如多动、爱发脾气等）。患者突然在睡眠中死亡，尸检结果除显示小脑出血外，更重要的是发现了神经发育异常的直接证据。神经发育异常主要包括神经元白质的移位，不规则的顶叶以及胼胝体厚度减少等方面。这些发现在当时具有非常重要的理论意义，阅读障碍儿童存在神经异常的假设首次找到了证据（Critchley, 1964; Ross, 1976）。

随后，Galaburda 等（1989）对阅读障碍者开创性地进行解剖研究。最初研究的四个阅读障碍的男性具有典型的语言发育迟缓并伴有癫痫发作史（Galaburda et al.，1985）。阅读障碍患者大脑区域表现出两个不同寻常的宏观和微观结构特征。宏观结构方面，发现四个阅读障碍的男性均存在异常的颞叶后侧高度对称性，这个区域称为颞平面。微观层面表现出阅读障碍的大脑局部发育不良、脑疣和一些杂乱无章的神经细胞群。所有患者的异常分布突出表现在左侧大脑半球。总的来看，这些异常的微观特征被看作阅读障碍发育不正常的大脑皮质证据。随后，汉弗莱斯等报道了从三个女性阅读障碍者脑中发现了类似的结果（Humphreys et al.，1990）。此外，女性大脑皮层的血管边缘还出现了髓鞘损伤。

上述这些研究均支持阅读障碍存在颞叶后侧对称性和大脑左半球发育异常。同时还发现，70%的正常人颞叶双侧是不对称的，左侧大于右侧（Beaton et al.，1995）。然而，这种尸体解剖方法也受到研究者的批评（Hynd et al.，1989），这些争议包括研究大脑的诊断标准不统一、是否存在其他共患疾病、缺乏对照组以及没有发育障碍记录过程等，应该说这些批评确实有一定的道理。上述批评提示，尸体解剖数据发现的颞叶后侧对称性是阅读障碍的充分条件但不是必要条件。

（二）神经影像学研究

计算机断层（CT）扫描和磁共振成像（MRI）通常被用来研究脑的结构异常。这些方法可以作为学习困难是否存在神经功能异常评估的方法之一。

1. 计算机断层扫描

很多阅读障碍者的CT检查结果显示，大脑两半球之间的非典型不对称性与阅读能力有关。最早的研究报道显示，可逆性阅读障碍者的顶枕区存在典型的不对称性，这些患者的共性是言语智商较低（Hier et al.，1980）。同样，Leisman（1980）发现，与对照组相比，阅读障碍儿童在顶枕区表现出反转或缺乏脑不对称性。相比之下，Roberts等（1988）研究没有发现右利手阅读障碍者的脑不对称性，但该研究没有报告左利手阅读障碍者后部脑区的形态学异常情况。上述研究结果提示，许多阅读障碍儿童表现出共性的大脑后部非典型对称性的特点。

在随后的两个CT研究中，阅读障碍的脑形态学使用了临床分型方法。Haslam等（1981）根据Boder（1973）的定义，将阅读障碍划分为两种亚型。他们发现，尽管两个阅读障碍亚型的大脑对称性相对于对照组有所增加，但口头表达或阅读能力与大脑的对称性没有直接关系。Denckla等（1985）根据学习困难儿童神经系统单侧优势特征分为左侧优势和右侧优势两组，CT扫描结果显示，学习困难儿童与对照组没有显著差异，他们认为，学习困难儿童可能不存在大脑结构异常。

总之，学习困难儿童的大脑形态学 CT 检查结果存在很大争议。造成上述结果的原因在于不同的研究者使用的方法不同，不同研究之间无法进行直接比较。方法学差异主要包括诊断标准、被试特点（如性别、利手、年龄）、技术因素（如扫描仪类型、CT 扫描段）以及是否使用对照组（仅四个研究设置了对照组）等因素。尽管部分研究因未考虑这些因素而受到质疑，但是，CT 研究方法为后续研究学习困难儿童的脑机制奠定了基础。

2. MRI 研究

相对于 CT，MRI 技术可以提供更好的空间分辨率，而且突破了平面成像的限制。拉姆齐等（1986）首次使用 MRI 技术研究阅读障碍者的大脑形态学特点，结果发现，在十名阅读障碍者中，有九人存在高度的颞叶对称性。Larsen 等（1990）还发现，阅读障碍儿童与对照组相比，颞叶对称性较高，进一步研究发现，这种高度对称性是阅读障碍儿童右侧增加而不是左侧减少导致的。Kushch 等（1993）发现，与对照组相比，阅读障碍儿童颞叶表面左侧对称性减少，而左侧对称性与阅读成绩显著相关。Dalby 等（1998）也发现类似现象，并指出颞叶表面左侧对称性与语音识别能力有关。然而，Green（1999）在随后的研究中并没有发现上述现象。造成上述差异的原因可能与被试的特点、年龄等因素有关。

在 MRI 研究中还发现，阅读障碍与对照组的胼胝体形态存在差异。Duara（1991）研究发现，与对照组相比，阅读障碍者的胼胝体覆盖面积更大，女性阅读障碍者尤为明显，与对照组相比，阅读障碍儿童前胼胝体较小。此外，他们还考察了胼胝体面积与阅读能力的关系。然而，在随后的其他研究中并没有发现上述胼胝体形态异常的特征。Larsen 等（1992）研究发现，发展性阅读障碍青少年与对照组的胼胝体形态无任何方面的异常。但其他皮层如脑岛、前额皮层存在组间差异。Bouchard 等（2000）使用相对定位的研究技术发现，阅读障碍儿童的胼胝体形态上比对照组小，特别是后部区域。这些研究结果提示，阅读障碍和对照组之间胼胝体的差异可能是大脑相对位置的不同而导致的。

采用 MRI 研究阅读障碍大脑语言区特点，也得到了不一致的结果。Duara（1991）发现，阅读障碍的大脑角回区域右侧大于左侧，而对照组左侧大于右侧，表现出相反的不对称（R > L）。Hynd（1990）研究发现，阅读障碍儿童大脑的双侧小岛区域面积比对照组小，但大脑区域总面积没有差异。Jernigan 等（1991）以学习困难并伴有语言缺陷的儿童为被试，发现实验组大脑区域表现出非典型脑不对称性，而且语言区面积显著小于对照组。Eliez（2000）发现，男性阅读障碍儿童的颞叶灰质层比对照组明显减少，其他大脑区域没有发现显著差异。Brown（2001）发现，阅读障碍儿童不但左侧颞叶灰质减少，而且出现包括尾状核和小脑在内的神经解剖学异常。

虽然 CT 和 MRI 技术研究阅读障碍出现了不同结果，但是，大量证据表明，阅读障碍儿童比对照组大脑后部区域更对称。阅读障碍和对照组之间的胼胝体和脑容量是否存在差异仍有很大争议。造成上述差异的原因可能包括缺乏标准化的解剖定义、扫描伪迹、扫描方向、扫描位置以及 MRI 扫描厚度的差异等因素。

二、阅读障碍的脑功能研究

在神经机制研究中，阅读障碍是否存在脑功能系统的异常是研究者关注的另外一个层面。脑功能系统的异常不一定在脑形态学上反映出来，即脑形态学没有差异也可能存在脑功能系统的差异。研究大脑的神经功能主要有神经影像和 ERP 两种方法。

（一）PET 研究

代谢成像的理论依据是大脑活动区域内葡萄糖和氧气的消耗量的增加。在执行一些任务时，脑激活区域比非激活区域消耗更多的葡萄糖和氧气，与一个任务相关的特定区域在执行该任务时更加活跃。

早期神经影像技术测量人脑通过血流和葡萄糖代谢，检测放射性药物在大脑血液的供应特点，通常给被试不同的认知任务。第一个局部脑血流量（rCBF）研究使用放射性示踪剂氙133，通过追踪这些核素来测量脑血流量。后来，为了更好获得整体成像特性，使用正电子发射断层扫描（PET）技术。

阅读障碍的早期局部脑血流量研究的目的是考察是否存在语言功能异常，早期研究发现（Hynd et al.，1987），阅读障碍和对照组之间的差异仅在大脑皮质区域。随后，Wood 等（1991）进行了一系列局部脑血流量的研究，以考察阅读障碍儿童左半球的激活特点。结果发现，实验组和控制组在识别任务上左颞区血流量均有显著激活。此外还发现，儿童阅读能力均与韦尼克氏区和角回的血流量有关，童年缺乏阅读历史的儿童到成年后韦尼克氏区激活减小，角回激活增强。这种激活模式影响成年人的阅读水平，该结果提示了早期阅读对大脑组织功能发育的影响。后期研究表明，左颞叶脑血流量与阅读能力呈显著正相关，而角回的血流量与阅读理解呈负相关（Flowers，1993）。随后的研究发现，阅读障碍儿童的左侧顶叶脑血流减少（静止）。综上所述，这些发现表明，左半球内的不同区域在功能上可能与阅读能力有关（语音解码与阅读理解）。

在随后的研究中还发现，阅读障碍双侧脑代谢增加。研究者（Glenn et al.，1991）考察了发展性阅读障碍男性与对照组在阅读过程中葡萄糖代谢的差异，结果发现，阅读障碍男性双侧枕叶活动增强，而右侧前额叶区域活动减弱。此外，在阅读过程中阅读障碍男性组比对照组在这两个区域更对称。Hagmanetet（1992）发现，在听觉辨别任务中阅读障碍成人的双侧颞叶区域葡萄糖代谢活动比对照组更强。

从上述这些研究可以推断，阅读障碍与对照组的脑功能差异在于大脑两个半球，而不仅仅是特定的左半球系统功能障碍。Horwitz 和他的同事（1999）使用 PET 技术对阅读障碍进行了一系列的研究，结果显示，阅读障碍的脑功能缺陷可能与大脑缺乏对左后侧皮质区的控制有关（Rumsey et al.，1997），同时，这些研究还发现，阅读障碍儿童的大脑左侧角回有显著的功能障碍。Horwitz 等（1999）研究发现，阅读障碍儿童的大脑功能障碍主要位于左半球，尤其是与执行功能有关的左侧颞叶和左侧额叶区域活动减少。总之，这些研究结果表明，阅读障碍者的大脑皮层区域功能失调主要在左半球。

随后，PET 研究主要集中在大脑左侧角回以及左半球与视觉联系紧密的脑区。脑功能特点是通过 PET 指标间的相关性来确定的。霍维茨等发现，阅读过程中对照组左半球角回激活显著，阅读障碍成人却没有。Flowers（1991）发现，左半球角回脑血流模式与阅读能力存在相关。

Paulesu（1996）认为，阅读障碍者的脑功能障碍在于联结缺陷。他们使用 PET 技术考察阅读障碍男性和对照组在语音加工任务中的异同。研究结果表明，阅读障碍男性左半球不同区域的协同联结活动（布洛卡区、韦尼克氏区、缘上回）明显不如对照组。也就是说，对照组在语音加工任务中布洛卡区、韦尼克氏区和缘上回等脑区同时协同活动，而实验组没有。同时，实验组的左半球岛叶皮质激活程度较低。该研究结果提示，阅读障碍组存在左脑的前部和后部语言区之间的联结缺陷。

（二）功能磁共振成像研究

功能性磁共振成像（fMRI）技术是一种新兴的无创伤性神经影像学研究方式，其较高的空间分辨率可以考察认知活动中神经元活动的特点。功能磁共振成像测量的是特定大脑区域的血液氧合血红蛋白的变化。这种方法的基本原理是大脑被激活区域的耗氧量增加，与 MRI 和 PET 不同点在于该方法不需要在人体内注入核素。功能磁共振成像的一个重要理论依据是大脑活动信号的强弱反映了神经系统功能的激活和抑制。因此，与 PET 相比，fMRI 虽然不能提供直接的生理参数指标，但功能磁共振成像技术最大的优点是更好的空间和时间分辨率。

　　对阅读障碍的早期功能磁共振成像研究重点集中在与视觉功能有关的神经系统。Eden（1996）考察了阅读障碍组与对照组在低对比度运动模式和高对比度的静态模式下视觉神经系统的激活特点，两种状态下的大脑激活分别与基线条件进行比较。结果发现，运动模式下对照组与实验组没有差异，伊甸等认为，阅读障碍组的缺陷可能是与视觉系统的某些大细胞区域有关。Boynton 等（1998）的研究支持了这种假设。他们发现，相对于对照组，阅读障碍组视觉脑区大细胞成分有选择性地活性降低，该结果提示，阅读障碍组视觉脑区某些大细胞成分可能存在生化异常。Rae（1998）等进一步研究发现，视觉脑区某些大细胞成分的生化异常与阅读障碍者的脑代谢发育异常是一致的。然而，这些生化异常细胞主要分布于左侧颞叶和右侧小脑，而不是广泛的大脑区域。

　　许多阅读障碍的功能磁共振成像研究主要集中在语音加工。Shaywitz 等（1998）考察了阅读障碍和对照组正字法和语音加工任务的特点。这些任务包括方向匹配、单字母押韵、非词阅读和语义分类。对于每个任务在共同的基线上测量大脑激活状态，研究结果表明，阅读障碍组大脑激活程度不能随任务的难度增加而增强，相反，阅读障碍组对控制任务却显示出过度激活。该结果被认为是阅读障碍的语音加工功能失调的证据。在另一项类似的研究中（Georgiewa et al.，1999）考察不同语音加工条件下大脑加工特点，结果显示，假词阅读和语音加工任务中的组间差异主要表现在左下额叶和颞区。Temple 等（2001）使用功能磁共振成像技术，考察成人阅读障碍和对照组听觉加工任务的特点，结果表明，对照组的左侧前额叶皮层对听觉刺激时空变化敏感，而阅读障碍组没有。值得注意的是，通过对三名阅读障碍者的语音听觉训练，结果左侧前额叶区域的活动明显增加。随后，Temple（2001）考察了阅读障碍儿童和对照组语音加工的特点，结果发现，阅读障碍儿童的左侧前额叶皮层对听觉刺激时空变化的敏感性显著低于对照组。

　　此外，证据还表明阅读障碍的脑功能差异不是由特定文化造成的。Seki 等（2001）采用功能磁共振成像方法研究日语阅读障碍儿童的特点，该研究分别考察儿童在读日语录音（"kana"字）和观察无意义图形两种条件下的大脑激活特点。结果表明，对照组脑区激活集中在左侧颞区，但阅读障碍组儿童在多脑区出现弥漫性的脑激活。这些结果提示，阅读障碍存在大脑功能失调缺陷，其缺陷主要在语言区。这一结果的另一种解释就是左半球的神经功能影响阅读，这种神经功能与儿童早期阅读技能发育有关。

神经影像学研究结果普遍支持阅读障碍存在脑功能缺陷，不同研究发现功能障碍存在差异，造成这种差异的原因可能与研究方法不同有关。不同研究者设置任务的难度水平上的差异可能会造成功能成像研究结果的显著变化。

功能神经影像学技术提供了评估脑功能状态激活和抑制状态。因此，大脑的活动总是相对于参与减法确定的基线条件，不同研究条件的基线设定存在差异可能是导致结果不同的主要原因。此外，功能性神经影像学的另一个关键问题涉及组间成绩差异水平的评估。因此，脑激活的差异可能反映的是成绩水平的不同，而不是真正的脑功能上的差异，激活水平的组间差异很难确定为对应的脑功能差异。解决这一问题的关键是实验组与对照组在给定的任务上成绩完全匹配，但是很难做到。

最后，研究者很少考虑被试的历史干预因素。考虑被试是否有干预历史是非常重要的，研究显示，大脑功能激活模式可通过治疗和训练而发生改变。同时，这些脑功能的变化与被试者认知策略的改变有关。因此，实验前被试被治疗程度是影响功能神经影像大脑激活的另一个重要因素。

（三）ERP 研究

脑电图（EEG）和脑磁图（MEG）技术可以测量大脑在认知加工过程中脑区激活的变化。在脑电图研究中，脑电活动是由放置在头皮上的大量电极来记录的。人的颅脑周围也存在着磁场，这种磁场被称为脑磁场。这种磁场强度很微弱，需要使用特殊的设备才能测量并记录下来。为防止干扰，需建立一个严密的电磁场屏蔽室，在这个屏蔽室中，将受检者的头部置于特别敏感的电磁测定器中，通过特殊的仪器可测出颅脑的极微弱的脑磁波，再用记录装置把这种脑磁波记录下来，形成图形，这种图形便称作脑磁图。它反映了脑的磁场变化，与脑电图反映脑的电场变化不同，脑磁图对脑部损伤的定位诊断比脑电图更为准确，加之脑磁图不受颅骨的影响，图像清晰易辨，故对脑部疾病是一种崭新的研究手段。脑电图和脑磁图是比较标准的神经影像学技术，它们最大的优点是时间分辨率较高。上述两个技术手段均可使用 ERP 的研究方法。ERP 是大脑活动时与特定事件或刺激有时间锁定关系的信号波动。事件相关电位可以将特定事件或刺激有关的激活通过滤波和信号平均的方法提取出来。

1. 脑电图

早期的 ERP 研究通常使用闪光、敲击或音调等简单刺激，被动观察这些刺激引起的脑电变化。视觉诱发电位初步发现，阅读障碍者的缺陷在左半球。然而，对这些研究批评最多的是研究方法的局限性。此外，后续的研究表明，在使用简单视觉刺激中，部分阅读障碍儿童的左半球波幅比对照组小，而其他阅读障碍的儿童则表现出相反的模式。最近更多的研究发现，阅读障碍儿童的脑部发育缺陷不仅仅是大脑左半球。总而言之，这些发现均提示研究中选取的阅读障碍样本具有异质性。

不同的研究者一直专注于从事注意神经机制的研究。例如，Harter 等（1989）考察了阅读障碍儿童视觉空间定向的特点。结果显示，在中央区和枕区阅读障碍儿童的早期负成分 N1 更高，P3 潜伏期延长。说明阅读障碍儿童随着视觉空间定向注意的增强，左半球认知资源加工能力不足。Taylor 和 Keenan（1990）研究发现，在较难词汇判断任务上，阅读障碍儿童与对照组的差异主要表现在 P3 潜伏期（较长的）和振幅（低级），左半球不对称性没有显著的组间差异。这些结果提示，在相同作业任务中，阅读障碍儿童比对照组需要更多的加工时间。

Lovrich 等（1983）采用双耳分听任务考察不同能力组的听觉事件相关电位。结果表明，在刺激出现的 300ms 内，不同能力组没有显著差异，组间差异仅表现在晚期正波（540ms）的不同（阅读障碍组显著减弱）。他们推测，阅读障碍儿童的注意力是完好的。库勒等（2000）研究了成年阅读障碍者的听觉事件相关电位，要求被试判断两个音调是否相同，阅读障碍组识别正确率显著低于对照组并伴有 ERP 差异。该结果提示，阅读障碍组存在基本的非语言加工障碍。

研究还发现，成年阅读障碍组与对照组在负责中枢认知加工的语言区存在差异。Lovrich 等（1997）通过韵律和语义加工任务考察大学生阅读障碍患者的听觉事件相关电位特点。研究发现，阅读障碍大学生在押韵任务中的刺激出现后 480ms 显示出一个相对较大的晚期负成分，分布于头皮广泛区域。Plante 等（2000）采用关联性判断任务考察阅读障碍成人的 ERP 特点。与对照组相反，在印刷体和口语词对关联性判断任务中，阅读障碍组没有表现出语境效应（晚期负成分 N450 衰减）。阅读障碍的成人表现为非言语刺激对相关的语义 N450 衰减。Besson 等（2002）采用语义一致性任务，考察阅读障碍者的 N400 特点。他们发现，在慢速呈现条件下，与对照组相比，阅读障碍组在正常句子和歧义句两种条件下均发现较大 N400 成分，这些较大的 N400 成分被认为是反映在整合单词意义在句子语境的一般障碍。较大的 N400 通常被认为理解单词在句子语境中的意义障碍。

综上所述，从 ERP 已有研究发现，阅读障碍与对照组在潜伏期及波幅上存在差异。这些研究结果表明，阅读障碍的中央执行功能存在异常。尽管很多阅读障碍的 ERP 研究集中在左半球加工缺陷，但是，电生理异常似乎并不局限于一个半球。发展性研究表明，阅读障碍者的脑功能缺陷可能从出生一直延伸到成年。这些发现强调控制年龄的重要性，尽管年龄影响研究结果，其他变量也是应该考虑的，如电极类型、参考位置选择、认知任务、学科性质、性别等因素。这些因素影响了不同研究的可比性，同时，对研究结果的解释也带有主观性。因此，亟须开发 ERP 研究通用标准手册。为此，皮克等（2000）提供了一套全面的使用 ERP 研究的指导手册，通用准则的使用便于今后的交叉比较研究。

2. 脑磁图研究

与脑电图类似，脑磁图提供精确的关于脑功能的时间进程信息，MEG 的空间分辨率也优于脑电图。

Salmelin 等（1996）首先使用 MEG 技术，采用词汇识别任务考察成人阅读障碍与对照组的差异。结果发现，对照组的左侧颞叶下部区域在刺激后的 180ms 出现明显激活。与此相比，阅读障碍组只表现一个缓慢的波幅增强，左侧颞叶下部区域没有完全被激活。此外，六个阅读障碍中的四人在刺激出现后的 400ms 左下额叶激活，但对照组没有，这种时间响应差异可以解释是否存在阅读障碍的神经影像学证据之一（Habib，2000）。

Papanicolaou（2000）使用脑磁图技术考察阅读障碍与对照组词语加工任务的特点。结果发现，不同能力组激活的脑区和时间进程存在显著差异，阅读障碍组首先激活左基底颞区，随后激活右颞顶区（包括颞上回、角回和缘上回），对照组首先激活左基底颞区，随后激活左颞区。该结果提示，阅读障碍儿童存在字词识别过程中大脑功能联结失调。具体来说，阅读障碍组的大脑功能联结失调区域在左半球的腹侧视觉联合皮层和颞顶区。也就是说，阅读障碍儿童脑功能缺陷不仅仅是左半球。阅读障碍儿童语音解码缺陷与年龄大的患者在脑磁图激活脑区和时间进程具有一致性，同时发现阅读障碍组激活的主要是右侧颞上回，与此相反，对照组激活的主要是左侧颞上回。在脑功能差异研究中，值得注意的是，阅读障碍组在某些脑区的激活程度超过了对照组。

Simos 等（2001）研究正常儿童语音加工与字词识别随年龄变化的脑激活特点。他们发现，阅读过程中成年人与儿童激活的脑区不同。一个有趣的发现是，相比于成人，儿童在阅读真词及假词的过程中左半球基底颞区的不对称性降低。该区域与字形分析有关，儿童左半球基底颞区的不对称性降低可能反映其发育不成熟。该结果提示，个体从儿童到成年随着阅读能力发展，潜在的神经系统变得越来越左侧半球化。值得注意的是，阅读障碍儿童通过有计划的干预训练，阅读能力提高后，语音解码任务中的脑磁图大脑左侧颞上回激活增加。

不同能力组脑功能的差异是在特定任务中通过重复刺激的平均信号比较而得到的。综合上述研究表明，与对照组相比，阅读障碍的脑功能差异存在缺陷，但这种缺陷的确切性质尚不清楚。由于在大脑激活的组间差异是通过成像技术间接获得的，因此，这种差异的解释仍然是未来研究的一个重要领域。当前研究比较一致的发现是，阅读障碍的功能性脑神经系统存在缺陷。研究者关注的是大脑皮质特定区域或者左半球的系统，不同能力组的执行功能之间的差异，这种异常是一般的差异还是具有特异性仍需要进一步探讨。

目前，支持单侧神经系统缺陷的理论占主导地位。语言加工研究提供的证据也支持左半球系统功能失调这种观点，这些研究包括局部脑血流量，PET 和MEG 技术以及语音加工中功能磁共振成像研究。然而，值得注意的是，并不是所有的这些研究都只有在左半球报告的功能缺陷，这些缺陷是特定脑区的语言加工功能失调还是不同脑区的联结障碍目前尚不清晰。视觉加工的功能磁共振成像研究倾向于双侧功能异常。这些研究的一致观点是阅读障碍者存在脑功能异常，主要表现在左半球的后部区域。具体来说，阅读障碍组的视觉系统大细胞和中央执行功能的某些方面显示出广泛的功能缺陷。此外，阅读障碍者的功能缺陷主要位于负责语言加工的左半脑，部分左半脑功能缺陷可能反映了个体阅读能力的发育进程，大脑左半球缺陷可能反映了个体发育进程中阅读技能从右半球优势发展到左半球优势中受到干扰。大脑形态和功能特点似乎可以区分阅读障碍与对照组。在形态上，阅读障碍组显示后部脑区的非典型对称性和神经发育异常。在功能上，阅读障碍组左侧颞叶语言加工域表现出活性降低。阅读障碍组表现出视觉加工过程中的选择性功能缺陷，这些区域的大细胞成分激活降低。跨任务研究还发现，阅读障碍组存在相同的脑电激活特点，最典型的特征是延迟或激活降低。总的来说，阅读障碍的解剖和脑功能特征，并没有典型的大脑发育结构异常。相反，有一些细微而重要的功能特征可以区分阅读障碍与对照组。

许多文献对阅读障碍与对照组大脑差异的研究结果试图从理论上加以解释。一般来说，来自神经解剖学的证据支持神经发育异常，加拉布尔达认为，阅读障碍的脑功能异常源自神经细胞和组织不正常的迁移，可能起源于个体发展的产前阶段。这种发展紊乱可能导致阅读障碍者的大脑形态和功能异常，这一理论假设有待于进一步研究。

阅读障碍者的认知功能缺陷在于语音加工障碍。根据阅读障碍的语音缺陷理论，其根源在于加工语言声学成分存在障碍，这种缺陷与左侧颞区形态和激活降低有重要关联。阅读障碍者功能失调的脑区与目前公认的语言加工区是一致的，即对照组在加工书面语言时该区域最活跃，而阅读障碍者在该区域机能减退。这些区域包括与复杂字形分析有关的纹状体和基底颞区以及在语音分析中发挥至关重要作用的额区。

目前，许多研究对阅读障碍完全归结于左半球语音加工缺陷产生怀疑。例如，视觉系统研究发现阅读障碍者存在大细胞系统选择性缺陷，这些大细胞系统是专门加工对比度低和快速呈现的刺激信息的。该研究结论与阅读障碍患者在丘脑外侧膝状体核的部分巨细胞神经元萎缩的解剖证据是一致的（Livingstone t al.，1991）。其他研究（Galaburda et al.，1994）也发现阅读障碍患者丘脑外侧膝状体核的部分巨细胞神经元萎缩类似结果。这些丘脑异常表明，阅读障碍的脑功能缺陷超出视觉系统。阅读障碍的脑功能缺陷可能包括语音加工和视觉感知双重缺陷。

很容易让人推测阅读障碍的神经学和神经心理功能的统一解释。时间加工缺陷理论就是其中之一。它认为，神经系统发育异常主要在左半球缺陷，功能障碍表现在各种信息编码时间不足。这种理论具有合理性，而且解释了许多阅读障碍存在的共性缺陷。因为阅读障碍与学习困难是异质分组，阅读障碍有可能不存在普遍的缺陷。相反，阅读能力不足可能会出现不同形式的脑功能障碍。根据这种观点，亚型学习困难行为识别的关键是考察基本的神经生物学特性。

迄今为止，大部分研究未能考虑学习困难的异质性。很少有研究全面介绍阅读障碍者神经心理学特点。由于学习困难是一组异质性群体，不能控制学习困难亚型可能会导致不一致的结果甚至是错误结论。因此，上述研究结果不一致的原因可能与学习困难的分类不严格有关。根据最近的文献回顾表明，学习困难儿童的神经电生理差异可能与研究中没有将样本分为不同的亚型有关。

第三节　发展性阅读障碍儿童的视、听通道加工的神经机制

近年来，有关阅读障碍的神经机制研究，主要有三个重要理论：大细胞缺陷理论、瞬时加工理论和音韵加工缺陷理论。支撑大细胞缺陷理论的证据主要来自不同能力组在低对比度条件下刺激快速移动所诱发的事件相关电位差异，

许多研究结果显示，阅读障碍者的神经生理过程缺陷在于语音加工过程，但也有证据支持阅读障碍者的语音感知加工过程存在不足，如频率变化和时间模式也很明显。

阅读障碍是指学习阅读技能有关的特定发育障碍，这种障碍不是由一般的智力低下、严重的神经功能缺损、视觉障碍、听觉障碍、情绪障碍以及教育缺失而导致的。这种障碍伴随个体发展的整个生命历程，影响日常阅读技能，造成学习成绩下降。它发生在所有已知的语言环境中，是影响学龄儿童最常见的发育障碍之一，其检出率约占同龄儿童的5%。社会经济地位和家庭因素影响阅读能力的发展，但阅读障碍与这些因素没有因果关系。

一、视觉加工特点

（一）视觉感知

阅读障碍首先被假定为视觉系统的缺陷，自此以后许多实证研究发现阅读障碍存在视觉运动缺陷。有研究发现（Borsting et al.，2007），视觉运动缺陷只存在于阅读障碍亚型，尤其是严重的功能障碍患者。阅读障碍视觉系统的功能缺陷被称为视觉大细胞通路障碍（Laycock et al.，2008）。大细胞分布在广泛的视网膜区域，大细胞通路通过腹外侧膝状体到达视觉区终止于顶叶皮层。这些大细胞专门负责加工客体运动变化与位置关系，优先加工快速运动的低对比度或低空间分辨率客体（Merigan et al.，1993）。在解剖学上，大细胞缺陷可能是由于视觉系统皮层异常造成的，这些区域的神经元体积更小，结构化程度较低（Galaburda et al.，1994）。造成这种缺陷的原因可能与发育迟缓、疾病、习得性障碍以及遗传等因素有关。不同任务条件下的视觉诱发电位研究提供了阅读障碍者存在大细胞系统缺陷的证据，这些研究来自知觉运动（Cornelissen et al.，1998）、对比敏感度测验、快速运动（Demb et al.，1998）、视觉滞留（Winters等，2004a）和空间频率测验等。Skottun等（2008）提出两点疑问：首先，上述不同实验条件下获得的数据用来解释大细胞异常是否合适；其次，大细胞系统缺陷可能与阅读障碍者不存在因果关系，因为在精神分裂症和自闭症患者群体也发现存在类似的知觉障碍。Laycock等（2008）探讨了视觉系统大细胞缺陷可能影响阅读成绩。研究发现，大细胞通路有助于视觉信息的快速融合，包括对阅读时空间、时间和注意过程的协调以及对眼球扫描运动的控制等。研究还发现（Farrag et al.，2002），第二视觉加工子系统的小细胞基本完好，这些小细胞专门加工与颜色、形状和纹理等特征有关的客体。

（二）视觉运动

Cook 等（2007）考察了对比敏感度和运动知觉所诱发的 ERP 成分的差异，这种基于高时间分辨率的 ERP 视觉诱发电位的研究结果支持了阅读障碍者存在大细胞缺陷的证据。研究发现，正常被试视觉运动诱发的 ERP 成分主要包括在枕叶部位视觉运动发作诱发的 100～130ms 之间的 P100 和在中央顶叶引线位置约 230ms 诱发的 P200 以及在双边枕颞电极位置的 200～280ms 诱发的 N200。视觉系统中的这些神经细胞在 8 个月大的婴儿身上体现出对运动知觉的敏感性。

研究发现，阅读障碍儿童的 P1 和 P2 的潜伏期延长，波幅降低。Kuba 等人（2001）还发现，阅读障碍者的 N160 潜伏期减少，10 岁阅读障碍儿童的 N160 潜伏期在 236ms，到 14 岁时其潜伏期减少到 162ms，然而，对照组从 10～14 岁其潜伏期没有显著差异（10 岁 167ms，14 岁 158ms），该结果提示了阅读障碍大细胞系统的发育成熟障碍。同时，由于 40%～60% 发现 N160 潜伏期延长，阅读障碍儿童可能存在运动知觉障碍。然而，其他疾病，如 28% 的视神经炎和 17% 的多发性硬化患者也发现运动知觉潜伏期延长（Kuba et al.，2007）。

此外，使用对比敏感度材料考察阅读障碍者的视觉系统大细胞所诱发的视觉电位存在很大差异。

二、听觉加工特点

人们对一般声学信息的感知不仅需要特殊的语音信号分析，而且需要对瞬间声音特征的成功解释。塔娄等（1980）最早提出，阅读障碍者的语言技能缺陷可能导致一般的瞬间信息加工障碍。他们发现，阅读障碍者在识别快速的语言和非语言刺激时存在明显障碍，当刺激速度降低，成绩会有显著提高。Farmer 等（1995）建议将塔娄等的视觉信息加工扩展到听觉模式。阅读障碍者的 ERP 的研究不仅局限于瞬间听觉加工，而且涉及声学频谱加工等方面。近年来，阅读障碍者的听觉加工研究领域包括音高辨别、刺激持续时间、频率幅度、间隙检测和时间顺序判断等方面。大多数研究采用失匹配负波成分（MMN）。

（一）刺激持续时间

不同语言存在不同的语音感知时间特征。英语中不同元音字母发音持续时间显示出语言线索之间的区别，而在瑞典、芬兰和日本语言中，元音持续时间的差异体现出语义关联度的不同（Lidestam，2009），德语不依赖于元音对于检测词义的持续时间，表明德国人对语言加工中的时间变化不敏感。

Valdevik（1999）使用被动（例如，参与者应该忽视所有的刺激）和主动任务（例如，参与者应反应所有的偏差刺激）实验范式，比较1000Hz音调在不同持续时间条件下的差异，被试为阅读障碍成人和十名年龄匹配的对照组。刺激持续时间分为160ms、120ms、80ms和40ms四种条件，标准刺激持续时间为200ms。结果发现，阅读障碍组与对照组在不同条件下的波幅和潜伏期没有显著差异。库勒（2006）采用50ms和100ms的标准刺激，33ms和65ms的偏差刺激，同样没有发现组间差异。上述两个研究的被试都是成年人。

Huttunen等（2007）以阅读障碍儿童（8.8～14.2岁）和同年龄正常儿童为对照组，采用600Hz和800Hz不断交替的连续（没有间隙）声音刺激模式（持续时间为100ms），600Hz声音刺激条件下，偏差刺激持续时间分别下降30ms和50ms。研究者推测，连续的声音刺激是一个很好的试验控制因素，因为它避免了MMN分析中可能出现的混淆，即N1是阅读障碍组特有缺陷引起的或者是刺激引起的。结果发现，MMN不存在组间差异，不同能力组存在大脑两半球不对称性差异，阅读障碍组大脑左半球有更广泛的激活。令人惊讶的是，阅读障碍组无论是波幅或潜伏期与对照组均不存在显著差异，而且声音持续时间对芬兰母语极为重要。连续声音刺激模式存在明显的缺点，由于时间窗口只有300ms，它限制了对其他成分的分析，尤其是潜在的相关晚成分。

总之，ERP数据显示，阅读障碍者声音刺激持续时间似乎不存在缺陷。上述研究所使用的语音感知持续时间具有共同性，即从30ms到200ms。此外，即使在受声音刺激持续时间有重要影响的语言环境中的被试也没有缺陷的报道。

（二）频率鉴别

频率鉴别对语音信号识别至关重要，发音中的频率被称为共振峰。共振峰有助于人们对元音和辅音信息的识别。

Valdevik（1999）研究发现，采用1000Hz的标准音，偏差刺激分别为1015、1030、1060和1090，考察阅读障碍成人频率鉴别特点，结果发现，偏差刺激分别为1015、1030、1060的三种条件下，阅读障碍组的MMN波幅降低，潜伏期延长，1090条件下阅读障碍与对照组差异不显著。阅读障碍组的N1潜伏期正常，表明阅读障碍者的瞬态检测系统功能正常（从刺激开始到结束编码正常），另外，MMN波幅降低表明，阅读障碍者感觉记忆中对刺激物理特性的解码存在障碍。库克采用五级音高辨别偏差范式发现阅读障碍成人的MMN降低。同时，与Valdevik（1999）研究不同的是，90Hz偏差刺激条件下不同能力组也存在显著差异。五级偏差范式与传统的Oddball范式有明显区别。首先，偏差范式中偏差刺激的持续时间、位置、强度和缺失分别与偏差间距的刺激一起呈现。其次，偏差范式标准刺激只出现50%，而一般的 Oddball 范式标准刺激为85%，偏差刺激为15%，两种范式的实验结果无法直接比较。实验组 MMN 的降低是否反映了唯一的音高辨别能力尚不清楚，有可能造成多个实验因素混淆，从而导致 MMN 的衰减，比如，是否与阅读障碍者的短期记忆容量较低有关。最后，研究者采用大间距偏差刺激（200Hz 以上）任务，没有发现对照组与实验组之间的差异（Schulte – Körne et al.，2003）。该结果提示，阅读障碍者存在小间距频率辨别缺陷。

（三）音调辨别

研究发现，阅读障碍者音调辨别的 MMN 出现一个 150～500ms 的长时间窗口持续减弱（Meng et al.，2005），阅读障碍者存在短音调模式加工缺陷，这种障碍与早期识别刺激的物理属性有关。节奏模式的准确感知需要对瞬间传入声音信号的整合能力。在健康受试者中，传入听觉感觉记忆的神经表征整合在 150～200ms，这种早期加工被称为整合的时间窗口。已有的 MMN 研究确定了这个窗口的持续时间，传入的声音信息于 150～200ms 被集成到第一听觉系统，这些信息在随后的 150～200ms 被整合到第二听觉系统，表现出时间窗口连续向前滑动（Winkler et al.，1998）。但是，与对照组相比，阅读障碍者的 MMN 时间窗口在 250ms 出现缺失，该结果提示，阅读障碍者早期加工中的听觉感觉记忆信息不能快速整合而进入短时记忆。MMN 是考察阅读障碍者知觉缺陷的一个非常敏感的指标。

（四）缺失检测

缺失检测考察的是时间加工任务，要求被试在一个标准刺激中觉察偏差刺激的缺失。在白噪声背景下标准刺激出现的概率为85%（持续时间280ms），偏差刺激出现的概率为15%（持续时间280ms），这种实验设计分为主动和被动范式。研究发现（Farmer et al.，1995），阅读障碍与对照组行为数据组间差异不显著，然而，ERP 结果显示阅读障碍组的 N1 和 P3 潜伏期显著延长，阅读障碍组 N1 的波幅显著大于对照组。在主动和被动范式条件下均观察到 N1 效应的存在，主动范式条件下观察到 P3 成分，N1 反映的是阅读障碍者感觉加工缺陷，P3 成分则体现出阅读障碍者注意资源分配能力不足。有研究提出（Ramus et al.，2003）阅读障碍组 N1 波幅增大表明其前注意资源缺陷。该结果也可能反映出阅读障碍者在早期刺激特征分析阶段，过早投入了更多的认知资源，用以增强唤醒，抵消知觉加工障碍。当然，这种假设还缺乏更多的研究支持。

（五）言语听觉加工缺陷

Cres（1996）首次采用辅音—元音对如"da"与"ga"（音频变化）和"ba"与"wa"（时间变化）考察6~15岁学习困难儿童语音听觉加工特点，结果发现，不同材料刺激条件下学习困难组MMN（200~500ms）波幅均显著低于对照组。这些研究结果表明，MMN可以作为评估不同层面（前注意、注意、反应和实际行为能力）神经生理机制异常的敏感指标。

Schulter（1998）采用"da"与"ba"音对考察平均年龄12.5岁学习困难儿童语音听觉加工特点，结果发现，学习困难儿童的MMN在17~302ms显著低于对照组。毛雷尔等（2003）以高风险家庭阅读障碍儿童（6~7岁）为被试，采用"ba"与"ta"音对，结果发现，高风险家庭阅读障碍儿童的MMN（109~140ms）出现早期衰减。孟等（2005）采用"ba"与"ga"音对为刺激材料，结果发现，阅读障碍儿童（8~13岁）的MMN出现在一个非定型窗口（0~100ms）衰减。

Rahman等（2005）考察8~11岁阅读障碍不同亚型的语音听觉加工特点，采用"ba"与"da"音对为刺激材料，结果发现，MMN衰减只发生在"纯粹"的阅读障碍亚型组。而且，MMN衰减只发生在早期（98~198ms），以后的时间窗口没有发现差异。研究还发现（Key et al.，2007），成年阅读障碍同样存在言语听觉加工缺陷。Sebastian等（2008）以阅读障碍大学生为被试，结果发现，MMN振幅和潜伏期无组间差异，阅读障碍成年人语音加工不存在缺陷，这也是目前为止唯一不同的研究报告。

第四节　学习困难亚型的神经机制

20世纪70年代之前，学习困难被普遍看作同质诊断分组。因此，许多研究采用粗略分组对比策略（Rourke，1989）。约翰逊和迈克尔·巴斯特（1967）最早提出了学习困难的亚型分类，认为不同亚型存在不同的缺陷。随后，出现了一些旨在确定学习困难临床亚型的研究。虽然学习困难亚型的概念正在被广泛接受，但是，亚型鉴定的过程和标准各不相同。一般来说，亚型分类有以下三种方法——经验分类法、基于神经心理测验成绩分类、通过临床标准分类。分类的依据是心理过程功能障碍。阅读障碍通常分为两个亚组，一个是原发性语言加工缺陷，另一个是原发性视觉认知缺陷。例如，有研究者（Bakker t al.，

1980）将学习困难分为语音障碍、形状障碍和混合型障碍三种。另一研究将学习困难亚型区分为算术运算策略和算术学习能力障碍两组。

一、学习困难亚型的脑形态学

涉及学习困难的脑形态研究非常有限，仅有的两项研究都采用临床分型方法（Denckla et al.，1981）。哈斯拉姆等发现，阅读障碍亚型中的原发性语言加工缺陷和原发性视觉认知缺陷患者大脑对称性比例增加。德克尔等使用经验分类方法，考察阅读障碍亚型特点，结果发现，不同亚型没有任何脑区形态异常。显然，没有足够的数据来推测学习困难亚型脑形态异常（Stelmack et al.，1995）。多数研究采用神经生理学的脑电活动考察学习困难亚型特点，因此，探讨学习困难亚型的神经机制主要采用 ERP 技术。

二、学习困难亚型的脑电活动特点

巴克等将阅读障碍划分为两种亚型，采用双耳分听任务考察不同类型神经机制特点。结果发现，P 型表现出更大的左耳优势（体现优越的右半球系统），L 型表现出较大的右耳优势（体现优越的左半球系统）。具体表现在，在字词阅读任务中，正常的读者表现出不对称的 P300 和 N440，分别与双耳分听中优势耳朵相关。而在两个阅读障碍亚型的 P300 和 N440 更对称，同时，顶区潜伏期较长。Flynn 等（1992）将阅读障碍划分为语音障碍和视觉障碍两种亚型。结果发现，不同亚型表现出不同的脑电激活模式，该结果提示，阅读障碍亚型的神经机制不同，不同的大脑区域缺陷对应于特定的亚型。

阿克曼（Ackerman）等研究发现，不同阅读障碍亚型脑电图具有对称性特点。研究者根据语音加工任务成绩划分为不同类型，结果发现，阅读障碍的不同亚型具有脑区功能特异性缺陷。

阿克曼等（1998）考察阅读障碍亚型的脑电图特点。研究者根据语音加工任务成绩考察阅读障碍者语音加工缺陷特点。他们发现语音加工任务中正常组的 α 和 β 波右侧比左侧更大，但是，阅读障碍亚型没有这种现象出现，右侧大于左侧的这种不对称是正常儿童的脑电图特征。此外，语音障碍组比对照组的 β 波更高，该结果提示，语音障碍者在单词加工中需要投入更多的认知资源。

进一步研究发现，ERP 成分中的 N400 反映出语音障碍者加工缺陷。N400 是刺激出现后约 400ms 出现的一个特异性负波，当启动效应发生时该波幅降低。McPherson 等（1998）发现，不同亚型的阅读障碍在字形和语音加工任务中 ERP 模式存在显著差异。他们发现，字形启动条件下，语音障碍组和对照组的 N400

波幅降低，但在语音启动条件下，在顶区的 N400 更小。语音障碍组都出现了字形和语音刺激的启动效应，但是，语音障碍组比对照组潜伏期更长。这一结果提示，阅读障碍存在两方面的脑功能缺陷：顶区后部语音加工系统和与加工速度有关的更为广泛的脑区。

McPherson 等（1999）曾经报道了听觉事件相关电位前后不同的研究结果。他们发现，随着语音启动的出现，对照组和语音障碍程度较低组顶区后部 N400 较低。麦弗逊和阿克曼（1998）的发现与该结果不同，语音障碍组也出现了启动效应（N400 波幅降低），但是比对照组潜伏期更长。这些研究结果表明，阅读障碍存在语音加工容量或记忆储存能力的不足。

Rourke 和他的同事（2003）通过一系列研究，探索出用于鉴定学习困难亚型的可靠神经心理学方法。他们把学习困难划分为 R－S、A 和 R－S－A 三种类型。R－S（reading and spelling）型也称 BPPD 型（basic phonological processing disorder），许多研究发现，R－S 型存在基本的语音加工缺陷，主要表现为阅读和拼写障碍。A 型（arithmetic）也称为非语言障碍型（N 学习困难），他们有正常的阅读和拼写能力，但是数学计算能力存在不足。主要表现在触觉、视觉感知、复杂的运动技能和处理新奇事物的能力等方面存在缺陷。第三类 R－S－A 属于混合型，他们在语言加工和数学计算能力上均存在不足，目前，对该类型的研究相对比较缺乏。

Campbell 等（1988）首次采用上述分类方法考察 R－S 型学习困难的脑功能特点，该研究使用词表学习任务，记录学习与再认阶段的 ERP，结果发现，语言障碍儿童在学习与再认阶段沿中线电极位置均出现一个 200ms 的正波。这一结果表明，不同能力组在早期加工阶段的编码和提取阶段存在差异。此外，在学习与再认阶段，语言障碍儿童前额电极位置均出现一个明显的 N400，这一结果反映了被试语义评价能力的降低。

Stelmack 等（1990）采用图片启动范式考察语音加工障碍儿童的 ERP 特点，结果发现，在图片学习阶段，相对于语音加工障碍组对照组额中央和顶区显示出波幅较大的 N450，左侧波幅大于右侧。语音加工障碍组 N450 异常被解释为语义提取过程中的脑功能缺陷。值得注意的是，这种左半球不对称性异常，可能反映语音加工障碍组大脑左半球的功能障碍。

随后，有更多的研究者使用 ERP 技术直接比较鲁尔克的亚型分类。Mattson 等（1992）使用 40Hz 脑电图考察 R－S 和 A 型儿童的脑功能特点。这种高频率脑电活动已被证明与问题解决能力有关，并具有特定任务依赖性。结果发现，在口语任务中，阅读拼写障碍组与对照组和数学障碍组相比，左半球激活降低。

相反，数学障碍儿童则在非语言任务加工过程中右半球激活减少。这些半球激活模式提示，阅读拼写障碍的脑功能障碍主要位于左半球，而数学障碍的脑功能障碍主要在右半球。这种半球激活效应是否可靠有待于进一步验证。

Miles 等（1994）采用听觉和视觉启动范式，考察阅读拼写障碍、数学障碍和混合型学习困难的神经机制特点，该研究预测，如果阅读拼写障碍者的脑功能障碍仅存在于左半球，那么，右半球 N450 波幅不会随刺激启动而减小。结果发现，随着听觉和视觉刺激的启动，对照组的前额叶电极 N450 波幅增大，尤其是左侧前额叶更明显；在说出单词过程中数学障碍组与对照组的 N450 降低非常相似，但是，视觉刺激与对照组有显著差异，该结果提示，数学障碍儿童存在视觉空间加工障碍。混合组与阅读拼写障碍组在视觉和听觉刺激任务中 N450 均降低。与阅读拼写障碍组相比，相同条件下混合组在额中央的 N450 波幅更小。

迈尔斯和斯塔尔麦克的研究结论与鲁尔克（1989）的理论模型是一致的。具体来说，数学障碍儿童存在视觉空间加工障碍，混合组与阅读拼写障碍组的听觉和语言加工存在缺陷。研究者提示，视觉空间系统和言语听觉系统在个体阅读技能发展中起着交互作用。随后，Greenham 等（2001）采用图片和单词命名任务，考察了阅读拼写障碍组和数学障碍组的认知加工的 ERP 特点，结果发现，阅读拼写障碍组在后期加工阶段存在特定的语言功能缺陷。而数学障碍组在早期阶段存在视觉空间功能障碍。

脑电活动的组间差异研究结果支持基于神经生理学和学习成绩对学习困难亚型的分类优点。斯塔尔麦克和他的同事对阅读拼写障碍组和数学障碍组分类获得了一致的神经生理学证据。阅读拼写障碍组的缺陷表现在言语听觉加工障碍，数学障碍则体现在视觉空间信息的加工缺陷。来自 ERP 的研究结果与鲁尔克（1982，1989）关于学习困难亚型分类的理论模型也是一致的。鲁尔克的理论模型认为，阅读拼写障碍者的缺陷表现在左半球的功能障碍，数学障碍者的功能缺陷位于右半球。因此，根据学习困难者的异质性，将学习困难划分为不同亚型进行分类研究，为今后基于这种差异模型深入探讨学习困难的 ERP 研究提供了宝贵的策略。

基于神经生物学的长时间研究历程，似乎给人们提出的问题多于答案。但是，学习困难者大脑存在缺陷这一结论是明确的。此外，学习困难者的这种缺陷并不是极端的大脑的发育和功能异常。主要体现在大脑的微观异常、对称性异常、左侧大脑语言系统功能异常、右半球加工功能障碍等方面。

由于缺乏精确的学习困难定义，研究结果不一致。例如，早期研究把阅读障碍作为一个同质性群体，在许多早期研究中，学习困难定义没有体现出学习困难的独特性。在这种情况下，很难对学习困难的研究结果达成一个共识，然而，学习困难亚型理论模型的建构似乎正在解决这些问题。

不同的学习困难亚型表现出独特的脑电激活模式，鲁尔克（1982）亚型分类理论模型得到了很好的电生理尤其是脑功能成像技术研究的验证。值得关注的另一个问题是大脑白质病变可能与特定非语言学习障碍亚型有关。鲁尔克（1989，1995）总结以往研究的证据显示，脑白质病变是由一系列神经发育障碍造成的。尽管这方面的研究仍处于起步阶段，但是，随着研究大脑白质新技术（如使用扩散张量磁共振成像）的出现，将推动该领域研究的进展。

在个体发展过程中神经基质如何影响技能的改变目前尚不清楚。有理论认为（Rourke，1982），与阅读技能有关的神经基质是从右半球发展到左半球。因此，阅读障碍可能与发展进程中出现的某些功能障碍有关。根据这一理论，与正常阅读者相比，阅读障碍者的大脑右半球比左半球相对活跃。事实上，许多神经影像学研究结果均发现阅读障碍者的左半球活动降低。

目前，尚没有直接考察阅读技能的神经生物学发育改变的研究报告。然而，发育文献研究表明（Rourke，1982），阅读技能的发展模式是从右半球到左半球。司默思等（2001）采用横断研究发现，与青少年相比，正常阅读者成年人的左半球基底颞区不对称性增强。该研究结果表明，随着阅读技能的发展神经系统功能可能越来越完善左半球占主导地位，为了获得直接的发展趋势，研究者开始通过纵向研究大量收集阅读障碍特点的脑活动数据。这种研究显然是非常必要的，并能帮助人们清晰界定正常发育儿童在阅读、拼写和算术技能等方面的神经生物学特点。

鉴于学习困难群体的异质性，很难设定一个统一的大脑功能障碍模型框架。根据学习困难分类标准探讨不同亚型的神经机制特点是今后研究的必然方向。今后研究的重点应该考虑更多的发展因素，包括更直接地考察大脑功能发育与技能发展的关系。另外，应该尽快颁布大脑研究通用方法准则，整合已有研究成果，对学习困难者的神经机制做出合理科学的解释。

三、学习困难亚型的 ERP 研究

Constantine 等（2009）将学习困难划分为纯注意缺陷、学习困难兼注意缺陷、纯学习困难三组。

对照组诊断标准主要包括：①没有任何学习障碍或多动症；②高于65%的学习成绩；③智力量表智商≥85；④无精神疾病；⑤无感觉障碍；⑥没有证据表明神经系统损伤；⑦不用药。

纯学习困难组诊断标准：①DSM－Ⅳ学习障碍分类标准（包括数学障碍和阅读理解障碍）（美国精神病学协会，1994）；②学习成绩低于51%；③智力量表智商≥85；④无精神疾病；⑤无感觉障碍；⑥没有证据表明神经系统损伤；⑦不用药。

纯多动症（ADHD）学习障碍组诊断选择标准：①复合型多动症（美国精神病学 DSM－Ⅳ 标准协会，1994）；②没有任何学习障碍；③高于65%的学习成绩；④智力量表智商≥85；⑤无精神疾病；⑥无感觉障碍；⑦没有证据表明神经系统损伤；⑧不用药。

采用视觉词语记忆负荷范式，考察不同能力组与对照组的 ERP 特点，脑地形图分布显示，对照组与三类学习困难组均存在显著差异，对照组在前额区 N450 显著大于学习困难组。三类学习困难组之间的脑电图分布既有相似性又存在显著差异，"纯"多动症组和多动症共患学习障碍组前额区 N450 显著降低，纯学习困难组与其他两类学习困难组相比，在前额区显示了一个非常小的 P450。双侧电极激活显示出显著的组间差异，词语记忆负荷成绩存在显著的组间主效应。

（一）感知加工研究

早期的学习困难 ERP 研究，记录的是简单的诱发电位，主要目的在于观察学习困难儿童是否存在诱发电位（EP）的特异性变化，从而确定学习困难儿童感知觉加工是否存在不足。

最早的研究当数 Conners，他使用一系列闪光刺激考察学习困难儿童的视觉诱发电位（VEP），该研究发现，在左顶区有一个较小的负波（N200）与阅读困难有关；低语言学习困难组（语言智商低、操作智商高）与高语言学习困难组（高语言智商、低操作智商）相比，出现了一个波幅较小的 P140。但在该项研究中，学习困难属于不同类型，而且诊断标准不清晰，亦没有设置控制组。

继 Conners 之后，Preston 和他的同事考察了不同年龄阶段学习困难组和控制组的 ERP 差异。结果发现，老年和青年阅读困难组与控制组相比，均在左顶区出现一个波幅较小的 N180，且这种差异对阅读困难组来说具有普遍性，不能归结为年龄、智商等因素，反映了对刺激加工的不足。而 Sobotka 和 May 于 1977 年采用同样的记录程序，发现学习困难组和控制组相比，在顶区和枕区出现明显的 P140 和 N200。Shields 等通过使用闪光、图片、实物和词语等系列刺激考察视觉 EP，发现学习困难组出现波幅较小、潜伏期较长的 P100 和 P300，而负成分无明显的差异。

Golin 等使用由 3 ~ 4 个字母组成的单词为刺激材料，全面考察学习困难组和正常组的视觉 ERP 波幅和左右半球的对称性。相对于学习困难组，正常组有一个明显的视觉 ERP 早成分（200ms 前），学习困难组则在刺激出现 200ms 以后才出现一个复杂的晚成分。通过进一步考察还发现，正常组与学习困难组相比在左顶区有一个较大的负波（N2）。随后，Cohen 和 Breslin 用闪光和单词为刺激材料考察阅读困难组和正常控制组儿童两半球的视觉 ERP（N1、P2 和 P3）差异，结果发现，阅读困难组大脑两半球波幅相似，呈正相关，表现出大脑两半球专门化程度低。Sutton 和他的同事使用简单的视觉、听觉和触觉刺激考察了大脑左右半球的 ERP 的对称性，发现学习困难组在大脑左右半球的最大峰潜伏期上具有高相关，表明学习困难组左右大脑半球的对称性比正常组高。这些发现有力地支持了"学习困难儿童大脑左右半球的专门化程度低"的假设。Ahn 研究了 20 个正常儿童和 30 个学习困难儿童（10 个阅读困难且数学技能完好的儿童，10 个数学技能缺陷但阅读技能完好儿童，10 个数学和阅读双困难儿童）。研究发现，学习困难儿童与正常儿童总体上 ERP 差异不显著，但每个子群体和控制组有明显的差异：阅读困难儿童与控制组的听觉 ERP 有显著差异，左半球峰潜伏期在 300 ~ 450ms；数学困难组在右半球峰潜伏期为 300 ~ 350ms；双困难组在左半球峰潜伏期为 225 ~ 250ms。这说明，不同学习困难类型有不同的认知加工缺陷，对学习困难儿童这个异质群体进行分类是非常重要的，数学困难与阅读困难可能是基于不同的认知加工功能障碍。

Nevill 等利用 Oddball 范式，发现刺激慢速呈现时阅读困难组和控制组没有显著差异，但在快速呈现时阅读困难组与控制组的 ERP 波幅有显著差异，尤其是阅读困难组的 P150 和 P350 显著小于控制组。随后有人考察了阅读困难组和正常组感觉认知加工过程的交互作用。给被试一个词一个词地呈现句子，呈现速度为快（100ms）、慢（700ms）两种条件，同时记录 N1 - P2 复合波（反映了早期的感觉加工）。结果与 Nevill 的结论相反，没有发现阅读困难者 N1 - P2 复合波的异常，而且，在快速呈现时，阅读困难组和控制组的差异并没有显著大于慢速呈现时两组被试的差异。据此，研究者认为阅读困难组不存在早期视觉加工缺陷，从而否定了阅读困难的快速信息加工缺陷的假设。这种结果的不一致性可能源于两个实验的记录点不同。

总之，在早期的感知加工学习困难的 ERP 研究中，通过使用不同类型简单重复刺激为特征的研究，记录学习困难者的 ERP，大部分研究把所有对象划分为阅读困难组和对照控制组，没有考虑到划分标准的异质性，显然，这些因素限制了最后的结论。但是，从这些研究中获得了许多有价值的信息：第一，学习困难组和控制组的波幅没有质的差异，许多研究表明，在刺激后的 300ms 内波幅仅有细微的差别；第二，重复刺激无论是闪光还是单词，没有辨别作用的影响，即学习困难组和控制组在刺激的感觉加工方面，ERP 波形上没有显著差异；第三，这些研究还发现学习困难儿童有较小的负波和较大的正波，尤其是在左顶区电极位置，这反映出对刺激的消极转换，表明学习困难者存在注意方面的缺陷；第四，几个研究都发现学习困难儿童的 ERP 的潜伏期较长，反映出学习困难者对刺激的加工速度较慢；第五，在这些研究中，无论是学习困难或正常组的 ERP 波幅和潜伏期在大脑左右半球不对称的证据很少，然而，大量证据证明，正常控制组比学习困难组在波幅和潜伏期方面存在左右大脑半球的高度不对称性，即正常组儿童大脑半球的专门化程度高，学习困难者大脑左右半球的专门化程度低；第六，不同学习困难类型有不同的认知加工缺陷，对学习困难儿童这个异质群体进行分类研究是非常重要的。

（二）P300 研究

随着 ERP 研究工作的深入，人们对早期的实验范式进行了大胆拓展，主要采用主动任务研究范式。主动任务对同一感觉的一系列刺激由两种刺激组成，一种刺激出现的概率很大（如 80%），称为标准刺激；另一种刺激出现的概率较小（20%），称为偏差刺激。两种刺激出现的顺序是随机的，因而对被试来说偏差刺激具有偶然性。实验中让被试发现偏差刺激后尽快按键或计数，在偏差刺激后约 300ms 可以观察到一个正波，此即 P300，已经证明它是一个可靠的认知加工的内源性指标。研究发现，在一般非注意条件下或偏差刺激与当前任务无关时，不能引起 P300。双任务的实验证明，在一定程度上，P300 和投入的心理资源量成正相关，研究证明只有当被试积极地注意或专心观察靶刺激时才会出现 P300，公认观点是：P300 波幅是一个注意资源投入做出决定时的最好指标，最大波峰潜伏期反映了对刺激的加工速度的最好指标。这些指标可以应用到学习困难的研究，尤其是考察学习困难儿童的注意加工任务。

研究发现，在靶刺激辨别任务中，学习困难组对靶刺激引起的 P300 波幅较小，潜伏期较长，但非靶刺激和正常组没有显著差异。Taylor 和 Keenan 认为，阅读困难组对视觉刺激的分类和记忆加工存在困难。该研究没有发现阅读困难儿童双侧功能障碍的证据，因为不论是对照组还是控制组都存在左半球比右半球的 P300 大的情况。

随后的研究证明，学习困难儿童与正常儿童相比，听觉 ERP 存在差异。在语言（符号）和非语言（纯音）听觉辨别任务中，阅读困难儿童与正常儿童相比，在顶区有一个较小的慢波，这些组间差异在符号任务中差异最大。在任务执行方面二者没有显著差异，表明学习困难儿童能以正常的方式辨别听觉任务，但是，在高负荷语言和非语言刺激加工条件下，学习困难组与正常组的差异非常显著。单词刺激引起的慢波（尤其是呈现在右耳）与许多神经心理测量包括声音分析、单词辨认、阅读理解和发音显著相关，与视觉字母辨认或选择性注意的测量无关。

研究还发现，阅读困难者的听觉 P300 潜伏期长、波幅小，反映出听觉方面存在加工障碍。Erez 和 Pratt 采用主动听觉 Oddball 范式，使用两种实验材料：纯音和两个无意义的单音节。结果发现，阅读困难组 P300 的波幅显著小于控制组。这反映出阅读困难儿童注意力资源不足，也可能与不能恰当地分配注意资源有关。Duncan 等人发现，异常的 P300 反映了大脑加工机制的不成熟，由此阻碍正常的认知和阅读。Bernal 等人采用主动听觉 Oddball 范式，以 3000Hz 的纯音为标准刺激，1000Hz 的纯音为偏差刺激，发现阅读困难组在 P300 的波幅和潜伏期上与控制组没有显著差异。对于标准刺激，阅读困难组的 N200 的波幅比控制组要大。无论是标准刺激还是偏差刺激，在阅读困难组中所诱发的 P200 的波幅都比控制组大。这表明在信息加工过程中，阅读困难组在信息加工中过早地消耗了注意资源，而正常组则在 300ms 时恰当地分配注意资源，从而表现为 P300 的波幅上升。

听觉选择性注意 ERP 研究表明，学习困难组与控制组有相似的负成分，似乎在听觉选择性注意方面没有明显的缺陷，但是，学习困难组的 P300 波幅小、潜伏期长。

使用 ERP 技术研究学习困难再三受到质疑，许多人不承认复杂的、正在进行的认知加工研究，为了避免这种指责，使用了 ERP 探测技术。当被试执行复杂的认知任务时，一个与听觉和视觉刺激任务无关的刺激反复呈现，以探测大脑的反映。使用这种探测技术，在阅读困难和匹配对照组儿童执行与阅读相关任务时，获得两个纯音的听觉 ERP，阅读困难儿童右半球的 ERP 波幅比左半球波幅低，与此相反，控制组儿童右半球波幅比左半球高，反映出阅读困难儿童在执行任务时不仅速度慢，而且不精确。他们认为，阅读困难组和正常组的神经加工机制不同（证据是大脑两半球不对称的 ERP 差异），产生这些差异的原因还不太清楚。他们推测左半球较大的 ERP 反映了与较高任务相关的认知加工，根据这种观点，阅读困难儿童的左半球加工水平较低，从而导致他们左半球的探测刺激的 ERP 波幅较小。使用这种研究范式，Johnstone 等用视觉探测刺激分别记录阅读困难组和控制组在默读和出声阅读两种难度材料时的 ERP。结果显示，无论是学习困难组或是控制组，右半球波幅均明显高于左半球，这一结果表明，阅读任务更多地与语言优势半球有关。而且，阅读材料的难度对两组 ERP 波幅有不同的影响，阅读困难组在高难度刺激材料条件下，顶区的 P300 明显降低。这些结果显示，阅读困难儿童在高难度任务面前，不能很好地分配注意资源。

总之，在听觉辨别任务中，阅读困难组和正常组相比在顶区有一个潜伏期较长、波幅较小的 P300。探测技术的使用为研究与复杂语言任务有关的 ERP 提供了可能，Shucard 及其同事利用该技术研究发现，正常组在执行阅读任务时，听觉和视觉探测刺激引起的 ERP 波幅右半球大于左半球，这一结果再次验证了当左半球从事积极的语言加工时，ERP 波幅下降的观点。

（三）MMN 研究

被动任务不要求被试投入注意力资源，实验过程中将被试的注意力转移到其他的非实验任务上（如在听觉实验中让被试注视屏幕上的刺激，忽视耳朵中传入的声音刺激），当偏差刺激出现时就会诱发失匹配负波（MMN）。刺激的频率、持续时间的长短、声音的变化都会引起 MMN，标准刺激和偏差刺激的差别越大，MMN 出现得越早，波幅也越大。由于这一刺激变化是在非注意条件下产生的，亦即在被试者非意识的条件下产生的，而这一非意识的外界变化引起了一定形式的脑波 MMN，因此，MMN 反映了脑对信息的自动加工。已有的大量证据表明，MMN 可以作为诊断学习困难神经异常的线索。

Schulte - Körne 等人以 MMN 为指标，采用被动听觉 Oddball 范式，在刺激为言语和非言语条件下比较了阅读困难组和控制组的成年人在辨别标准刺激和偏差刺激时的差异。言语刺激是音节（标准刺激"da"和偏差刺激"ba"），非言语刺激是纯音（标准刺激为 1000Hz，偏差刺激为 1050Hz）。结果发现，纯音刺激所引发的 MMN 在两组被试间没有显著差异，然而，言语刺激在阅读困难组中诱发的 MMN 波幅比控制组中诱发的 MMN 的波幅要小。由于阅读困难组只在对言语刺激的加工上和控制组有显著差异，而在纯音刺激（非言语）的加工上和控制组没有显著差异，因此，阅读困难组的听觉信息自动加工缺陷是基于言语知觉的。随后，Schulte - Körne 使用频率相同的标准刺激和偏差刺激，变化声音持续时间，以 MMN 为指标，考察了成年阅读困难组与控制组在听觉时间加工上的差异，结果发现阅读困难组在 250~600ms 区域的失匹配负波显著小于控制组。由于该研究操纵了声音的时间性质，因此阅读困难组存在听觉加工的缺陷。综合上述两个研究，Schulte-Körne 认为，言语声音中的瞬时信息性质导致了阅读障碍者 MMN 的波幅比控制组小，即阅读障碍者存在听觉信息自动加工的缺陷。

　　Baldeweg 等采用改变声音的呈现时间，保持音频不变的实验模式，结果没有发现阅读困难和控制组的差异。然而，在控制刺激呈现时间不变，改变音高的条件下，阅读困难组的 MMN 比控制组的要小，说明阅读困难者对音高的区分存在困难。

　　（四）N400 研究

　　N400 是研究人类语言加工特异性成分，它首先由 Kutas 等人于 1980 年报道。他们令被试对屏幕上呈现的句子进行认知反应，故意将某些句子的最后一个词错写为畸义词。例如，"他在咖啡里加入了一些牛奶和狗"。正常句的最后一词应为"糖"。当在屏幕上逐个呈现这句话的单词，并记录各个单词诱发的 ERP 时发现，该句尾畸义词诱发的 ERP 在 400ms 左右出现了一个新的负成分，以此命名为 N400。N400 尤其对语言刺激非常灵敏，已经证明这种波对语义记忆和插入记忆具有灵敏性。也就是说，N400 波的独特性在于对单词的意义灵敏，而对客体的特性不灵敏。有人研究阅读困难儿童再认记忆任务中的 ERP，发现阅读困难儿童在一系列的获得和再认任务中，N400 波幅明显小于对照组。这反映出阅读困难儿童的语义加工存在缺陷。

　　Macpherson 等人考察了不同类型的阅读困难（包括语音缺陷的阅读困难和没有语音缺陷的阅读困难）与正常组在语音加工过程中的大脑激活情况。该研究以听觉的形式向被试呈现语词，被试的任务是判断启动刺激和探测刺激的起始（initial）音素是否相同，记录被试的 ERP。结果发现，正常组的 ERP 在押韵目标词上出现 N400 效应，这种效应广泛分布在双侧皮层（颞中顶区、顶区和枕区），在后脑区达到峰值。非语音困难者只在颞中顶区出现了 N400 启动效应，语音困难组在 250~450ms 没有出现任何效应，但在 450~550ms 的后脑区出现了启动效应。

　　Robinchon 等人采用逐个呈现单词的形式呈现句子，记录每个单词呈现后的 ERP，结果发现，在结尾单词不符合语境时，阅读困难组和控制组都出现了 N400 效应，但是，阅读困难组的潜伏期比控制组要长 70ms。更为重要的是，在句子结尾单词符合语境的情况下，阅读困难组出现了 N400 效应，而控制组却没出现。Robinchon 进而指出，这是因为阅读困难者在把单词的意义整合到句子的上下文时存在困难。而且阅读困难者整合句子意义的障碍是短时记忆缺陷的产物，如果阅读困难者存在工作记忆中储存信息的困难，那么他们就不能将这些单词整合成一个完整句子而表征出来，从而表现出阅读困难。

　　Greenham Stelmack（2003）以图片和单词为材料，研究学习困难（阅读困难组和数学困难组）的 ERP。结果发现，在单词任务中，阅读困难组比控制组儿童显示了一个较小的 N450（N400）；在图片任务中，两者波形相似，没有显著差异。在专注于图片任务时，数学困难组与控制组相比，显示了一个较小的 N450，这一结果直接反映出数学学习困难儿童在视空工作记忆加工方面的缺陷。在单词命名任务中，数学学习困难儿童与控制组相比，同样显示了一个较小的 N450，然而，数学学习困难组和阅读困难组在单词命名任务中，二者的 N450 波幅没有差异，这一结果显示，数学学习困难儿童不但在数学方面存在障碍，而且，在阅读和发音方面也有问题。在选择性注意条件下，数学困难组、阅读困难组与控制组相比，N280 和 N450 差异不显著。随后，Mangina（2004）使用该方法研究多动症儿童的 ERP，得到了与上述类似结果。

　　纵观目前针对学习困难儿童的 ERP 研究，虽然取得了许多丰硕的成果，但还有许多问题和不足，梳理近年来的这些研究成果，必将推动该领域的研究进程。存在的主要问题表现在：阅读困难的研究多，其他类型学习困难的研究相对较少；在阅读困难研究中，词汇识别和语音加工的研究相对较多，对句子加工和信息整合的研究较少；在基本感知加工的研究中，听觉加工的研究相对较多，视觉加工研究相对少；对学习困难采用聚类研究的多，分类研究的少；所用刺激材料都是外文，对汉语学习困难的 ERP 研究还是空白；国外研究的多，国内研究的少。这也是今后研究中应该注意的问题。使用 ERP 技术研究学习困难有巨大的潜力和优势，它不仅能从脑机制加工的层面上了解学习困难，而且对于学习困难的诊断和治疗有长远的意义。这种方法未来在临床上有非常广阔的应用前景，尤其是对异常儿童的诊断，它可以帮助诊断造成儿童学习困难的原因，进而帮助人们设计出最适合儿童学习和社会心理需要的矫正方案。

第二章

学习困难儿童脑信息自动加工特点

导致儿童学习困难的原因很多，从认知心理学角度来看，学习是一个相当复杂的信息加工过程，假如这个过程中的任一环节出现问题，都可能会导致学习障碍。不同的学习困难是由儿童不同的认知加工机制引起的。以往的研究从不同侧面揭示了学习困难儿童的认知加工缺陷，但对造成认知加工机制缺陷的原因研究十分有限。

在学习困难儿童认知加工机制研究的基础上，本书采用事件相关电位方法，用纯音刺激与图片刺激作为实验材料，考察学习困难儿童的脑信息自动加工特征，深入探讨学习困难儿童的前注意加工的脑机制。

20 世纪 50 年代事件相关电位技术的应用，为人类认知功能研究开创了新纪元，事件相关电位是一项无损伤性脑认知成像技术，它的电位是人类身体或心理活动与事件相关的脑电活动，与大脑头皮表面记录到并通过对信号过滤和叠加的方式从 EEG（脑电图）中分离出来。事件相关电位已越来越广泛地应用于大脑功能损害的诊断和评定。其中 MMN 是反应大脑自动信息加工的特异性指标，MMN 是一种对刺激信号的前注意加工的事件相关电位，是大脑对刺激还没有意识到注意参与前的加工阶段，是一个自动觉察的加工过程。由于它具有不需要被试的主动参与，不受注意与否以及年龄大小因素的影响（甚至可以从睡眠的婴儿中获得），可避免心理因素的直接影响的特点，为观察非意识层面的认知能力加工的神经生理学提供了一个窗口，同时越来越广泛地被应用于临床。国外已经有研究应用 MMN 来评定注意障碍、知觉障碍、学习能力障碍、脑功能衰退、早期大脑功能以及额叶损害等。因此它与其他 ERP 成分（如 N400、P300、CNV 等）一样，可以作为脑功能的比较有效的客观电生理学指标，这将逐渐完善评定认知功能。

MMN 由 Näätänen 等（1978）首先报道，主要反映不依赖于刺激任务的自动加工过程，因此它是一个大脑感觉信息加工的电生理测量指标。目前，国外对于 MMN 的研究一方面集中在注意的机制等基础方面，另一方面则是在临床应用方面，并显示出广阔的应用前景。国内也开始有了 MMN 的基础研究（罗跃嘉和魏景汉，1998）与应用报告。

第一节 脑信息自动加工研究概述

一、失匹配负波

失匹配负波（mismatch negativity，MMN）在非注意条件下产生，运用相减技术得到，反映了脑对信息的自动加工。失匹配负波主要反映脑信息的自动加工过程，不依赖于任务刺激，偏差刺激随机出现在不断重复的标准刺激序列中所诱发的听觉诱发电位成分就是失匹配负波，它是一种内源性 ERP 成分，它的产生可运用 Oddball 实验范式来实现。伴随此成分提出的注意的脑机制模型及记忆痕迹理论，成为近几年研究的热点。

MMN 典型的实验范式是令被试者只注意一只耳而不注意另一只耳的声音即双耳分听实验。结果发现，无论注意耳还是非注意耳，标准刺激均没有偏差刺激引起的负波高。偏差刺激与标准刺激的差异波中 100～250ms 出现一个明显的负波，就是失匹配负波。由于偏差刺激出现的概率比较小，同时与标准刺激差异也非常小，因此在由标准刺激和偏差刺激组成的一系列刺激中，偏差刺激减标准刺激得到的 MMN 就是这种变化的反映。

MMN 是对重复的声刺激偶尔变化的反映，是对感觉环境中没有预期的刺激意识前觉察的指标，是偏差刺激和标准刺激在中枢前注意阶段比较加工的反映。MMN 代表对经验依赖性听觉记忆痕迹变化的一种自动察觉，MMN 是大脑对感觉信息输入调节其敏感能力的感觉闸门。

在经典的 Oddball 实验范式中，由偏差刺激减去标准刺激的 ERP 得到的波形就是 MMN，它是由偏差刺激信息输入标准刺激序列中而引起的反应，是感知系统中新异的偏差刺激与之前的标准刺激形成的记忆痕迹模板相比较得出来的（Shestakova et al.，2002），是感觉记忆系统在小概率出现的偏差刺激和大概率出现的标准刺激之间产生的失匹配。Oddball 范式是不同的刺激信号相比较进而产生 MMN，也就是说标准刺激和偏差刺激是两种不同的信号刺激。

在 MMN 的提取过程中，相减技术是核心和关键。所谓相减，就是将两种任务或者刺激类型 ERP 波形进行相减，从而提取出更为纯粹、心理意义更为清楚的 ERP 成分，这种成分通常被称为差异波。MMN 成分，就是将小概率刺激的

ERP 波形减去大概率刺激的 ERP 波形得到的差异波。

二、脑信息自动加工功能

（一）脑信息自动加工的基本概念

脑的信息自动加工亦称"脑的自动加工""脑对信息的自动加工"。脑信息自动加工可分为两种。①行为自动化。包括先天行为自动化和后天行为自动化。先天行为自动化就是指如吃喝等满足生理需要的行为，后天行为自动化是指如走路、骑车、游泳等技能。行为受脑的控制，是脑功能的表现，因此行为自动化是脑的信息自动加工的结果。②脑对感觉信息加工的自动化，即脑具有自动加工从各个感觉通路进入的信息的能力。包括先天和后天两种。先天的脑对感觉信息的自动加工主要是朝向反应，例如，"酒会己名效应"，在鸡尾酒会的嘈杂环境中，当你专心和他人交谈时，你不会注意或听清其他人谈话的内容。但是当有人提及你的名字时，你却会意识到，并可能不自觉地张望名字声音的来源，这说明人的脑组织在对进入耳朵的声音进行自动筛选，只让有价值的信息进入意识，而将大量无价值的信息过滤掉。这不但大大提高了脑的加工效率，是一种极大的节约，而且对肌体具有重要的保护意义，因为对肌体具有伤害意义的信息会自动进入意识，以便使肌体能够及时采取应对措施。酒会己名效应的出现有两种可能。一种可能是对所有感觉阈限以上未注意，从而未进入意识的信息并未进行加工，只不过由于对自己名字的感觉阈限比较低，其强度较易达到新异动因刺激的水平，于是引起了朝向反应。这也就是说，此时名字是非条件反射的新异刺激。另一种可能是对所有感觉阈限以上未注意，从而未进入意识的信息都进行了自动加工，自己的名字和这些信息一样都被自动侦察到了，不过由于在日常生活中被唤名和朝向反应间长期多次联系，建立了条件反射，所以己名会引起朝向反应。这就是说，此时名字是条件反射的条件刺激。后天的脑对感觉信息进行自动加工。比如，在阅读过程中并不需要对组成句子的一系列词汇的各个词汇进行有意识的认知，对各个词汇的理解是自动完成的。又如经验丰富的边防检查人员有时凭直觉一眼能看出走私犯，可以说是"未知先觉"。

现代心理学中几乎所有的注意模型都涉及自动信息加工这一环节，过滤器模型认为，从外界来的信息数量是极大的，但是人的大脑中枢系统的加工能力是有限度的，需要"过滤器"加以调节，选择一些有价值的信息进入下一步分析阶段，这些被注意提取到的信息立即被传送，而那些没有被注意到的信息停留在短时记忆系统中随后迅速衰退。过滤器选择新异刺激或意义显著的刺激（如自己的名字）较容易通过，即使这些刺激位于没有被注意的信息之列。衰减模型用衰减代替过滤器，用多通道模型取代 Broadbent（1958）的单通道模型。目前认知心理学界大多喜欢把这两个模型结合称作过滤器—衰减模型。反应选择模型和知觉选择模型认为，大脑将对所有进来的刺激进行加工，在信息进入工作记忆阶段时，需要进一步加工的信息才开始被选择。此观点又被称作后期选择理论。能量分配模型很好地反映了中枢能量理论，资源分配方案才是注意的关键，那些被系统随机分配用来处理差异刺激的认知过程就构成了注意。需求量多的任务与需求量少的任务相比需要更多的资源分配，只有那些没有经过练习的需求任务才是这样的。通过练习，用来完成需求任务而投入的心理努力就会减少，如果继续保持练习任务的加工将会成为自动化。

（二）对注意的丘脑闸门学说的补充

上述例证不难发现，非注意的即无关的信息可以进入皮质进行自动加工。这就可以对闸门学说做这样的理解，即闸门学说作为一种注意理论，它所指的闸门是注意的闸门，它阻止的是对无关信息的注意，就是说阻止对无关信息进行投入心理资源的加工。无关信息虽然可以进入皮质进行加工，但并不对它投入心理资源。这种加工是无意识的自动加工，这种加工具有不完善性和不精确性的特点。目前还不能以无关信息进入皮质进行自动加工，否定丘脑闸门的存在及其功能的必要性，只宜作为丘脑闸门学说的补充。当然，关于注意信息与无关信息在神经系统中运行与加工的关系问题还远远没有解决，这也正是脑的信息自动加工研究的基本任务。

（三）MMN 是脑信息自动加工的宝贵客观指标

失匹配负波是小概率的偏差刺激随机出现在一系列大概率的标准刺激序列中所诱发的，由刺激变化所诱发的 100～250ms 时间段出现的两种刺激反应之间的差异波就是 MMN。在非注意条件下这一刺激变化是在被试非意识下产生的，而这一非意识的外界变化必然引起一定形式的脑波 MMN，可见 MMN 反映了脑对信息的自动加工。已有研究表明，MMN 说明了初级听觉皮层与邻近颞上回皮质的激活过程，它与大脑对感官信息尤其是听觉信息早期处理活动有关。由于 MMN 能够比较客观地反映大脑感觉记忆功能以及探测特征变化的能力，所以它在临床诊断与认知神经科学上具有极大的应用潜力。MMN 的这些优势，最终将被用于特殊人群来辨识特殊的功能缺陷，并有助于制定有效措施，在研究和临床上都有着广阔的应用前景。在非注意或非意识状态下也会出现 MMN，MMN

能够用于诊断认知障碍，尤其是那些常规检查就不能很好配合的患者（如婴幼儿、意识丧失、严重痴呆等）。

三、MMN 研究常见的实验范式

（一）Oddball 实验范式

Oddball 实验范式的核心是在一组重复出现的标准刺激（standard stimulus）（概率是 80% ~ 90%）序列中随机插入刺激参数不同的"偏差刺激"或"靶刺激"（deviant or target stimulus）（概率是 10% ~ 20%）。该范式有主动和被动两种范式，主动形式是要求被试投入注意资源对偏差刺激辨认或者计数；被动形式则让被试看无声电影，或做无声游戏来转移注意，以达到让被试忽视所有刺激信号的目的。

（二）双耳分听范式

经典双耳分听（dichotic listening）实验范式中也运用 Oddball 刺激范式，分别给予左右两耳不同的标准刺激和偏差刺激。令被试只注意某一耳的偏差刺激，指定耳可互换，也可让被试者通过阅读来忽视听觉刺激。

无论实验选用哪种范式，刺激序列的第一个刺激一定得是标准刺激。声音刺激可以为短纯音、纯音、短声或者言语声等。可以从强度、频率、持续时间、刺激间隔时间来体现偏差刺激的物理特征或者几种变化同时呈现，甚至是一些抽象特征，比如，刺激排列的方向（递增或递减）也可以诱发 MMN。

四、MMN 产生机制理论及其影响因素

（一）不应期假说

不应期也称感觉疲劳，该理论是最早用来解释 MMN 的假说。该理论认为，标准刺激与偏差刺激的物理特征不一样，分别是由不同的大脑神经成分产生反应，标准刺激出现概率比较大，间隔时间不长，对其起反应的神经成分进入不应期，而偏差刺激的出现频率比较小，对其起反应的神经成分维持了较好的反应性，因此偏差刺激诱发的反应比标准刺激诱发的大，从而产生了 MMN。虽然这个假说提出的时间比较早，但是直到现在，MMN 研究中仍然需要特别注意神经元的不应期的问题。

（二）特征地图和差异辨别器理论

Sams 等（1985）认为大脑神经分别独立地编码刺激的各种特征并形成相对应的特征地图，特征地图的激活或许参与了 N1 的形成。被编码得到的信息集中

地进入某一个神经元群，这个神经元群能够辨别刺激间的差异变化，因此被称作差异辨别器。标准刺激出现后，通过某种中间神经元来抑制差异辨别器，遏制它的激活。但是当偏离刺激出现的时候，因为刺激特征发生了变化，所以通过某种新的神经联系激活差异辨别器，形成 MMN。

（三）记忆痕迹假说

Näätänen 认为，标准刺激的大概率的多次重复出现使得它的各种物理特征都比较准确地留在大脑内，成为记忆痕迹或模板。后来进入的每一个听觉刺激都自动地与此模板进行比较，如果偏差刺激恰好在记忆痕迹持续的时间 5～15 秒这段时间内出现，登记和编码就会发生偏差，这样就产生了 MMN。

（四）特殊适应假说

特殊适应假说（the daptation hypothesis）认为，根本就不存在独立的 MMN 成分，通过相减技术所得到的差异波只不过是偏差刺激引起的 N1 成分与标准刺激引起的 N1 成分之间的差异。这就是说，人们观察到的所谓的 MMN 只是两个 N1 成分相减后的结果。其实很早以前的研究就发现 N1 包含两个亚成分：位于额部的 N1a 成分与位于枕部的 N1p 成分。失匹配成分只是一种假象，因为标准刺激引发出的 N1a 成分跟偏差刺激引发的 N1p 成分之间存在差异，正是这种差异才给人们造成了这种假象。该假说公布后，引起了学术界的一场大论战，但是最终还是记忆痕迹说获胜。尽管现在已经很少有该假说的研究，但是值得肯定的是，特殊适应假说所引发的论战对 MMN 原理的研究起了极大的推动作用。

大量研究表明，MMN 的原理问题虽然仍没有完全解决，但是记忆痕迹学说和不应期学说仍然可以被认为是解释 MMN 原理的主流理论。

（五）MMN 的影响因素

在记录和提取 MMN 成分时，很多因素都会影响所得到的 MMN 潜伏期与波幅。影响 MMN 的主要因素有：刺激偏差的大小，偏差刺激比标准刺激的频率偏差增大，则 MMN 潜伏期缩短，波幅增大，持续时程增长；刺激强度，MMN 与刺激物本身的绝对量无关，仅与偏差刺激和标准刺激的差异量有关；刺激概率，Näätänen（1992）提出 2% 的偏差刺激要比 10% 的产生的 MMN 大得多；刺激间隔（ISI），当刺激间隔固定为 1s、2s 时，可以产生一个清楚的 MMN，刺激间隔为 4s、8s 时却不会产生 MMN，但 6s、10s 随机排列的刺激间隔有 MMN 产生，偏差刺激与标准刺激的呈现速度在刺激间隔对 MMN 的影响中或许是重要的；可预见性和注意，可预见性对 MMN 是否有显著影响以往实验中并没有得出，注意是否参与与 MMN 也没有直接的关系；刺激含义，有实验结果显示刺激含义对 MMN 是没有影响的。只要刺激之间存在差异，无论这种差异是直接的物理差异还是间接的刺激规律差异，都可以诱发出 MMN。

五、学习困难的 MMN 研究

研究发现，失匹配负波也可以作为诊断学习障碍儿童神经异常的线索之一。Schulte – Körne 等（1998）发现，纯音刺激所诱发的 MMN 在成年阅读困难组和对照组被试间没有显著差异。但是，言语刺激在阅读困难组中引发的 MMN 波幅比对照组中诱发的 MMN 的波幅要小。阅读困难组只是在对言语刺激的加工上和对照组有显著差异，所以，阅读困难组的听觉信息自动加工缺陷是言语知觉方面的。之后，Schulte – Körne 等人（1998）研究成年阅读困难组与对照组在听觉时间上的加工差异发现阅读困难组在 250～600ms 时间段的 MMN 显著小于对照组。该研究得出阅读困难组存在听觉加工方面的缺陷。根据上述两个研究，Schulte – Körne 等（1998）认为，言语声音中的时间信息性质导致了阅读困难者 MMN 的波幅比对照组小，这就是说，阅读困难者存在听觉信息自动加工方面的缺陷。不难看出，有关学习困难的 MMN 研究十分有限。

六、问题提出与研究假设

MMN 与感知功能有关，不受注意力指向的影响，反映了脑对感觉信息的自动加工。MMN 是人类出生后可记录到的最早存在的 ERP 成分；MMN 不需要被试的主动参与，不受注意影响，与年龄因素无关，可避免心理因素的直接影响；这都有益于研究学习困难儿童的脑信息自动加工。

纵观目前学习困难儿童的 ERP 研究，尽管取得了许多丰硕的成果，但还有许多问题和不足：在感知加工的研究中，视觉加工的研究不如听觉加工的研究多；数学学习困难儿童的研究不如阅读困难的多；对学习困难儿童分类研究的不如聚类的多。使用 ERP 技术研究学习困难儿童有极大的潜力和优势，它既可以从脑机制加工的层面上去了解学习困难儿童，同时对于学习困难儿童的诊断和治疗具有长远的意义。

基于以往研究，本书将对学习困难儿童的脑信息自动加工做进一步探讨，以期为实验组儿童的 ERP 相关研究提供实验依据。本书提出如下研究假设：

假设1，学习困难儿童听觉与视觉 MMN 波幅存在差异。

假设2，学习困难儿童注意条件视觉 MMN 潜伏期与非注意条件存在差异，注意与非注意条件听觉 MMN 潜伏期存在差异。

假设3，学习困难儿童与对照组儿童在注意条件下视觉和听觉MMN波幅有差异。

假设4，学习困难儿童与对照组儿童在非注意条件下视觉和听觉MMN波幅有差异。

第二节　学习困难儿童视觉通道脑信息自动加工的特点

一、实验目的

本节主要考察在注意视觉刺激、忽视听觉刺激条件下，所诱发出的学习困难儿童（实验组）和正常儿童（对照组）的MMN的波幅和潜伏期的特征，比较失匹配负波对学习困难儿童的前注意加工评价的能力。探讨学习困难儿童视觉通道时间知觉自动加工及通道效应的脑机制特点，并比较对照组与学习困难儿童注意视觉MMN与非注意听觉MMN的差异。

二、研究方法

（一）被试选取

在开封市某小学六年级选取学习困难儿童（实验组）和无学习障碍儿童（对照组）各19人（男女各半），身体健康，右利手，裸眼视力或矫正视力正常，年龄为11.5～13.5岁（平均年龄12.5岁）；近期未服用任何药物，无既往病史；自愿参加实验，实验前经学生监护人同意，并愿意填写书面同意书，实验结束后给予一定报酬。

诊断学习困难的工具有三个量表：

（1）ATT测验（学习适应性测验）。此测验最早是由日本一家教育研究所编制并修订，由华东师范大学周步成（1991）引进中国制定出了中国常模。测验以班级为单位进行施测，将学生的得分转换成不同等级，挑选出学习适应等级在2等以下的儿童，进行下一步筛选。

（2）PRS测验（学习困难儿童筛查测验）。此测验是由美国研究者Myklebust（1981）编制的。我国镇江医学院的李君荣等（1999）把它翻译成汉语，经过检验、评定量表的同值性和等值性之后，制定出了江苏常模。这个量表因子分析效性比较高，效价也很理想，适合国内团体施测，它是比较理想的用来筛选学习困难儿童的测试方法。将前一学期的考试成绩汇总平均并转换成 Z 分数，选出语文和数学成绩均低于 25% 的学生。

（3）瑞文标准智力测验（Raven）。选出智商高于 80 的被试，本次所筛选的被试智商都符合实验要求的标准。

（二）实验设计

采用"跨通道延迟反应"实验范式见图 2 - 1。视觉刺激与听觉刺激混合，并间隔呈现。随机排列两个通道刺激，组成不同的刺激序列。视觉刺激与听觉刺激各有三种：偏差刺激、标准刺激和反应命令信号。注意条件下的每一个偏差刺激和标准刺激的后面都有一个反应命令信号。在偏差刺激和反应信号之间以及标准刺激和反应信号之间随机放置 0 ~ 2 个非注意条件下的刺激信号。反应命令信号同下一个刺激信号的间隔是 700 ~ 1500ms 伪随机，其他刺激之间的时间间隔为 500 ~ 700ms 伪随机。以绿色圆形为视觉刺激，1000Hz 和 1500Hz 的纯音为听觉刺激，偏差刺激概率均为 20%，标准刺激的概率均为 80%，来研究视觉偏差刺激在注意条件下诱发的 MMN。实验中要求被试专心注意视觉通道所呈现的刺激，而相应地忽视另一通道的刺激即听觉通道，以左右手按键反应，如左手反应标准刺激，右手反应偏差刺激。

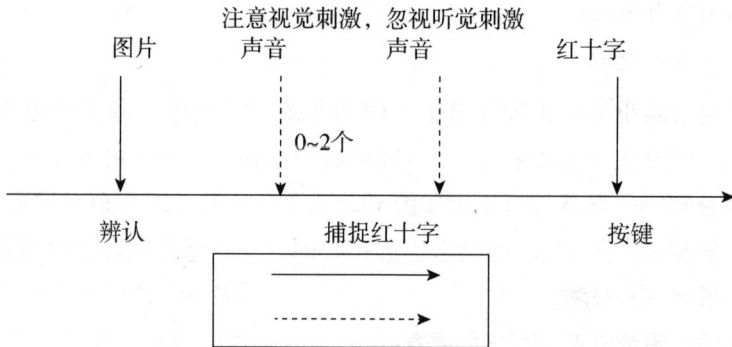

图 2 - 1　实验流程图

（三）实验材料

实验呈现声音刺激共 800 个，听觉刺激分为 1000Hz 和 1500Hz 的柔滑短纯音两种。1000Hz 短纯音作为标准刺激，呈现频率为 80%，640 个；1500Hz 短纯音作为偏差刺激，呈现频率为 20%，160 个。每一短纯音呈现时程 30ms，强度为 50dB。视觉刺激同样是 800 个，视觉刺激图形为中心位于注视点的绿色实心圆，大的绿色实心圆作为标准刺激，直径为 8cm，呈现频率为 80%，640 个；小的绿色实心圆为偏差刺激，直径为 3cm，呈现频率为 20%，160 个。视觉反应信号为边长 0.5cm 的红色十字，刺激呈现时间为 30ms。

（四）实验程序

刺激序列由视觉标准刺激、偏差刺激、反应信号（红色小十字）及听觉标准刺激与偏差刺激五种刺激组成。令被试注意图片，不注意耳机声音。对图片大小进行辨认，做好按键准备，"大图片"左手食指按键，"小图片"右手食指按键，待反应信号出现后尽快按键。时间约 40 分钟。

（五）脑电记录

采用 Brian Products ERP 记录与分析系统。使用 32 导电极帽记录脑电。采用 Ag/AgCl 电极，并以双侧乳突连线的平均值作为参考电极，前额接地，左眼外侧安置电极记录水平眼电，右眼上安置电极记录垂直眼电。采样频率为 500Hz，头皮电阻小于 20kΩ。连续记录脑电数据后离线分析，数字滤波为 0.01～40Hz，自动矫正眨眼肌电等伪迹，波幅大于 ±100μV 将自动排除。分析时程为刺激呈现前 100ms 到刺激呈现后 400ms，基线矫正为刺激呈现前 100ms。

三、结果与分析

（一）行为数据

在脑电实验过程中，记录被试对在视觉通道内注意条件下，实验组与对照组的正确率和反应时间（Reaction Time，RT）。所有数据应用 SPSS18.0 统计软件包针对正确率和反应时间分别对实验组与对照组之间进行 t 检验。

在注意条件下，对照组与实验组视觉通道的反应时间分别为（417.6 ± 48.7）ms 与（439.5 ± 57.2）ms，正确率（%）分别为 90.7 ± 5.1 与 86.4 ± 16.7。结果显示，对照组比实验组的反应时间长，正确率低。

（二）脑电数据

用 Brian Products ERP 分析系统软件校正眼电（VEOG 和 HEOG），排除大于 ±100μV 的各种伪迹。以刺激前 100ms 至刺激后 400ms 做 Epoch 分段，以刺激声音前 100ms 进行基线矫正，将不同组别、不同类型刺激的脑电波进行叠加平均。运用 Brian Products ERP 分析系统软件提供的脑电波相减功能，用偏差刺激减去标准刺激得到对照组与学习困难儿童组不同通道的声音和图片的 MMN 波形，最后再做总平均。MMN 是偏差刺激减标准刺激后的波形，我们用波形的峰值来进行统计处理。将获得的 MMN 波形进行 1～12Hz 滤波后，用 Brian Products ERP 分析系统软件来标记峰值与潜伏期，并导出 Fz、FP1、FP2、F3、FC1、

FC2、F4、F7、F8、C3、C4、Cz、T7、T8、Pz、P7、P8 导联上在最小波峰位置上的潜伏期数据（ms）进行统计。（由于实验过程中 O1、O2、Oz 三个导联出现问题，所以本书不再考察此三点的波形。）需要分析的脑电波形内容有两个。①潜伏期：从刺激起点开始到 MMN 波峰顶点结束。②峰值：根据总平均图以及以往的文献来确定 MMN 的时间窗口，以 100～250ms 作为测量窗口，标记 MMN 的峰值。用 Brian Products ERP 分析系统软件中的波峰、潜伏期分别导出进行计算。

本实验共含五种刺激，实验结果共得到八种 ERP 和四种 MMN。实验中每组被试注意视觉通道产生视觉标准刺激注意 ERP、视觉偏差刺激注意 ERP、听觉标准刺激非注意 ERP、听觉偏差刺激非注意 ERP，共四种 ERP。相应的偏差刺激 ERP 减标准刺激 ERP 则共得到四种偏差相关成分（deviant related components，DRC），只取其中较早的负波（deviant related negativity，DRN）进行分析，该 DRN 在非注意时就是 MMN，在注意条件下则包括两个成分，稍早点的 MMN 和稍迟的 N2b。这就是得到两种 MMN，它们分别是视觉注意 MMN、听觉非注意 MMN。所以说实验组与对照组两组被试共得到四种 MMN，有实验组视觉注意 MMN、实验组听觉非注意 MMN、对照组视觉注意 MMN、对照组听觉非注意 MMN。数据处理方法如图 2－2 所示。

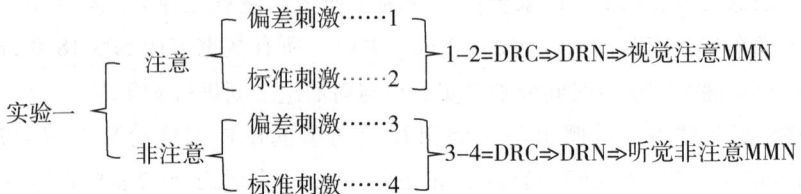

图 2－2　数据处理方法示例

对通道（视觉/听觉）、注意条件（注意/非注意）、刺激类型（标准刺激/偏差刺激）一共四种 ERP 成分进行叠加平均，每个条件的有效叠加次数都达到了 60 次以上。参考以往的研究方法，设定 500ms 时间窗，测量偏差相关成分潜伏期与波幅。以中央区 Cz 点将脑区分为前部分与后部分，前部脑区选取电极 Fz、FC1、FC2、Cz、F3、F4、F7、F8、FP1、FP2、C3、C4、T7、T8 共 14 个电极位置，后部脑区选取 Pz、P7、P8 共三个电极位置。以 MMN 潜伏期与波幅分别作 2（组别：实验组、对照组）×2（通道：听觉、视觉）×17（电极位置：17 个电极）三因素重复测量方差分析。利用 Greenhouse－Geisser 法校正所有 p 值。

(三) 实验组的 ERP 特点与分析

对实验组（实验组儿童）的 MMN 数据进行通道（注意视觉与非注意听觉 2 水平）×电极位置（17 个电极点）二因素重复测量方差分析，结果得出：MMN 波幅通道主效应差异显著 $[F (1, 18) = 10.174, p = 0.005]$，通道×电极位置交互作用显著 $[F (16, 288) = 6.713, p = 0.000]$，电极位置主效应不显著$[F (16, 288) = 1.525, p = 0.197]$。然而 MMN 潜伏期电极位置、通道主效应均不显著 $[F (16, 288) = 1.508, p = 0.190; F (1, 18) = 2.522, p = 0.130]$，通道×电极位置的交互作用也不显著 $[F (16, 288) = 1.531, p = 0.175]$。独立样本 t 检验发现：实验组注意视觉与非注意听觉在前额区（FP1、FP2、FC1、FC2）、额区（F3、F4、F7、F8、Fz）、中央区（C3、C4、Cz）、颞区（T7）、顶区（P7）差异显著。非注意条件下听觉通道 MMN 比注意条件下视觉 MMN 在 FP1、FP2、F3、F4、C3、C4、F7、F8、T7、Fz、Cz、FC1、FC2 这些电极点上更负。实验组在注意条件下视觉 MMN 与非注意条件下听觉 MMN 的波形图见图 2-3，从注意条件下视觉 MMN 的地形图与非注意条件下听觉 MMN 地形图对比（图 2-4）可以看出，二者差异很明显。实验组注意条件下视觉 MMN 主要位于中央区顶区较为明显，非注意条件下听觉 MMN 分布于前额叶最为明显。

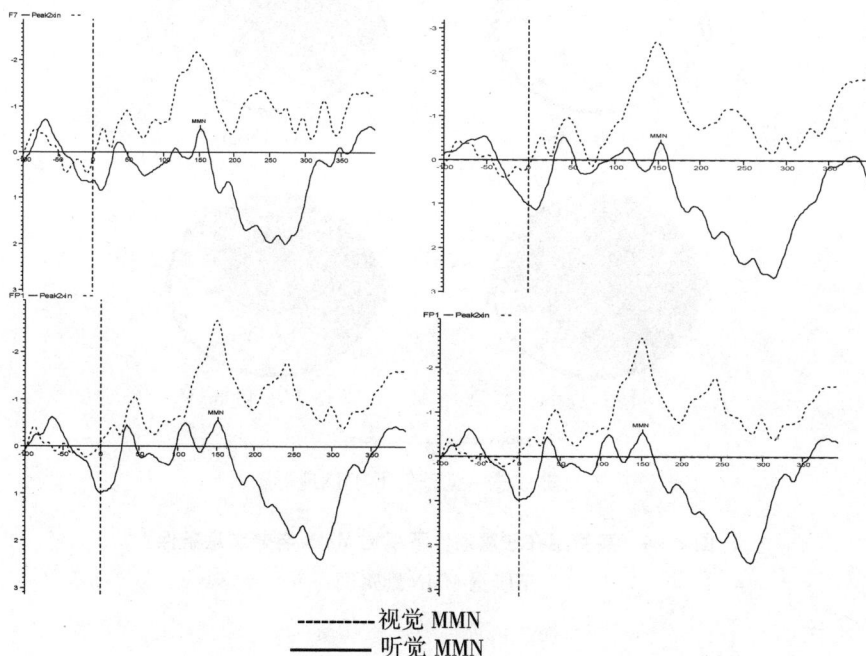

---------- 视觉 MMN
————— 听觉 MMN

图 2-3 实验组在注意条件下视觉 MMN 与非注意条件下听觉 MMN

−100~24ms 26~150ms

150~274ms 276~400ms

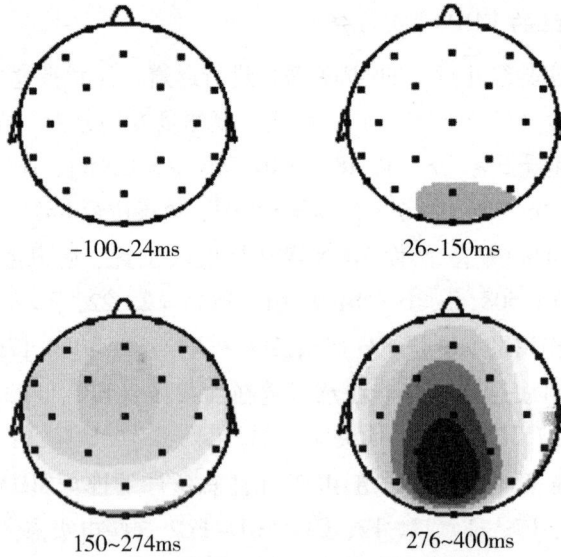

a. 注意视觉条件下MMN地形图

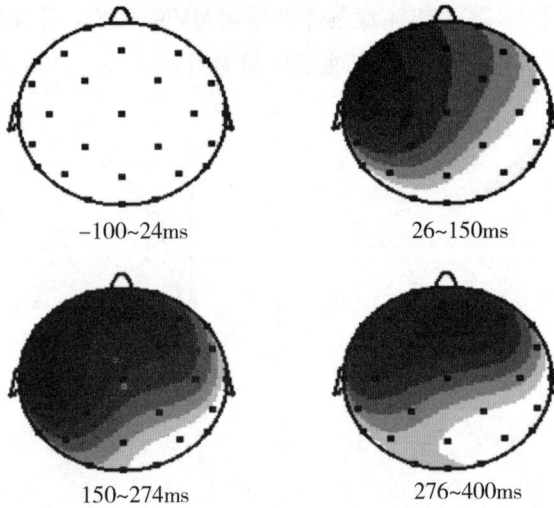

−100~24ms 26~150ms

150~274ms 276~400ms

b. 非注意听觉条件下MMN地形图

图2-4 实验组在注意条件下视觉 MMN 与非注意条件
下听觉 MMN 地形图

（四）对照组的 ERP 特点与分析

对对照组（对照组儿童）的 MMN 数据进行通道（注意视觉与非注意听觉 2 水平）×电极位置（17 个电极点）二因素重复测量方差分析，结果得出：MMN 波幅与潜伏期在电极位置上主效应都很显著 $[F (16, 288) = 3.156, p = 0.009；F (16, 288) = 3.912, p = 0.001]$，通道×电极位置交互作用显著 $[F (16, 288) = 4.161, p = 0.001；F (16, 288) = 2.512, p = 0.022]$，通道主效应都不显著 $[F (1, 18) = 2.050, p = 0.169；F (1, 18) = 1.075, p = 0.313]$。独立样本 t 检验发现：非注意条件下听觉通道 MMN 比注意条件下视觉 MMN 在 FP2、C4、F4、F8、T8、Fz、Cz、FC2 这些电极点上更负。对照组在注意条件下视觉 MMN 与非注意条件下听觉 MMN 的波形图见图 2-5，从注意条件下视觉 MMN 的地形图与非注意条件下听觉 MMN 地形图对比（图 2-6）可以看出，二者差异也很明显。对照组注意条件下视觉 MMN 在额叶较为明显，非注意条件下听觉 MMN 在额叶与中央区左侧激活较为明显。

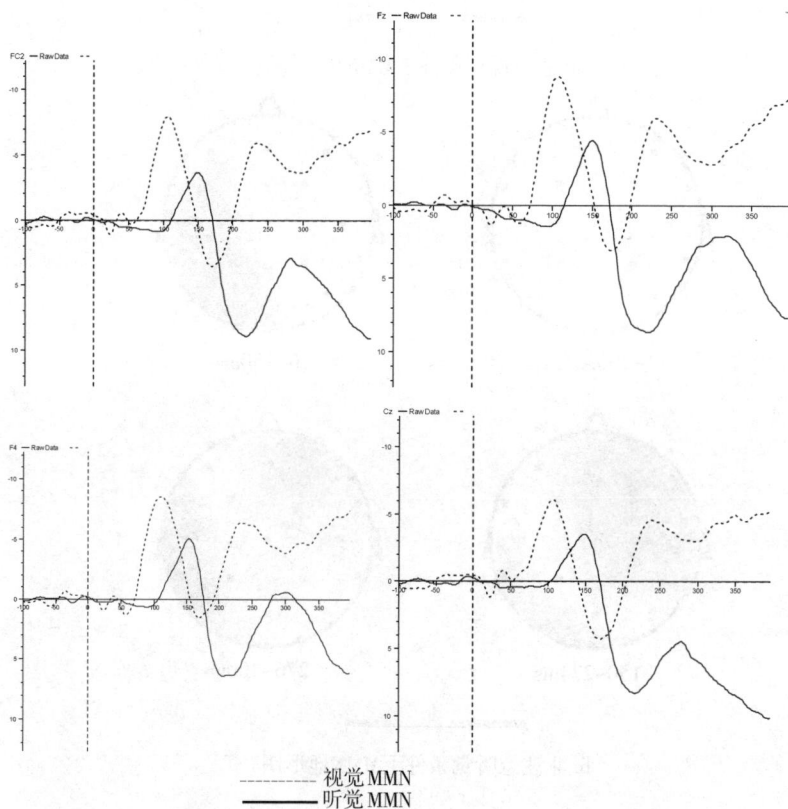

图 2-5　对照组在注意条件下视觉 MMN 与非注意条件下听觉 MMN

−100~24ms　　　　　　26~150ms

150~274ms　　　　　　276~400ms

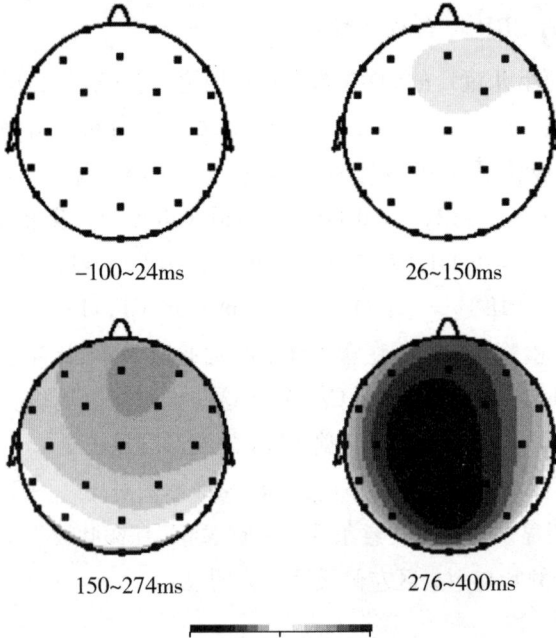

a. 注意视觉条件下MMN地形图

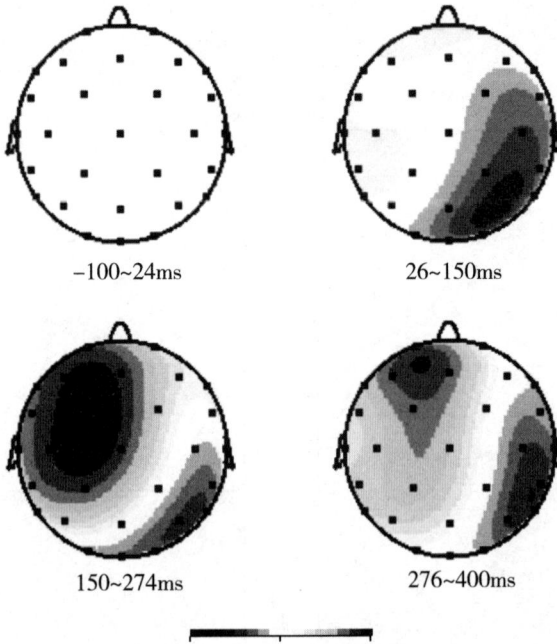

−100~24ms　　　　　　26~150ms

150~274ms　　　　　　276~400ms

b. 非注意听觉条件下MMN地形图

图2−6　对照组在注意条件下视觉 MMN 与非注意
条件下听觉 MMN 地形图

（五）不同能力组的 ERP 特点与分析

对不同能力组进行组别（实验组与对照组 2 水平）×通道（注意视觉与非注意听觉 2 水平）×电极位置（17 个电极点）三因素重复测量方差分析，在注意视觉忽略听觉条件下 MMN 波幅组间差异很显著 $[F(1, 36) = 4.660, p = 0.038]$，在通道、电极位置上主效应显著，电极位置×组别、通道×电极位置有交互作用，组别×通道、组别×电极位置×通道没有交互作用（表 2-1）。

表 2-1 MMN 波幅的重复测量方差分析

类型	df	F	p
通道	1，36	12.025	0.001**
电极位置	16，576	2.212	0.044*
电极位置×组别	16，576	2.452	0.027*
通道×电极位置	16，576	9.295	0.000**
组别×通道	1，36	3.890	0.056
组别×电极位置×通道	16，576	1.735	0.113

注：*表示 $p < 0.05$，**表示 $p < 0.01$。

MMN 潜伏期两组间差异不显著 $[F(1, 36) = 3.202, p = 0.082]$，在通道、电极位置上主效应显著，通道×电极位置有交互作用，电极位置×组别、组别×通道、组别×电极位置×通道没有交互作用（表 2-2）。无论实验组与对照组，在注意条件下，视觉早期偏差相关负成分分化为 MMN 与紧随其后的 N2b，而在非注意时听觉通道只有单一的 MMN 波峰。在视觉通路，未观察到 MMN 的极性翻转现象。

表 2-2 MMN 潜伏期的重复测量方差分析

类型	df	F	p
通道	1，36	3.406	0.073*
电极位置	16，576	4.162	0.000**
通道×电极位置	16，576	2.721	0.006**
组别×通道	1，36	0.116	0.735
组别×电极位置	16，576	1.081	0.377

类型	df	F	p
组别×电极位置×通道	16，576	1.454	0.171

对不同能力组进行独立样本 t 检验得出：两组被试在注意视觉条件下只有 FP2 电极点的潜伏期存在显著差异 $[t(36) = -2.460, p = 0.02]$，波幅均没有显著差异。在非注意视觉条件下，中央区 Cz $[t(36) = 2.463, p = 0.019]$、顶区 Pz $[t(36) = -2.291, p = 0.028]$ 点的潜伏期存在显著差异，而前额区（FP1、FC1、FC2）、额区（Fz、F7、F3、F4）、中央区（Cz、C3）、顶区 Pz、颞区 T7 上的波幅差异显著。在 FP1、FP2、Fz、C3、C4、F7、F8、F3、F4、Cz、Pz、T7、FC1、FC2 这些电极点上实验组的波幅比对照组的波幅更负。两组被试在注意条件下视觉 MMN 与非注意条件下听觉 MMN 的波形比较图见图 2-7、2-8。无论注意与否，不同能力组间潜伏期没有显著差异。实验组 MMN 波幅比对照组更负，提示其前注意加工阶段投入更多的资源。

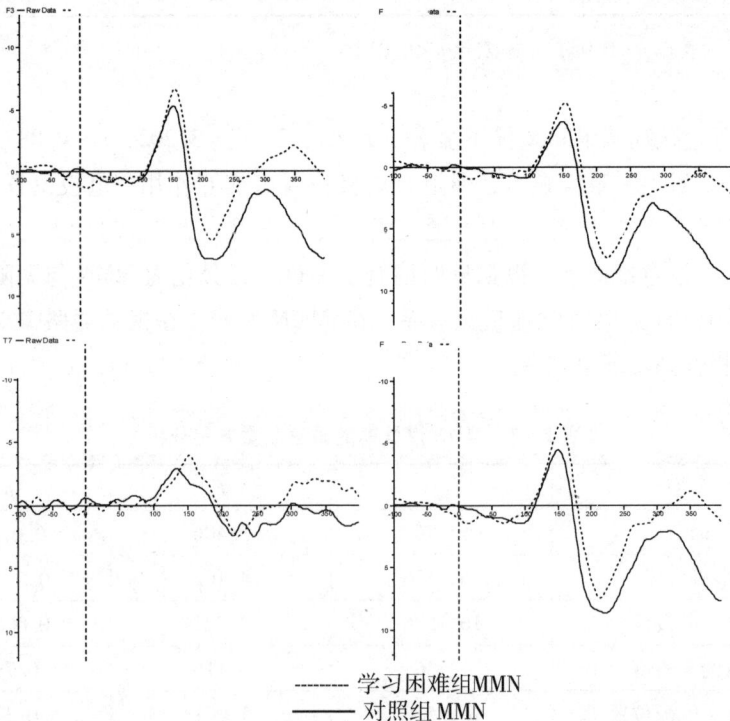

-------- 学习困难组 MMN
———— 对照组 MMN

图 2-7　不同能力组在注意条件下的 MMN 波形比较

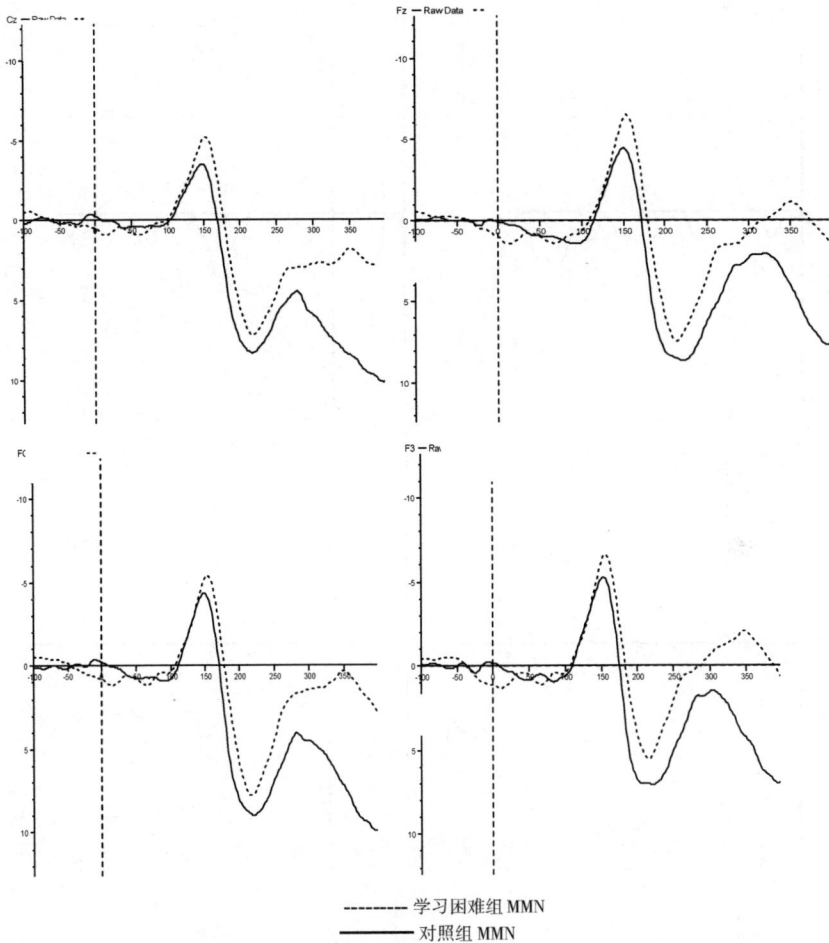

———— 学习困难组 MMN
———— 对照组 MMN

图 2 - 8 不同能力组在非注意条件下的 MMN 波形比较

将对照组在注意条件下的视觉 MMN 减去实验组注意条件下的视觉 MMN 就得到其 MMN 差异波，同样，将对照组在非注意条件下的听觉 MMN 减去实验组在非注意条件下的听觉 MMN 就得到其 MMN 差异波。对不同能力组的 MMN 差异波进行比较（图 2 - 9，图 2 - 10），可以看到，对照组在 130ms 左右在右侧前额叶出现一个负向波 MMN，之后逐渐增强，在 160ms 时波幅最大，分布了整个前额叶，但右侧还是较为明显，一直持续到 250ms 左右。然而实验组从 120ms 左右在左侧额叶出现一个较小的负波 MMN，随后逐渐增强，在 150ms 波幅最大，分布了到整个前额叶，并逐渐向右侧额叶转移，一直持续到 140ms 左右。不同能力组非注意条件下听觉通道 MMN 均分布于额叶。

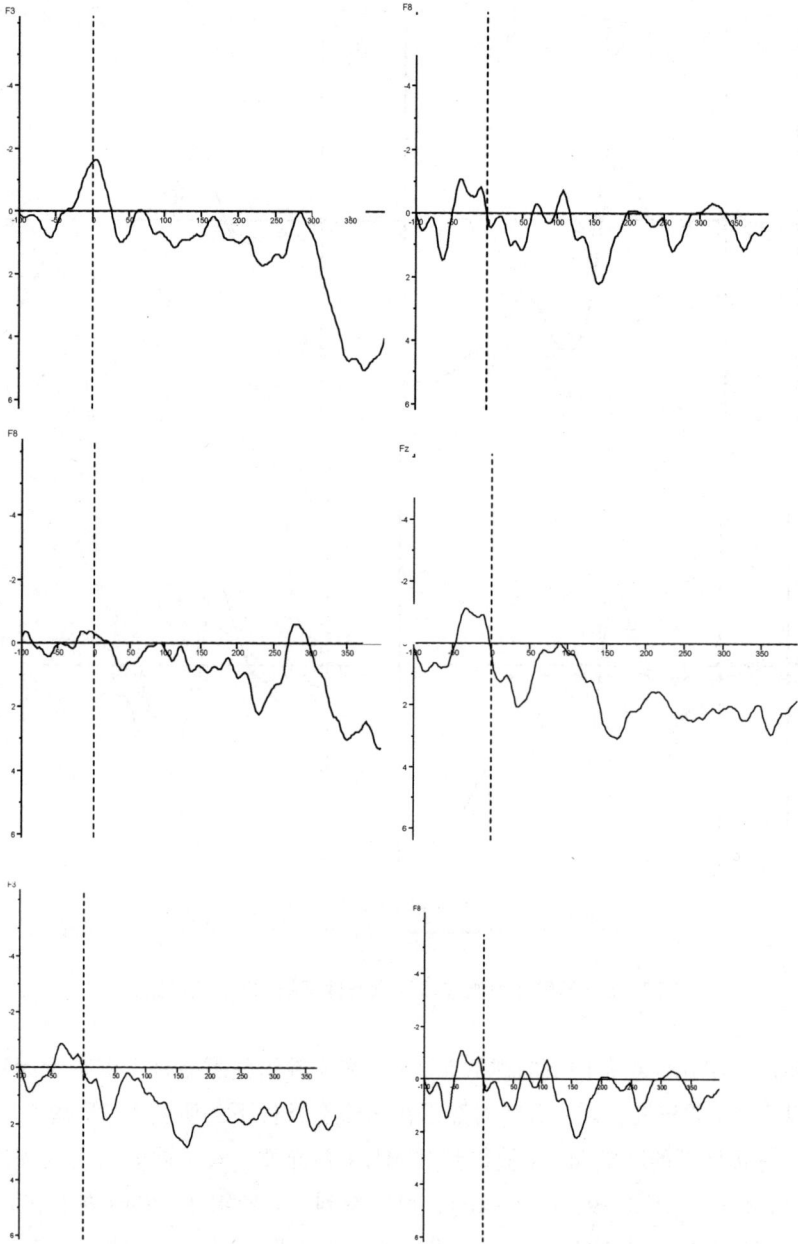

图 2 - 9 不同能力组注意非注意条件下差异波比较

−100~24ms 26~150ms

150~274ms 276~400ms

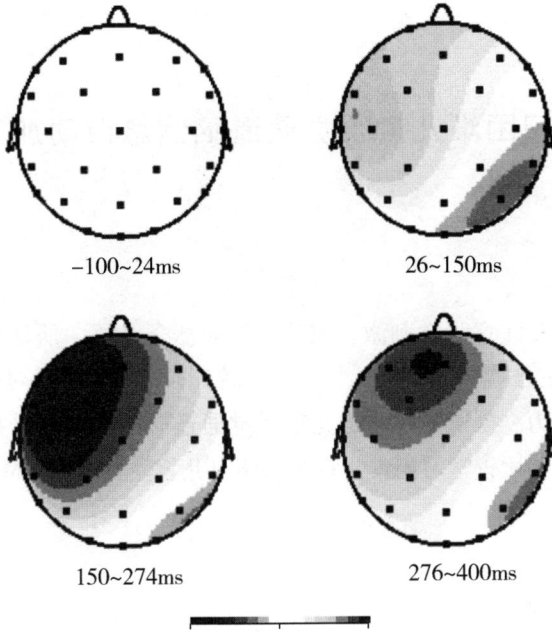

a. 不同能力组注意条件下差异波地形图

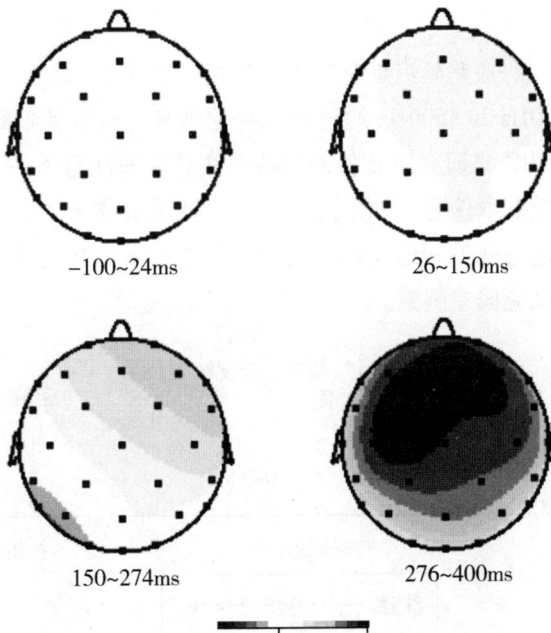

−100~24ms 26~150ms

150~274ms 276~400ms

b. 不同能力组非注意条件下差异波地形图

图 2−10 不同能力组注意非注意条件下差异波地形图比较

第三节 学习困难儿童听觉通道脑信息自动加工的特点

一、实验目的

本节重点考察在注意听觉刺激，忽视视觉刺激条件下，所诱发出的实验组和对照组的 MMN 的波幅和潜伏期的特征，比较失匹配负波对学习困难儿童的前注意加工评价的能力。探讨学习困难儿童听觉通道时间知觉自动加工及通道效应的脑机制特点，并比较学习困难儿童与对照组儿童注意听觉 MMN 的差异。

二、研究方法

（一）被试选取

被试选取同第二节。

（二）实验设计

实验采用了"跨通路延迟反应"实验范式（见图 2 - 11），实验以绿色圆形为视觉刺激，1000Hz 和 1500Hz 的纯音为听觉刺激，偏差刺激概率为 20%，标准刺激的概率为 80% 来研究听觉偏差刺激在注意和非注意条件下诱发的 MMN。实验中视觉和听觉刺激伪随机地呈现给被试，被试被要求注意听觉通道所呈现的刺激，而相应地忽视另一通道即视觉通道，以左右手按键反应，如左手反应标准刺激，右手反应偏差刺激。

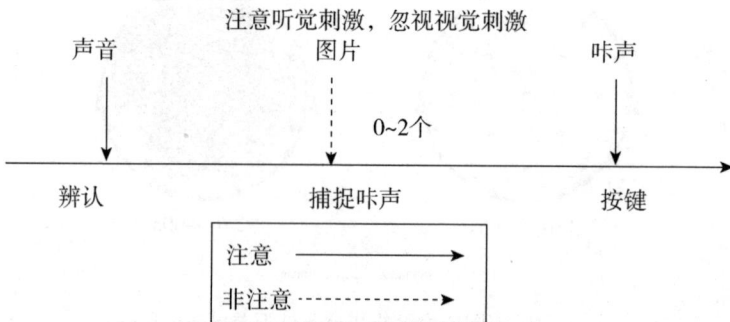

图 2 - 11 实验范式

（三）实验材料

实验呈现视觉刺激800个，视觉刺激图形为中心位于注视点的绿色实心圆，大的绿色实心圆作为标准刺激，直径为8cm，呈现频率为80%，640个；小的绿色实心圆为偏差刺激，直径为3cm，呈现频率为20%，160个。听觉刺激同样是800个，听觉刺激分为1000Hz和1500Hz的柔滑短纯音两种。1000Hz短纯音作为标准刺激，呈现频率80%，640个；1500Hz短纯音作为偏差刺激，呈现频率为20%，160个。每一短纯音呈现时程30ms，强度为50dB。听觉反应信号为微弱的咔声，呈现时间为30ms，响度为20db。

（四）实验程序

刺激序列由听觉标准刺激、偏差刺激、反应信号（微弱咔声）及视觉标准刺激与偏差刺激五种刺激组成。令被试眼盯屏幕中央，但注意听觉信号，不注意视觉信号。对声音刺激进行辨认，做好按键准备，"小声音"左手食指按键，"大声音"右手食指按键，待反应信号出现后尽快按键。

（五）脑电记录

采用Brian Products ERP记录与分析系统。使用32导电极帽记录脑电。采用Ag/AgCl电极，并以双侧乳突连线的平均值作为参考电极，前额接地，左眼外侧安置电极记录水平眼电，右眼上安置电极记录垂直眼电。采样频率为500Hz，头皮电阻小于20kΩ。连续记录脑电数据后离线分析，数字滤波为0.01~40Hz，自动矫正眨眼肌电等伪迹，波幅大于±100μV将自动排除。分析时程为刺激呈现前100ms到刺激呈现后400ms，基线矫正为刺激呈现前100ms。

三、结果与分析

（一）行为数据

在脑电实验过程中，记录被试对在听觉通道内注意条件下，不同能力组的正确率和反应时。与实验一的视觉通道数据结合起来，应用SPSS18.0统计软件包对正确率和反应时进行2（通道：视觉、听觉）×2（组别：实验组、对照组）二因素重复测量方差分析，然后做两两比较。

在注意条件下，听觉通道的实验组与对照组的反应时间分别为（372.6±61.9）ms与（389.4±67.2）ms，正确率（%）分别为97.3±6.9与81.2±12.7；分析反应时，通道主效应不显著 $[F_{(1, 36)} = 0.319, p = 0.592]$；组别×通道的交互作用显著 $[F_{(1, 36)} = 25.273, p = 0.000]$；简单效应检验结果展示，对于反应时间听觉通道要长于视觉。分析正确率结果表明，通道主效

应显著 $[F (1, 36) = 34.03, p = 0.000]$；组别×通道的交互作用也显著，简单效应分析表明，实验组比对照组正确率稍高，另外还得出听觉正确率要高于视觉。

（二）脑电数据

用 Brian Products ERP 分析系统软件校正眼电（VEOG 和 HEOG），排除大于 $±100\mu V$ 的各种伪迹。以刺激前 100ms 至刺激后 400ms 做 Epoch 分段，以刺激声音前 100ms 进行基线矫正，将实验组、对照组，标准刺激、偏差刺激的脑电波进行叠加平均。运用 Brian Products ERP 分析系统软件提供的脑电波相减功能，用偏差刺激减去标准刺激得到对照组与实验组视觉和听觉通道的 MMN 波形，最后对波形进行总平均。将获得的 MMN 再做一次 1～12Hz 滤波后，用 Brian Products ERP 分析系统软件来标记潜伏期与峰值，同时导出电极 Fz、FP1、FP2、F3、FC1、FC2、F4、F7、F8、C3、C4、Cz、T7、T8、Pz、P7、P8 导联上在最小波峰位置上的潜伏期数据（ms）进行统计。利用脑电波形分析潜伏期与波幅，并用 Brian Products ERP 分析系统软件中的波峰、潜伏期、自动测量功能分别计算。

实验共含五种刺激，实验结果共得到八种 ERP 和四种 MMN。实验中实验组与对照组注意听觉通道同样各产生四种 ERP，有听觉标准刺激注意 ERP、听觉偏差刺激注意 ERP、视觉标准刺激非注意 ERP、视觉偏差刺激非注意 ERP。相应的偏差刺激 ERP 减标准刺激 ERP 则共得到两种偏差相关成分（DRC），只取其中较早的负波（DRN）进行分析，该 DRN 在非注意时就是 MMN，在注意条件下则包括两个成分，稍早点的 MMN 和稍迟的 N2b。这就是说，共得到两种 MMN，它们分别是听觉注意 MMN、视觉非注意 MMN。所以说不同能力组被试共得到四种 MMN，有实验组听觉注意 MMN、实验组视觉非注意 MMN、对照组听觉注意 MMN、对照组视觉非注意 MMN。数据方法见图 2 - 12。

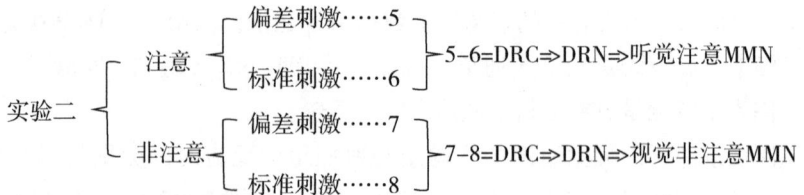

图 2 - 12　数据方法示例

对视觉/听觉、注意/非注意、标准刺激/偏差刺激一共四种 ERP 成分进行叠加平均，各条件的有效叠加次数均达到了 60 次以上。参考前人的研究方法，以 500ms 时间窗，测量偏差相关成分的潜伏期与波幅。以中央区 Cz 电极点将脑区分为前部分与后部分，前部脑区选出电极 Fz、FC1/FC2、Cz、F3/F4、F7/F8、FP1/FP2、C3/C4、T7/T8 共 14 个电极，后部脑区选出 Pz、P7/P8 共三个电极点。以 MMN 潜伏期与波幅分别做 2（通道：听觉、视觉）×2（注意条件：注意、非注意）×17（电极位置：17 个电极）三因素重复测量方差分析。结果由 Greenhouse – Geisser 法校正所有 p 值。

1. 学习困难儿童的 ERP 特点

对实验组（学习困难儿童）的 MMN 数据进行通道（注意听觉与非注意视觉 2 水平）×电极位置（17 个电极点）二因素重复测量方差分析，结果得出：MMN 波幅通道、电极位置主效应差异很显著 [F (1, 18) = 14.992, p = 0.001；F (16, 288) = 5.103, p = 0.000]，通道×电极位置交互作用显著 [F (16, 288) = 5.123, p = 0.000]。然而 MMN 潜伏期电极位置、通道主效应均不显著 [F (16, 288) = 0.845, p = 0.551；F (1, 18) = 0.144, p = 0.708]，通道×电极位置的交互作用也不显著 [F (16, 288) = 0.851, p = 0.526]。独立样本 t 检验发现：实验组注意听觉与非注意视觉在前额区（FP2、FC1、FC2）、额区（F3、F4、F7、F8、Fz）、中央区（C3、C4、Cz）、颞区（T7、T8）上差异显著。实验组在注意条件下听觉通道 MMN 比非注意条件下视觉 MMN 在前额区（FP1、FP2、FC1、FC2）、额区（F3、F4、F7、F8、Fz）、中央区（C3、C4、Cz）、颞区 T8、顶区 Pz 这些电极点上更负。实验组在注意条件下听觉 MMN 与非注意条件下视觉 MMN 的波形图（图 2 - 13），从注意条件下听觉 MMN 的地形图与非注意条件下视觉 MMN 对比（图 2 - 14）可以看出，实验组在注意条件下听觉通道 MMN 分布于额叶—中央区；非注意条件下，视觉通道 MMN 与听觉通道 MMN 一样均位于前额叶。

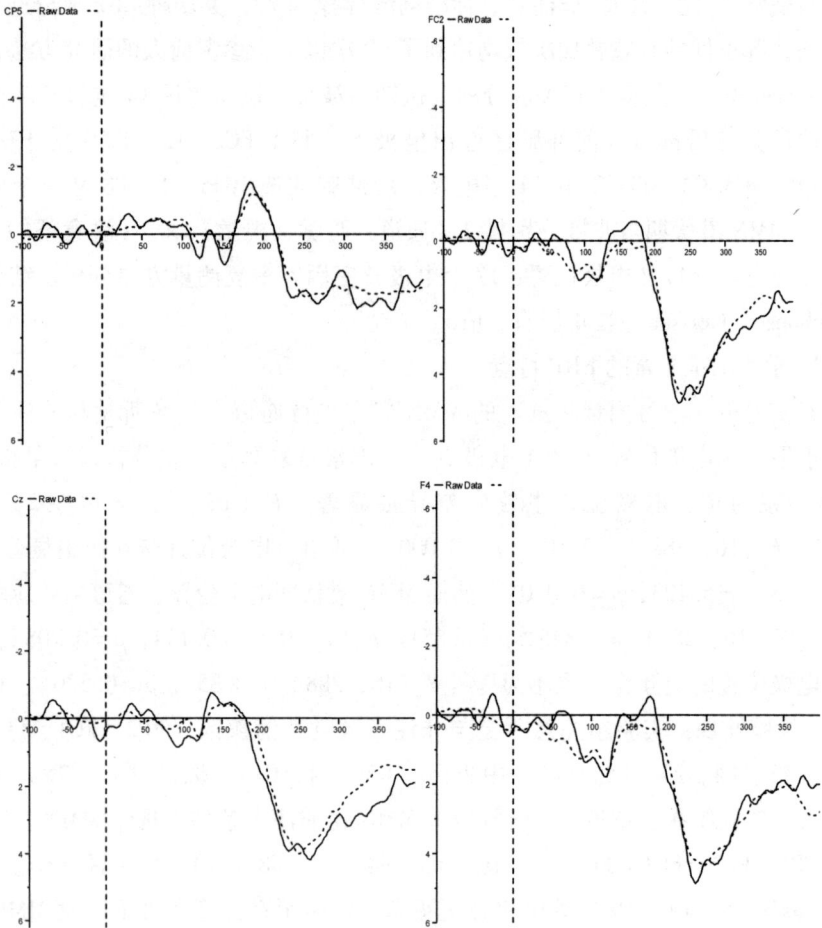

图 2 – 13 实验组在注意条件下听觉 MMN 与非注意条件下视觉 MMN 的波形图

−100~24ms   26~150ms

150~274ms   276~400ms

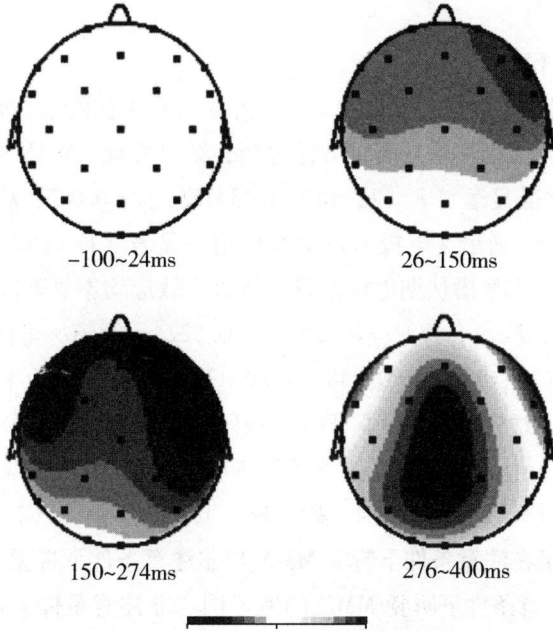

a. 注意听觉条件下MMN地形图

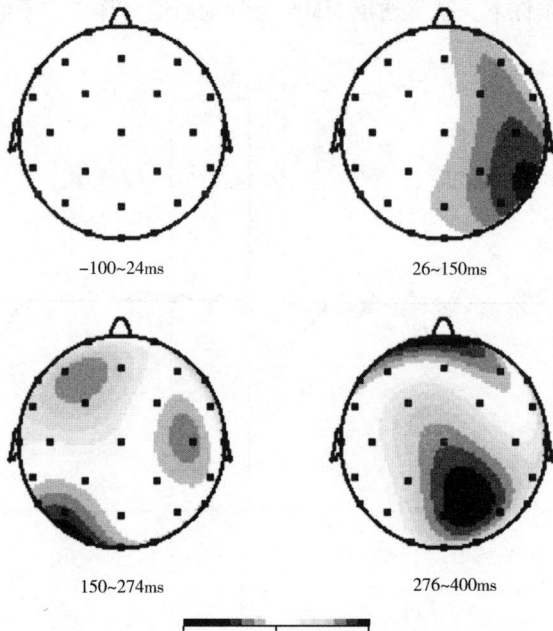

−100~24ms   26~150ms

150~274ms   276~400ms

b. 非注意视觉条件下MMN地形图

图2－14　实验组在注意条件下听觉 MMN 与非注意条件下
视觉 MMN 的波形图

2. 对照组的 ERP 特点

采用对照组 MMN 数据进行通道（注意听觉与非注意视觉 2 水平）×电极位置（17 个电极点）二因素重复测量方差分析，结果发现，MMN 波幅通道、电极位置主效应差异很显著 ［F（1，18）＝13.472，p＝0.002；F（16，288）＝2.678，p＝0.032］，通道×电极位置交互作用不显著 ［F（16，288）＝1.181，p＝0.326］。然而 MMN 潜伏期电极位置、通道主效应均不显著 ［F（16，288）＝1.574，p＝0.147；F（1，18）＝0.425，p＝0.522］，通道×电极位置的交互作用也不显著 ［F（16，288）＝0.948，p＝0.470］。独立样本 t 检验得出：对照组注意听觉与非注意视觉在前额区 FC1、额区（F3、F4、F7、F8）、顶区（C3、C4、Cz）、颞区 T8 上差异显著。注意条件下听觉通道 MMN 比非注意条件下视觉 MMN 在 FP2、F3、F4、C3、C4、F7、F8、T8、Fz、Cz、FC1、FC2 这些电极点上更负。对照组在注意条件下听觉 MMN 与非注意条件下视觉 MMN 的波形图见图 2−15，从注意条件下听觉 MMN 的地形图与非注意条件下视觉 MMN 对比（图 2−16）同样可以看出，对照组在注意条件下听觉通道 MMN 分布于额叶—中央区；非注意条件下，视觉通道 MMN 与听觉通道一样均位于前额叶。

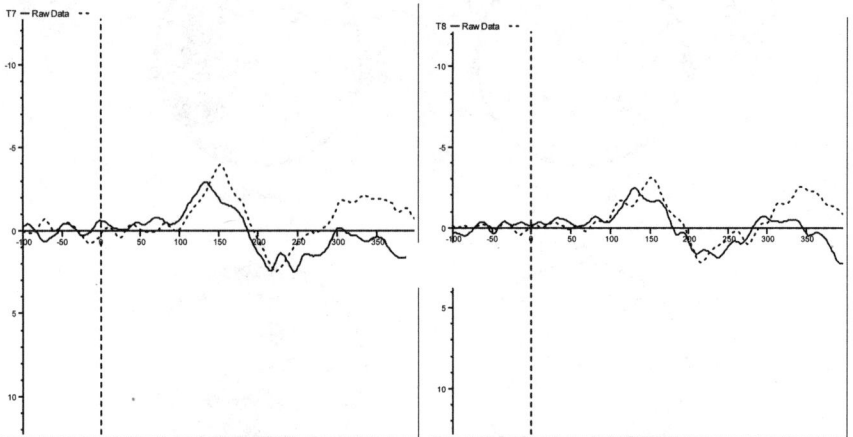

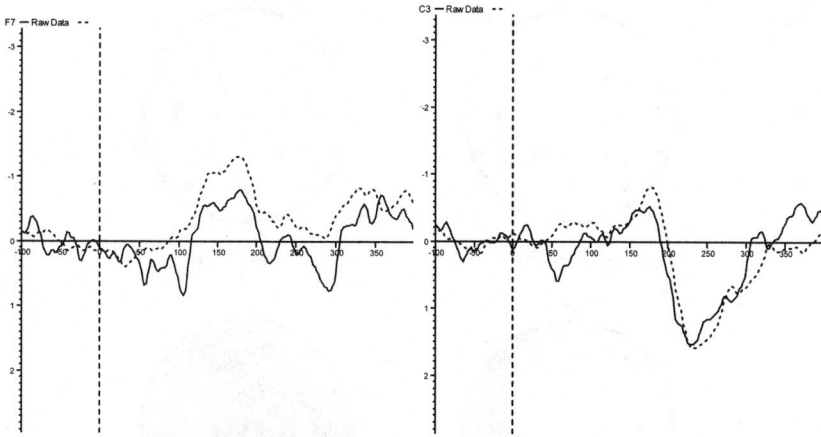

图 2 – 15　对照组在注意条件下听觉 MMN 与非注意条件下视觉 MMN 的波形图

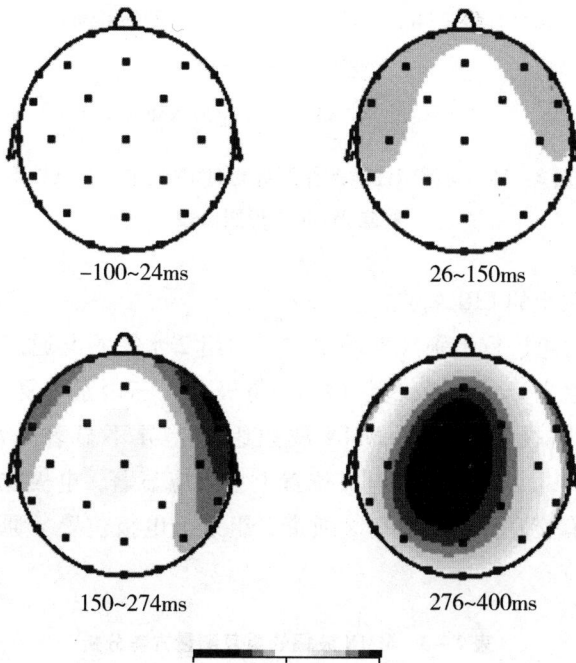

−100~24ms　　　　　　26~150ms

150~274ms　　　　　　276~400ms

a. 注意条件下听觉MMN地形图

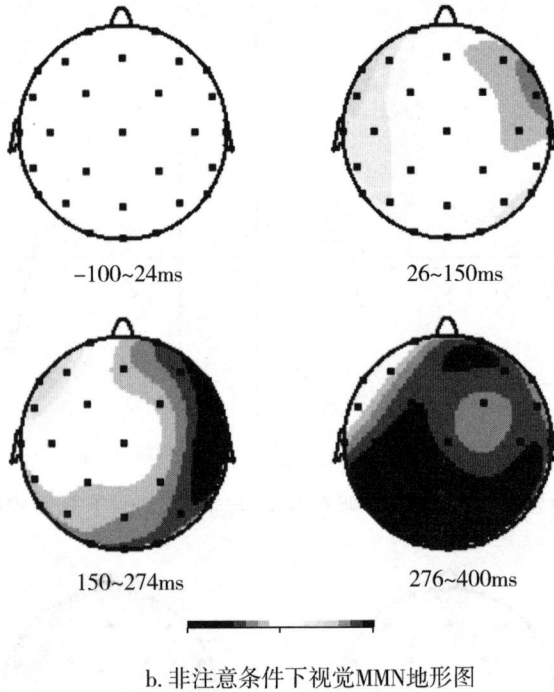

−100~24ms   26~150ms

150~274ms   276~400ms

b. 非注意条件下视觉MMN地形图

**图2-16 对照组注意条件下听觉 MMN 与非注意条件下
视觉 MMN 地形图比较**

3. 不同能力组的 ERP 特点

对不同能力组进行组别（实验组与对照组 2 水平）×通道（注意听觉与非注意视觉 2 水平）×电极位置（17 个电极点）三因素重复测量方差分析，在注意听觉忽略视觉条件下 MMN 波幅组间差异不显著 [$F_{(1, 36)}$ = 3.507，$p = 0.069$]，在通道、电极位置上主效应显著，电极位置×组别、通道×电极位置有交互作用，组别×通道、组别×电极位置×通道没有交互作用（如表 2-3）。

表2-3 MMN 波幅的重复测量方差分析

类型	df	F	p
通道	1, 36	22.785	0.000 **
电极位置	16, 576	5.072	0.000 **

类型	df	F	p
电极位置×组别	16，576	3.539	0.004**
通道×电极位置	16，576	5.281	0.000**
组别×通道	1，36	2.979	0.093
组别×电极位置×通道	16，576	1.458	0.206

注：*表示 $p<0.05$，**表示 $p<0.01$。

MMN 潜伏期两组间差异不显著 [$F(1, 36) = 0.082$, $p = 0.776$]，在通道、电极位置上主效应显著，通道×电极位置、电极位置×组别、组别×通道、组别×电极位置×通道均没有交互作用。无论是实验组还是对照组，在注意条件下，听觉注意 DRN 含有两个峰，根据前人的研究，这种现象说明听觉通路早期偏差相关负成分分化为 MMN 与紧随其后的 N2b，而在非注意时视觉通道只有单一的 MMN 波峰。在听觉通路，观察到 MMN 在乳突处发生极性翻转现象。

对不同能力组进行独立样本 t 检验得出：两组被试在非注意视觉条件下均有显著差异 [$t(36) = -2.460$, $p = 0.02$]，波幅均没有显著差异。在前额区 FP1、中央区 Cz 点上实验组比对照组波幅更负，但在另一些电极点上比如 F8、FC1、P7、T8 对照组比实验组波幅更负。在注意听觉条件下，F8 [$t(36) = 2.673$, $p = 0.011$] 点的潜伏期存在显著差异，而前额区（FP2、FC1、FC2）、额区（Fz、F8、F4）、中央区（C3、C4、Cz）、颞区 T8 上的波幅差异显著。在前额区（FP1、FP2、FC1、FC2）、额区（Fz、F7、F8、F3、F4）、中央区（C3、C4、Cz）、顶区 Pz 这些电极点上实验组的波幅比对照组的波幅更负。不同能力组在注意条件下视觉 MMN 与非注意条件下听觉 MMN 的波形比较图见图 2－17 和图 2－18。

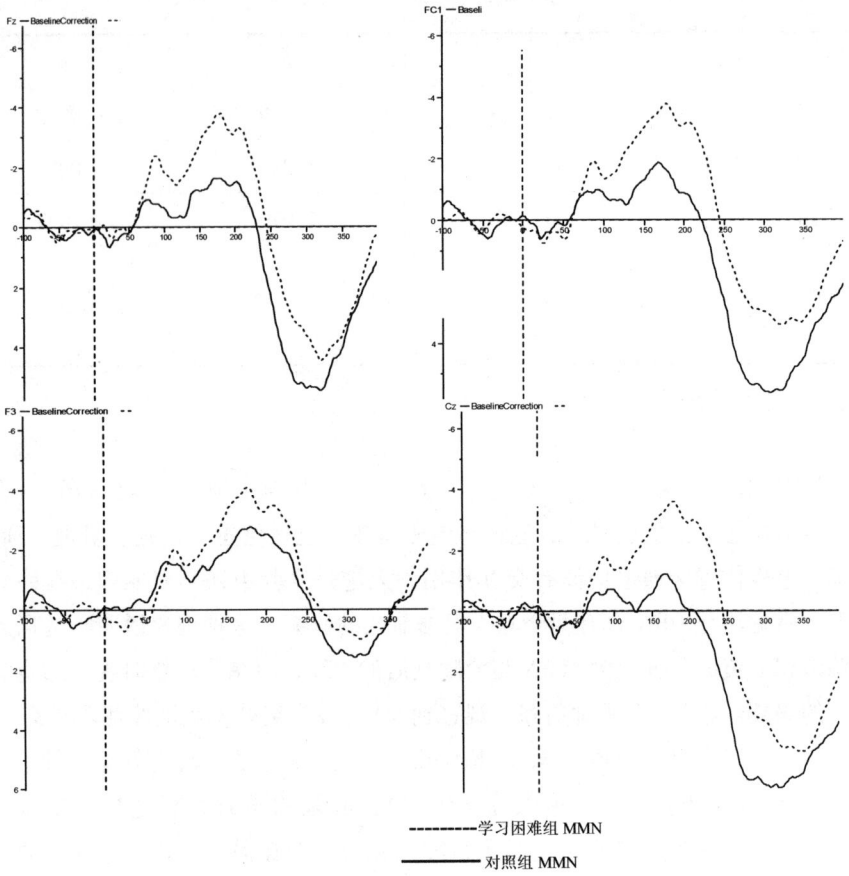

------------学习困难组 MMN

————对照组 MMN

图 2 - 17　不同能力组在非注意条件下视觉 MMN 的波形比较

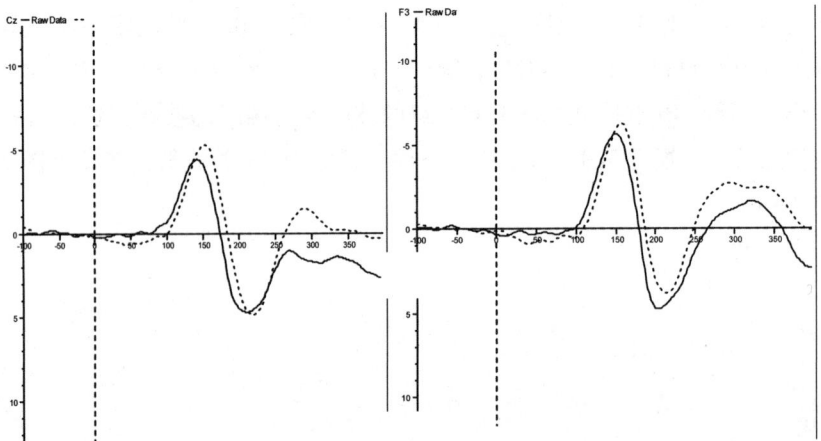

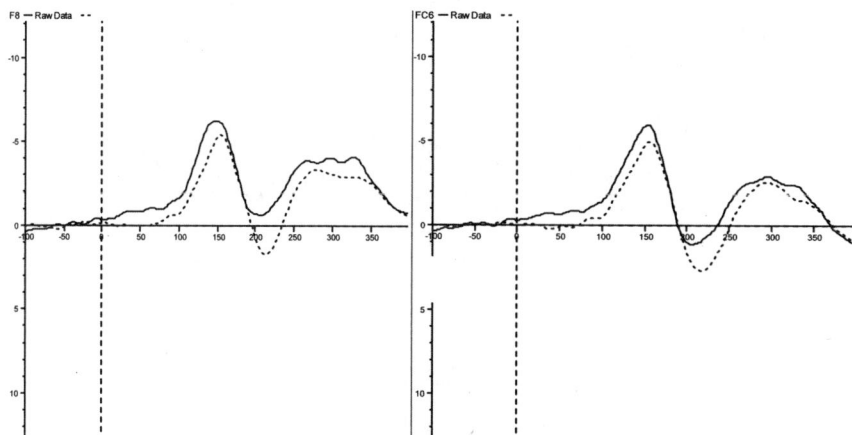

图 2-18 不同能力组在注意条件下听觉 MMN 的波形比较

将对照组在注意条件下的听觉 MMN 减去实验组注意条件下的听觉 MMN 就得到两组被试 MMN 差异波，同样，将对照组在非注意条件下的视觉 MMN 减去实验组非注意条件下的视觉 MMN 就得到两组被试 MMN 差异波。对不同能力组的 MMN 差异波进行比较（图 2-19，图 2-20），可以看出，对照组在 120ms 左右在中央顶区出现一个负向波 MMN，逐渐向左侧前额区转移，随后逐渐增强，在 180ms 波幅最大，分布于整个前额叶，主要集中在右侧额叶，一直持续到 240ms 左右。然而实验组从 140ms 左右在右侧额叶出现一个较小的负波 MMN，随后逐渐增强，在 190ms 波幅最大，分布于整个前额叶，并向整个额叶转移，虽然右侧较为强烈，但明显可以看出左侧额叶的参与。在 240ms 左右消失，强度明显比对照组强。注意条件下听觉通道 MMN 主要分布于额叶—中央区，非注意条件下视觉通道 MMN 同听觉 MMN 一样分布于前额叶。

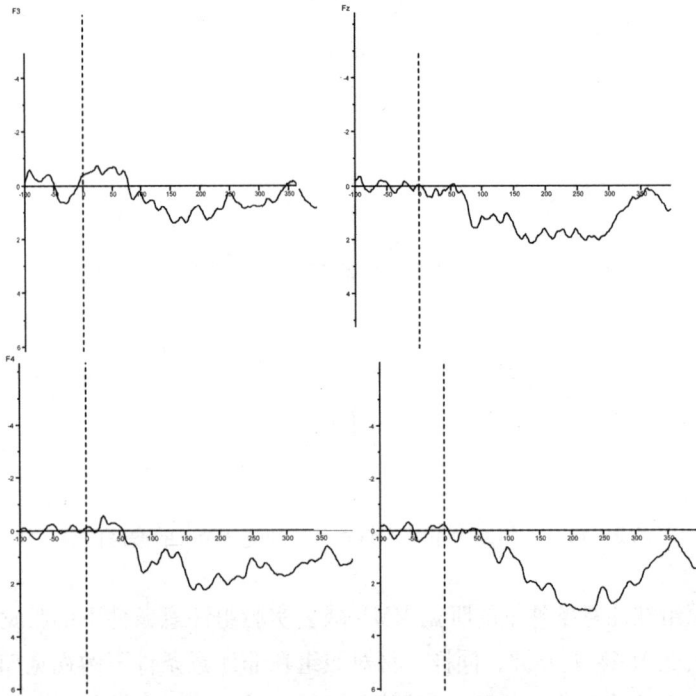

图 2 - 19 不同能力组注意非注意条件下 MMN 差异波比较

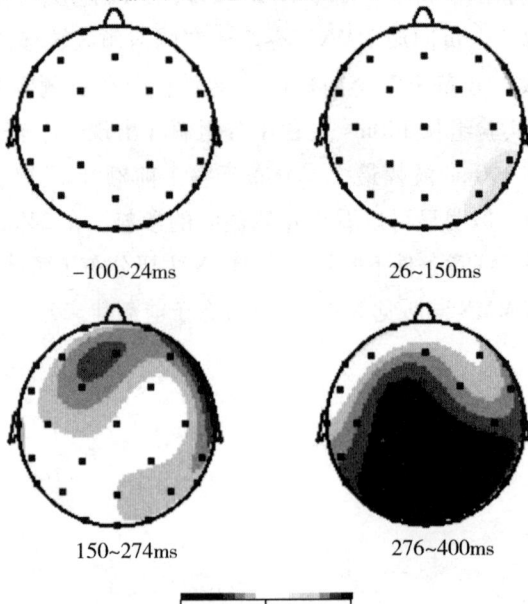

−100~24ms   26~150ms

150~274ms   276~400ms

a. 不同能力组注意条件下差异波地形图

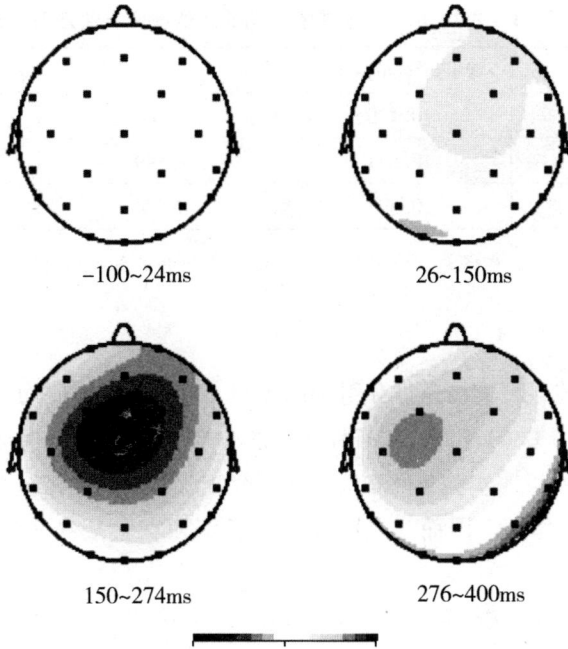

−100~24ms　　　　　　　26~150ms

150~274ms　　　　　　276~400ms

b. 不同能力组非注意条件下差异波地形图

图 2−20　不同能力组注意非注意条件下 MMN 差异波地形图比较

4. 不同能力组视听通道的 ERP 特点

把实验一和实验二 MMN 波幅数据汇总，对电极做实验条件与组别的多因素方差分析，结果如表 2−4。

由于要比较不同组别、不同实验条件下的学生，他们在每一个电极上的潜伏期和波幅之间的差异和交互作用，由于自变量和因变量都为两个以上，显著性检验就要采用 A 值加以检验。本书采用多变量变异数分析法（MANOVA）来检验不同组别、不同实验条件下学生在多个电极上的潜伏期和波幅之间的差异。在多变量变异数分析法中以"Wilks' Lambda"（组内平方和与总平方和之比）值来代替单因素变异数分析法中的 F 检验。Wilks' Lambda 的值是组内的 SSCP（SS 平方和与交成绩矩阵）矩阵与全体 SSCP 矩阵的比，如果 Wilks' Lambda 值越小，表示组内的 SSCP 矩阵越小，而组间的 SSCP 矩阵越大，亦即组间变异数越大，这也表示组间的形心差异值越明显，Wilks' Lambda 值介于 0 和 1 之间，越接近 1，整体效果检验越不显著。

表2-4 MMN总平均波幅潜伏期的多变量变异数方差分析

类型	Wilks' lambda 值	F	$Sig.$
实验条件	0.170	2.643	0.000
组别	0.671	1.599[a]	0.036
实验条件 × 组别	0.378	1.256	0.070

注：实验条件为注意视觉、注意听觉、非注意视觉和非注意听觉，组别为实验组与对照组。

由表2-4发现，实验条件和组别的 Wilks' Lambda 的值均达到显著性水平（$p=0.000$，$p=0.036$），而实验条件×组别的 Wilks' Lambda 值未达到显著性水平（$p=0.070$）。说明实验条件和组别这两个变量内分别存在组间差异，而它们之间不存在交互作用。因而，采用逐一对组别和实验条件两个变量进行方差分析。

对组别在不同电极位置做独立样本 t 检验来分析不同组别在电极位置上的差异，结果如表2-5。

表2-5 不同组别在电极位置上的 MMN 差异比较

电极位置	组别	平均值	标准差	t 值	p 值
FP1V	对照组	-2.522	2.331	2.535	0.012
	实验组	-3.837	3.875		
FP2V	对照组	-2.643	2.667	2.245	0.026
	实验组	-3.917	4.149		
F3V	对照组	-2.408	2.367	2.718	0.007
	实验组	-3.749	3.594		
F4V	对照组	-2.805	2.549	2.321	0.022
	实验组	-4.005	3.723		
C3V	对照组	-2.269	1.832	3.124	0.002
	实验组	-3.604	3.248		
F7V	对照组	-2.170	2.302	2.625	0.010
	实验组	-3.316	3.032		
FzV	对照组	-2.413	2.367	2.726	0.007
	实验组	-3.771	3.643		

电极位置	组别	平均值	标准差	t 值	p 值
CzL	对照组	1.537	43.819	-2.260	0.025
	实验组	1.696	43.166		
CzV	对照组	-1.943	2.107	3.333	0.001
	实验组	-3.394	3.157		
PzL	对照组	1.588	44.947	-2.451	0.015
	实验组	1.761	42.242		
FC1V	对照组	-2.245	2.069	2.767	0.007
	实验组	-3.518	3.433		
FC2V	对照组	-2.334	2.304	2.702	0.008
	实验组	-3.581	3.296		

注：L 为潜伏期，V 为波幅；对照组为对照组，实验组为实验组。

由表 2-5 知，不同组别 MMN 波幅对电极位置的影响表现在前额区（FP1、FP2、FC1、FC2）、额区（F3、F4、F7、Fz）、中央区（C3、Cz）差异显著，不同组别之间的 MMN 潜伏期在中央区 Cz 与顶区 Pz 差异显著。实验组的波幅要高于对照组的波幅。

对实验条件对电极位置的影响做多因素方差分析，结果为电极前额区（FP1、FP2、FC1、FC2）、额区（F3、F4、F8、Fz）、中央区 Cz 的 MMN 潜伏期在注意视觉和注意听觉及非注意视觉间差异显著，进一步做事后比较分析得出注意听觉高于注意视觉，非注意视觉高于注意视觉。在电极 FP1、FP2、F3、F4、C3、C4、F7、F8、T7、T8、Fz、Cz、FC1、FC2 的 MMN 波幅上，注意视觉和注意听觉、注意听觉和非注意视觉及非注意听觉间差异显著，进一步做事后比较分析得出注意视觉高于注意听觉，非注意视觉和非注意听觉均高于注意听觉。在电极 P7、P8、Pz 上的 MMN 波幅与潜伏期，注意视觉和注意听觉，非注意听觉及非注意视觉间差异均不显著。

四、总讨论与结论

本书利用 ERP 技术探讨 -100~400ms 内视听觉自动加工，采用魏景汉（1995）的"跨通路延迟反应"实验范式，选取失匹配负波为指标，探讨视觉和听觉通道的时间知觉自动加工以及视听双通道效应的脑机制特点。

（一）实验范式的特点

跨通路延迟反应范式有三个特点。首先，被试者的任务可以分为：注意—分辨—准备—反应。在被试者为了尽快按键而集中注意于注意通道中搜索命令信号的间隙里，呈现非注意通路的刺激。这意思是说，在非注意通道有刺激呈现时，被试者的任务还没有完成，其注意力一般不至于转移。因此，本书中非注意通路的非注意纯度较容易得到保障。即使刺激间隔比较长，也不会影响非注意的纯度，在解决 MMN 是否受注意影响的争论问题中，提供了较有力的证据。其次，由于要求被试不论对偏差刺激还是标准刺激都需要做出反应，所以没有目标刺激或者非目标刺激的区别，这就使得偏差刺激与标准刺激的差异所诱发的 ERP 偏差相关成分 DRC 不被目标任务影响，显得更加可靠。最后，在同一个实验中，视觉和听觉刺激的呈现顺序是随机排列的，经过叠加，视觉和听觉 MMN 在同一时间产生，可以使视听觉两个通路的呈现刺激的时间背景相同，然后对视觉和听觉的偏差相关成分做比较分析，从而在论证视听觉通路 MMN 时，更具有说服力。

（二）听觉 MMN

实验中严格控制非注意的条件是力求解决 MMN 受注意影响之问题。根据 Näätänen（1992）跨感觉通路 ERP 实验结果，表明了听觉注意刺激产生的 MMN 波幅要比非注意刺激大，头皮分布后移并呈对称化，同时 MMN 波幅随注意程度的增加而增大。第一个实验中目标刺激是偏差刺激，然而第二个实验却没有把偏差刺激作为实验的目标刺激，于是 MMN 的注意效应可能是因为在 MMN 潜伏期范围内混杂了目标任务特异性负波如 N2b 和运动相关电位所致。在这个实验范式中，标准刺激与偏差刺激同样都是目标任务，把它们相减所得到的偏差相关负成分中并没有目标任务成分，比较准确。由研究可以知道，听觉 MMN 波幅不管是否注意均基本一致，最大峰约 $1.7\mu V$。因此，本结果与 Näätänen 等的观点一致，听觉 MMN 在注意与非注意条件下波幅没有显著性差异，波幅不受注意的影响，并且两种条件下最大波峰均分布于额叶，这说明本实验条件下听觉通道属于自动加工。

另外，罗跃嘉和魏景汉（1998）研究发现听觉 MMN 波峰出现在 100 ~ 240ms 范围，注意 MMN 比非注意 MMN 出现得晚。多因素方差分析结果验证了潜伏期分布存在很明显的注意效应，听觉通道的 MMN 在注意条件下出现比较晚或许说明了控制加工要比自动加工耗费更多的时间。注意不会影响听觉 MMN 波幅，但是注意会影响其潜伏期，这表明听觉 MMN 不只是反映了自动加工，与控制加工也是有关系的。

（三）视觉 MMN

在本实验中视觉通路出现了一个早期偏差相关成分，其潜伏期在 150ms 左右，与听觉 MMN 很相似。在注意条件下，它的最大波峰位于枕部皮层视觉初级投射区附近，然而听觉 MMN 最大波峰位于颞部皮层听觉初级投射区附近，在这点上视觉与听觉具有相似的地方。它的波幅在注意与非注意条件下均不存在显著性差异，也与听觉 MMN 相似。这些共同特征说明它应该是视觉 MMN。颜色偏差可以诱发视觉 MMN，Näätänen（1992）认为，他们的视觉 MMN 只是在主动辨认时才产生，这不能排除 N2b 成分的参与。本实验在较为严格的非注意条件下证实了视觉 MMN 的存在，其特征与听觉 MMN 基本一致。

（四）多个痕迹的匹配与失匹配

本实验属跨感觉（视觉和听觉）通路选择性注意的 ERP 研究。此类研究可以同时分别记录视听通路的注意与非注意条件下的 ERP，使视听双通路的被试者、时间等背景条件更加一致，这样有利于比较视觉、听觉两个通路的注意与非注意 ERP 特征，在近年有所发展。本实验在视听两通道注意与非注意条件下都得到了刺激偏差引起的偏差相关负成分。依据脑内痕迹匹配与失匹配原理，可以理解为听觉刺激和视觉刺激都将在脑内留下刺激痕迹，并自动地进行匹配与失匹配加工。另外，本实验中还增加了视听反应命令信号，它们也会在脑内留下刺激痕迹。Winkler 等（1992）的实验表明可以同时存在两个听觉刺激痕迹，并进行匹配与失匹配加工。本实验结果进一步提示了在同时存在多通路的多种刺激痕迹的条件下可以进行匹配与失匹配加工。纵然多种痕迹的存在使匹配与失匹配复杂化了，但是这并不足以否定视觉 MMN 的存在。因为本实验结果还表明，视觉早期偏差相关负成分的最大波幅在枕叶出现，接近视觉初级投射区，就像听觉 MMN 的最大波幅在颞叶出现，接近听觉初级投射区一样。虽然跨通路 MMN 实验都存在通路间的痕迹是否相互影响，多个痕迹是否相互影响以及其机理问题，但是可以认为视觉早期偏差相关负波应该是视觉通路而不是其他通路痕迹的产物，应该是视觉 MMN。

（五）不同能力组的 MMN 特点

从不同能力组在注意非注意条件下视觉听觉双通道 MMN 波形总平均波形，我们可以看出，实验组与对照组的视听双通道的 MMN 特征在前额叶与顶叶有差别，详细结果如前所述，这就说明实验组前注意阶段对声音、图片的加工和对照组有差别。研究结果表明，实验组的 MMN 较对照组的 MMN 平均波幅有所升高，提示实验组的前注意认知能力比对照组要好，脑自动信息加工能力稍微升高，说明实验组在前注意阶段投入更多资源。对照组听觉 MMN 波幅均为右侧大于左侧，存在右侧优势，而实验组则有所不同，他们的听觉左右侧 MMN 波幅均相似，没有显著差异，没有右侧优势。这或许说明实验组早期感知觉尤其是皮质听觉加工认知过程有差异，这与实验组注意力不稳定易转移有关。

MMN 可以被认为是在标准刺激诱发的一般诱发电位基础上叠加的由偏差刺激诱发的特殊事件相关电位成分。它与大脑皮层感觉信息早期预处理有关，反映了初级听觉皮层与邻近颞上回皮质的激活过程，MMN 是一个鉴别脑的感觉分析、储存和辨认的，具有一定特异性的指标。能够用于临床诊断和脑功能评定，同时它还可能推动精神神经科等方面的研究。

（六）结论

学习困难儿童的注意条件下视觉 MMN 潜伏期小于非注意条件。无论是学习困难儿童还是对照组儿童在注意与非注意条件下，视觉 MMN 波幅的差异都不显著。学习困难儿童的注意与非注意条件下听觉 MMN 潜伏期差异不显著。学习困难儿童的听觉 MMN 波幅大于视觉 MMN。学习困难儿童比对照组儿童的某些部位的 MMN 波幅升高，该结果提示，在前注意阶段学习困难儿童投入了更多的资源。其脑自动信息加工能力可能比对照组儿童略好，前注意的认知过程正常，但其不具有右侧优势，该结果提示，学习困难儿童的早期感知觉尤其是皮质听觉加工存在缺陷。

第三章

阅读障碍儿童语义加工的脑机制研究

阅读障碍（reading disorder，RD）是学龄儿童中常见的一种学习障碍，约占学习障碍的80%。国际疾病分类诊断法第10版（ICD－10）在精神和行为障碍分类中将阅读障碍描述为"特定性阅读技能发育显著损害，并且不能完全归因于智力水平、视力问题或教育不当。患者的阅读理解技能、单词辨认、朗读能力以及完成有阅读参与任务的能力均可受累"。儿童阅读障碍随着年龄增长，障碍会有所改善，但主要的认知缺陷将持续到成年。阅读障碍不仅导致儿童学业失败，而且对个体认知能力、个性发展、自我意识以及社会性功能发展等均可造成不良影响，甚至影响其生活质量。因此阅读障碍已成为医学、心理学、教育学、认知神经科学和行为遗传学等多学科关注的问题。调查显示阅读障碍在各种语言系统中都有发生，且在儿童学习的各阶段都有一个相当稳定的比例，阅读障碍的发病率为5%～18%。

语言是人脑的重要机能，在人们的社会交往、个体认知和人格的发展中都有重要的作用。在儿童的成长过程中，语言认知能力是儿童正确认识客观世界和与外界交流所必需的基本能力。对儿童汉字认知能力与过程进行研究，可以深入地了解儿童汉字认知能力的结构、机制。正因为这样，语言认知加工引发了国内外学者大量的研究。尤其是现代事件相关电位（ERP）这一技术的运用，极大地促进了大脑语言认知加工的研究。N400是与语言认知加工关系密切的一种ERP成分，大量语言文字的心理学研究就是通过N400的相关研究获得的。N400是ERP的一个内源性成分，它是反映语言加工中语义内容的一个重要指标。

阅读障碍是一种特殊的学习障碍，探索阅读障碍的产生机制有助于寻求阅读障碍儿童的鉴别和治疗方法。目前拼音文字国家对阅读障碍的产生机制研究很多，结果也很丰富，但是很多观点还不一致。汉语阅读障碍研究起步较晚，各方面还不够深入和完善。应该大力加强对汉语阅读障碍的探究，这样不但为中国阅读障碍儿童的诊治提供理论基础，也可以为阅读障碍的语种特异性问题提供科学依据。本书采用 ERP 研究方法，通过考察实验产生的 N400 的变化，揭示阅读障碍儿童汉字认知活动中语义加工阶段与正常儿童脑神经机制的异同。

第一节　阅读障碍语义加工研究概述

一、语义加工的神经机制研究概述

（一）语义加工的 ERP 指标

目前，事件相关电位技术已经成为研究语言理解最主要的方法之一。ERP 反映了和特定刺激呈现时间同步的脑电反应信号，主要从潜伏期、极性、波幅和头皮分布四个方面对其结果进行分析。在语言加工领域，已发现三种不同的 ERP 成分：负成分 N400、左前负成分（Left Anterior Negativities，LAN）和晚期正成分 P600。其中，N400 由 Kutas 和 Hillyard（1980）首次发现。他们在实验中向被试逐字呈现句子，故意将某些句子的最后一个词错写为与被试者预期不一致的畸义词，结果发现，当句尾词与句子语境不一致时，在尾词呈现 400ms 左右诱发的 ERP 产生了一个新的负成分，这个负成分就是 N400（魏景汉，罗跃嘉，2002）。

就目前已发现的与语言相关的 ERP 成分而言，N400 是其中比较经典和稳定的。N400 通常出现于关键刺激呈现后 300～500ms，是 ERP 的一个负性、内源性成分，反映了语言理解中的语义加工过程，即将词汇语义整合到上下文的语义表征中的过程。研究者一般从 N400 的潜伏期、波幅以及头皮分布这三个方面来考察大脑的语言认知加工过程。语言认知加工的难易程度与波幅的大小有关，语义加工和整合的过程难度越大，N400 的振幅就越大；而潜伏期反映语言认知加工过程中的时间进程；头皮分布特征表明语言认知过程的脑内源区域。

1. N400 研究起源

Nobre 等（1995）采用颅内电极实验，在颞叶前部记录到与头皮 N400 相似的成分，认为颞叶很可能是 N400 的重要发生源之一。Simos 等（1997）运用脑电图，在句子阅读序列作业中，发现左半球颞叶、海马、海马旁回与 N400 有关，且视读时左半球后部联合皮层区参与词的再认和语义理解。由于大脑相关自动机制和受控机制的不同，N400 的起源也就不同，并且与所用的刺激方法有很大关系。在词汇抉择任务中，N400 与海马旁回、颞横回、双侧额前叶的激活程度有关。Frishkoff 等（2004）研究也同样表明，N400 效应与右侧颞叶、双侧额前叶及扣带回的激活有关；并且发现，大脑前部的 N400 效应早于大脑后部，左半球的 N400 效应早于右半球。总之，关于 N400 的起源，多数学者认为可能是多源性、多部位共同作用的结果。

2. N400 研究的实验范式

目前多采用匹配和非匹配的关系作为刺激方法，如句尾畸义词、相关词和无关词、词和非词，新词与旧词、文字和非文字符号、图片名称等。N400 能敏感地反映词与词、词与上下文在语义上的联系。词语、句子等语言作业可以诱发 N400 波。

在词对呈现范式中，当呈现的第二个词与第一个词语义不相关时比两个词语义相关时引起更大的 N400，一个孤立词也会产生 N400，Federmeier 等人（2000）把英语动词、名词放在语法语境下进行分析，结果显示，名词在大脑的中央区诱发一个更大的 N400 成分，而动词则在 200～400ms 间诱发一个左侧额叶正性波。他们解释为，名词和动词在不同的语境中所体现的语法性质对人们的神经表征有重要影响。近年的研究发现，非语言任务也可诱发出 N400 波形。国外有关研究显示，一些简单的乘法运算、手势、图片、面部表情、音乐、笑话等语义不匹配时均可引出 N400。

3. 影响 N400 效应的因素

影响 N400 效应的因素有很多，如语境方面，N400 对语义联系的变化程度比较敏感，如非匹配词可以诱发更大的 N400；在句子的语义加工过程中，当目标词呈现在句尾比呈现在句中产生 N400 波幅小，可能因为句尾词在句子整合中可以利用更多的信息，句子理解任务中，加快单词呈现的速度会延迟 N400 的出现并使它的分布更靠近额叶，这可能是由于单词呈现速度的增加提高了单词理解的难度。N400 的大小还和词语的特征有关，比如词语词频的高低，词语的抽象程度以及词语的词形等。低频词比高频词诱发出更大的 N400 波幅；在词语的抽象性程度方面，West 和 Holcomb（2000）发现具体词比抽象词诱发更大的 N400 成分，在词形方面，Holcomb 等人（2002）的研究发现，那些词形相似较多的词语要比词形相似较少的词语诱发更大的 N400 成分。

总而言之，不管是改变上下文语境，还是改变词语本身的词频、词形、抽象程度，或者这些句子、词语的语义表征过程也发生了变化，这些变化都会诱发 N400 效应。

（二）语义加工 N400 的相关研究

有关 N400 的研究较多，但是在不同的实验条件下，N400 效应的潜伏期和头皮分布也不尽相同，使研究者对 N400 的产生机制仍存有很大争论。焦点在于它反映了词汇加工中的语义整合过程，还是词汇层面上的自动加工过程。Sandra（1994）认为语言加工机制包括两个层次：第一层是通达编码的表征层次，它是语言认知所必经的通道；第二层是语言学表征层次，包含了有关语义、语法等信息。探究 N400 反映的是自动加工还是控制加工过程，根本上是要证实 N400 是语言认知过程中第一层还是第二层的指标。

对自动加工的启动效应而言，比较有代表性的解释是扩散激活理论。该理论认为，词汇表征模型就好像是记忆网络中的一些节点，对启动词的加工会扩散到邻近的记忆网络节点，并激活邻近节点上的词汇表征。而对控制加工理论而言，通常理解是需要额外的加工步骤的过程。对该过程主要有两种解释，即期待启动和语义匹配，它们都属于控制加工的观点。期待启动的观点认为，人类通过启动词对目标词做出预期，如果目标词符合预期，词汇判断的反应会更快。语义匹配的观点认为，人能快速地将目标词与启动词进行比较，并且可以尽快地做出词汇判断，如果两者有一些共同的特征，就会得出肯定的判断。这两种理论反映了 N400 与词汇加工的不同阶段有关，但是 N400 究竟反映的是哪一个词汇加工过程，至今并没有定论。

（三）语义加工中词语和句子的 N400 研究

在视觉模式下，研究汉语成语结尾字和汉语句子结尾词与前面成语或句子匹配与不匹配时的 N400，发现不匹配组比匹配组 N400 的波幅高，潜伏期长，且认为 N400 广泛分布于大脑皮层各区，且左侧比右侧波幅偏高。采用词汇判断任务和记录 ERP 的方法，进行了名词与动词之间的差异研究，结果表明，在 $200\sim300\mathrm{ms}$、$300\sim400\mathrm{ms}$（N400）时窗，词性与具体性的交互作用在两侧电极上达到显著水平，在两半球上具体名词所诱发的 ERP 比具体动词更负。对汉语成语结尾字形、音、义的 N400 研究后发现，异音异形组 N400 波幅最大、潜伏期最长，故认为 N400 存在形音义的启动效应。从语法角度，通过词语搭配判断任务，考察汉语名词和动词加工的脑神经机制。在正确的语境中，名词诱发出更大的 P200，而动词则诱发出比名词更大的 N400。West 和 Holcomb（2000）在词汇抉择任务中，发现具体词比抽象词引出的 N400 波幅更大，认为有意识词语与无意识词语间加工不同，当词被有意识感知时，出现 N400 效应，而当刺激被掩饰，被试对词语无意识时，N400 消失。随后，他们研究了词在句子和语篇水平的语义整合，发现词在语篇和单个句子中引出的 N400 的时程、波形以及头皮分布都相同，表明将词整合到句子和语篇水平的语境中没有差异。

神经电生理学和心理学的研究成果证实，N400 为语言认知提供了客观的电生理依据。在临床上，N400 已广泛应用于语言障碍的检查和研究，已有可能作为一个协助确定语言及认知障碍程度的客观指标。

二、阅读障碍语义加工研究概述

（一）阅读障碍

阅读障碍主要表现为某些特定性阅读能力发育显著障碍，包括单词辨认、阅读理解、朗读技能和完成有阅读参与的任务等均可存在障碍，并且不能完全归因于视力、智力或者教育不当。发展性阅读障碍是指某些儿童具有正常的智力水平和接受教育的机会，没有明显的神经和器质上的损伤，却在标准阅读测验上的成绩低于正常读者约两个年级（孟祥芝，周晓林，2001）。阅读是一个复杂的信息加工过程，是要求知觉和认知活动参与与整合的过程，这个过程的任何环节出现问题，都可能导致阅读障碍。

阅读障碍除表现出基本的感知觉加工缺陷外，还存在语言层次的加工缺陷。阅读障碍对个体认知功能、个性发展、自我意识以及社会功能性发展等均可造成不良影响，因此阅读障碍受到教育学、心理学、医学、行为学、认知神经科学等多种学科的广泛重视。从行为水平到电生理方面都做了大量而细致的研究。

（二）阅读障碍缺陷理论

在对阅读障碍多年研究的基础上，西方形成了三个最具影响力的理论，即语音缺陷理论、一般的感知觉缺陷理论和小脑理论。

1. 语音缺陷理论

早期关于阅读障碍的研究，主要集中于基本的视知觉、听觉和记忆加工过程方面。20 世纪 80 年代以后，语音加工缺陷的观点成为西方阅读障碍理论的主导。语音缺陷理论认为阅读障碍者存在语音的表征、存储或提取缺陷，进而影响了形、音转换，致使语音技能低下且阅读能力受损。

2. 一般的感知觉缺陷理论

一般的感知觉缺陷理论认为阅读障碍是由基本的感知觉缺陷造成的，包括视觉加工缺陷和听觉加工缺陷。视觉加工缺陷直接影响阅读，听觉加工缺陷导致语音缺陷，进而影响阅读。

3. 小脑理论

小脑理论认为阅读障碍者的小脑功能失调，形成自动化缺陷，进而影响了形、音对应，致使儿童的阅读能力下降。小脑的功能很多，如个体的运动平衡、自动化的形成、眨眼反射、内隐学习和时间估计。

近十年来，随着功能核磁共振成像和事件相关电位等技术的发展，对阅读障碍的脑神经机制的研究取得了很大的进展，以上三种理论的支持者都寻找到相应的脑神经机制方面的证据。语音缺陷理论在电生理方面，Bonte 等（2004）发现阅读障碍组存在语音加工早期（N1，N2）首韵启动效应（alliteration priming effects）的异常，表明阅读障碍者存在语音加工缺陷。

一般感知觉缺陷理论认为，阅读障碍者存在的加工的缺陷，是因为大脑细胞系统存在异常。Livingstone 等（1991）采用视觉诱发的相关电位研究发现，在呈现较低对比度棋盘格时，阅读障碍者的波幅低于控制组。由于大脑细胞系统主要负责对低对比度刺激的反应。因此研究者推测，阅读障碍者存在大脑细胞系统的损伤。与正常对照组的学生比较，阅读障碍学生对运动中的视觉刺激反应不敏感，特别是对那些明亮度低、对比度低、空间频率低而时间频率较高的视觉刺激。在听觉方面，Stoodley 等（2006）用失匹配负波（MMN）探测阅读障碍的听觉缺陷，发现阅读障碍组的 MMN 波幅显著小于对照组，表明阅读障碍者存在快速听觉方面的加工缺陷。

小脑理论认为，阅读障碍者的阅读能力下降，是由于小脑功能的失调。在电生理方面，Regtvoort 等（2006）发现阅读障碍组的 N1 波幅随着重复序列的增加而增大，而控制组的 N1 波幅却是逐渐减小，表明阅读障碍者在自动化学习上有障碍。可见，研究者采用各种实验方法和技术，在阅读障碍者中发现了对应三个理论的脑神经基础。

（三）汉语阅读障碍与其他语言障碍

中文汉字作为一种表意文字，具有不同于拼音文字的特点，通过图形或符号的组合表示汉字音、形、义之间有一定的联系，它不同于拼音文字，组字规则灵活。汉字识别涉及语音、字形、语义多方面加工。刘翔平等人（2004）发现，汉语阅读障碍儿童基本语音辨别能力并不存在缺陷，但在视觉辨别与字形长时记忆等方面和正常儿童存在差距。阅读障碍儿童存在一种普遍的读音和字形的加工缺陷。同时阅读障碍儿童在进行视听觉信息加工时，其工作效能比正常儿童弱。

在汉语阅读障碍者中发现了与拼音文字阅读障碍者不同的异常脑区。Siok

等（2004）发现在进行同音字判断和词汇判断时，阅读障碍儿童在左额中回均表现为低激活，并不像拼音文字任务中发现的顶联合区、左颞的低激活。他们认为，左额中回是汉语阅读理解的重要脑区，它的异常活动会导致阅读障碍。汉语阅读加工需要语义、语音和正字法的相互作用。汉语阅读障碍是由正字法语义和正字法语音两条通路受损造成的。而左额中回可能有协调语音、语义和视觉正字法的作用。因此，汉语阅读障碍的脑神经机制可能与拼音文字阅读障碍不同。同时，阅读障碍患者大脑两半球波形相似，呈正相关，表现出大脑两半球专门化程度低；阅读障碍儿童左半球脑白质增多，顶叶皮层细胞有错位和异构现象，左侧颞叶小，缺乏正常的脑结构等。

三、阅读障碍儿童 N400 研究进展

同众多语言加工的 ERP 研究一样，语义加工的 ERP 研究主要关注的成分是N400。呈现的单词的语义和期待的单词的语义不一致时，就会引发 N400。N400的振幅被认为是提取与词意相关信息难易程度的重要指标，词意信息提取的难度与词本身出现的频率、类别以及语境提供的线索有关。

语音缺陷假说认为阅读障碍者有可能在语音通达的过程中存在困难。Georgiewa 等（2002）研究了阅读障碍组和正常组的语音加工特点，采用 ERP 和FMRI 技术相结合方法，实验材料为 1 个音节或者 4 个音节的真词和伪词。结果发现在伪词任务中，阅读障碍组左侧前额的激活和对照组存在显著差异。研究者分析认为伪词阅读任务对语音解码能力要求更高。Romani 研究（2001）阅读障碍儿童再认记忆任务中的 ERP，发现阅读障碍儿童在一系列的获得和再认任务中，N400 波幅明显小于对照组。这反映出阅读障碍儿童的语义加工存在缺陷。

Robinchon 等人采用逐个呈现单词的形式呈现句子，记录每个单词出现后的ERP 波形，结果发现，在结尾单词不符合上下文语境时，阅读障碍组和对照组都出现了 N400 效应，但是，阅读障碍组的潜伏期比对照组要长 70ms。更重要的是，在结尾词符合语境的条件下，阅读障碍组依然出现了 N400 效应，而对照组却没出现。Robinchon 指出，这是因为阅读障碍组在把句尾单词的语义整合到句子中时存在困难。

Mcpherson（1999）探测不同类型的阅读障碍（语音缺陷的阅读障碍和非语音缺陷的阅读障碍）与正常组在语音加工过程中的大脑活动情况。结果发现，正常组在押韵目标词上出现 N400 效应，这种效应主要分布在双侧皮层（顶区、枕区和颞中顶区），在后脑区达到最大值。非语音困难者仅在颞中顶区出现了

N400 启动效应，而语音困难组在 250~450ms 时间窗内没有出现任何效应，但在 450~550ms 时间窗内后脑区出现了启动效应。Janne（2007）发现了诵读困难的儿童的 N400 的波幅降低或者缺失，结果说明阅读障碍儿童在感觉和低水平的发音方面不受影响，而影响了高级语言功能如词汇和语义处理。

从上述研究结果来看，还存在以下不足：首先，尽管一些研究证实汉语阅读障碍学生存在加工缺陷，但究竟发生在认知加工活动的哪些时段尚不清晰；其次，虽然一些研究涉及学生字词认知加工脑神经机制，但具体针对阅读障碍学生的大脑活动的研究很少。我国在运用 ERP 研究学习障碍儿童脑机制方面还处于起步阶段。从研究方式上来看，着重于行为研究的较多，运用 ERP 和 FMRI 技术研究的较少。尤为重要的是，从研究对象上来看，外国研究比较多，很多理论是利用对英文材料的研究提出来的，而中文和英文存在很多差异，具有不同的文字的特点。因此，汉字和英文之间的差异可能会导致其在认知加工过程中的差异。对此，运用英文的 N400 理论来阐述中文认知加工过程未必适合。而且与国外 N400 有关的研究相比，国内 N400 研究仅仅处于起步阶段，研究多集中在汉语 N400 的诱发条件上。

本章拟运用事件相关单位技术，以汉字作为刺激材料，考察儿童阅读障碍与对照组汉字语义加工特点，从认知加工的神经机制，深入探讨不同能力组在汉字认知活动中语义加工方式上脑神经机制的异同。

第二节　阅读障碍儿童词汇语义加工的脑机制研究

一、实验目的

采用词汇判断任务，以汉语双字真词和伪词作为实验材料，分别记录被试在判断真词和伪词任务时的反应时间、正确率及 ERP 的波形差异。伪词由两个汉字组成（如片、月），这两个单字本身有意义，组合起来却不能构成一个真实的词汇，也没有具体的意义，故称为伪词。伪词在心理词典中没有相应的表征，因此激活的只是相应的词素。这个实验的主要目的是考察阅读障碍组学生和对照组学生在真词和伪词词汇判断中，伪词的 N400 波幅是否比真词要大。如果伪词的 N400 波幅比真词大，即产生 N400 真伪词效应。如果阅读障碍学生的伪词 N400 波幅值明显小于对照组，这反映出阅读障碍学生的语义加工存在缺陷。

二、研究方法

(一) 被试选取

阅读障碍组入组条件：中国修订韦氏儿童智力量表 FIQ 分数 ≥85 分；多重成就测验中的阅读成绩小于或等于常模 −1.5 个标准差，数学成绩在平均分以上；连续三次以上期中或期末考试的语文成绩均低于班级或年级平均水平，数学成绩正常；与语文老师的评定相符；获得同等条件和时间的正规学校教育；没有既往脑损伤病史或接受过相关药物的治疗；右利手且视力正常或矫正视力正常，自愿参与并能坚持实验。

正常对照组来自阅读障碍组同年级或班级，其年龄、性别、家庭背景等大致相同，韦氏智商 FIQ 分数 ≥92 分，多重成就测验中的阅读和数学成绩均在常模以上。

依据上述入组条件，实验最终选取河南开封某中学初中一、二年级学生共 36 名，阅读障碍组和正常组各 18 名，年龄 12～14 岁，在参加实验前均签署实验知情同意书，实验结束后每个被试均支付适量报酬。

(二) 实验材料

正式实验材料为 200 个汉字双字词，其中真词和伪词各 100 个。实验材料依据《现代汉语频率词典》(北京语言学院语言教学研究所编，北京：北京语言学院出版社 1986 年版) 筛选，汉字均为高频词。这两组刺激材料在字频、笔画数等因素上都得到了平衡。

(三) 实验程序

实验刺激程序采用 E-Pprime2.0 编写并呈现，显示屏分辨率为 1024×768 像素，显示屏底色为黑色，字体颜色为白色。刺激材料为汉语双字真词 (如工作) 和伪词 (如片月) 各 100 个。这两组刺激材料在字频、笔画数等因素上都得到了平衡。实验中随机呈现两类词语，具体是在每个实验中，如图 3−1 所示，首先在屏幕上呈现一个 "＋" 固定注视点，时间为 200ms，然后有一个 400～1000ms 的随机时间间隔的空屏，随后呈现刺激，时间为 1000ms。当刺激出现时被试需要快速判断是真词或是伪词，当真词出现时，要求被试既快又准确地用右手食指按键盘上的 "J" 键，伪词出现时则用左手食指按键盘上的 "F" 键。实验共有 2 个组块，每个组块中包含 50 个真词和 50 个伪词，第一个组块结束，提醒被试进行适当的休息。另外，在正式实验开始之前，被试需要进行 21 个实验的练习，使被试熟悉实验并熟练掌握按键。

（四）ERP 数据的采集

实验仪器为德国的 Brain Product，BP – ERP 工作站，采用 32 导电极帽记录脑电波，参考电极置于双侧耳后乳突，记录水平眼电（左眼外侧，HEOG）和垂直眼电（右眼上眶，VEOG），采样频率为 500Hz，滤波带通为 0.01～50Hz，头皮电阻值均小于 5kΩ，对刺激材料呈现前 200ms 至呈现后 1000ms 的脑电数据进行分析，并以呈现前 200ms 作为基线。自动矫正伪迹，波幅大于 ±50μV 者，自动剔除。

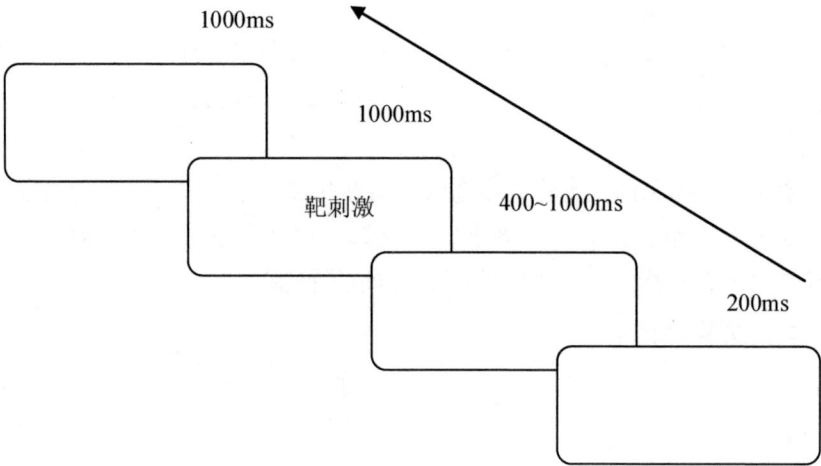

图 3 – 1　实验流程图

三、结果

（一）行为结果

为排除极端数据对被试反应时是和正确率的影响，剔除大于或小于被试平均反应时三个标准差的数据，真词和伪词的平均反应时间和正确率（见表 3 – 1）。

表 3 – 1　不同能力组真词和伪词的平均反应时间和正确率

	真词正确率	伪词正确率	真词反应时间	伪词反应时间
对照组	0.95 ±0.07	0.93 ±0.05	594.61 ±48.41	674.79 ±80.19
实验组	0.91 ±0.03	0.90 ±0.05	634.88 ±67.02	762.88 ±123.97

对反应时间的统计结果显示，无论是实验组还是对照组，对真词的平均反应时间比对伪词的平均反应时间短 70ms 以上，具有统计学显著性意义 $[F (1, 35) = 100.58, p < 0.05]$；组别的主效应显著 $[F (1, 35) = 5.99, p < 0.05]$，对照组的真词和伪词平均反应时间均显著短于实验组的平均反应时间；词语类型和组别的交互作用显著 $[F (1, 35) = 5.31, p < 0.05]$，采用简单效应分析的方法进一步分析，结果显示，实验组和对照组在词语类型匹配和非匹配的情况下均存在显著差异 $[F (1, 35) = 7.16, p < 0.05; F (1, 35) = 9.86, p < 0.05]$。对正确率的统计结果显示，组别和词语类型的主效应均不显著。

（二）ERP 结果

采用 2（组别）×2（词语类型）×14（电极点）的混合设计方法，对 EEG 分类叠加，可得到四种条件所诱发的 ERP。对两组被试在不同词语类型条件下所诱发的 ERP 采用平均波幅进行比较。根据前人的经验与本实验的目的，选取 14 个电极点的数据进行分析，即前部的 F3、Fz、F4，中部的 C3、Cz、C4，双侧的 T7、T8、P7、P8，顶部的 P3、Pz、P4 和后部的 Oz。本实验观察到四个典型成分分别是 N200（100～250ms）、P300（180～350ms）、N400（320～450ms）和 P600（480～650ms）。通过对各个时间窗口下的四个成分的平均波幅和潜伏期进行重复测量方差分析，方差分析的 P 值采用 Greenhouse - Geisser 法矫正。

图 3 - 2 呈现了实验组和对照组在伪词条件下的事件相关电位各电极点伪词总平均波形对比图。从图中所示的波形来看，两组被试的波形差别集中在 N200、P300、N400、P600。图 3 - 3 呈现了实验组和对照组在真词和伪词条件下 200～600ms 脑区电压值地形图，可以清晰地看到在 200～300ms、300～400ms、500～600ms 时间段中大脑的不同区域依次呈现正性成分 P300、负性成分 N400 和正成分 P600。可以看出实验组正成分的脑区分布范围比对照组小，负性成分脑区分布范围比对照组大。统计各种实验条件下的四种 ERP 成分的平均潜伏期和波幅见表 3 - 2。

表 3 - 2　不同实验条件下四种 ERP 成分的平均波幅和潜伏期

			N200	P300	N400	P600
对照组	真词	A	-5.11	11.07	0.10	9.820
		L	140.93	261.29	355.60	554.86
	伪词	A	-5.01	10.26[a]	-2.25[a]	8.303[a]
		L	141.39	252.68[a]	359.23	580.30[a]

			N200	P300	N400	P600
实验组	真词	A	−5. 68	7. 73[bc]	−1. 33[c]	6. 41[bc]
		L	152. 83[b]	260. 89[c]	361. 18[c]	567. 61[bc]
	伪词	A	−5. 47	6. 80[abc]	−3. 37[abc]	4. 80[abc]
		L	155. 18[b]	254. 35[ac]	369. 59[abc]	592. 69[abc]

注：a 是组内伪词与真词比较，差异显著；b 是与对照组比较，组别主效应显著；c 是与对照组比较，词语类型主效应显著。

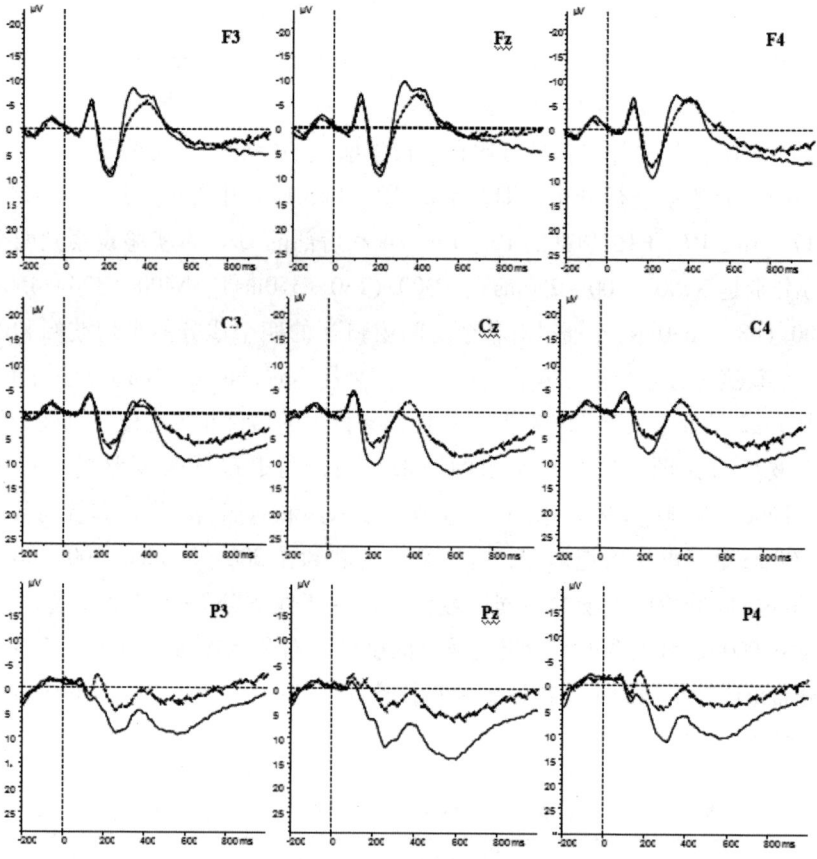

图 3-2 实验组和对照组伪词波形对比

200～300ms 300～400ms 400～500ms 500～600ms

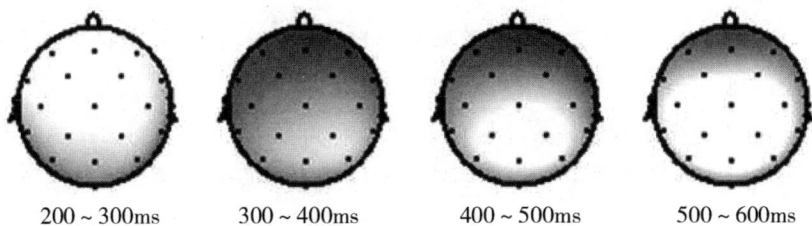

实验组真词反应进程脑地形图（a）

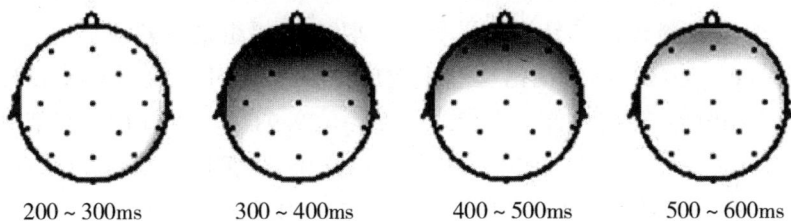

200～300ms 300～400ms 400～500ms 500～600ms

对照组真词反应进程脑地形图（b）

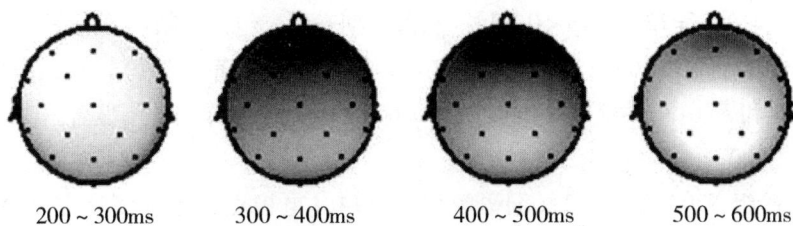

200～300ms 300～400ms 400～500ms 500～600ms

实验组伪词反应进程脑地形图（c）

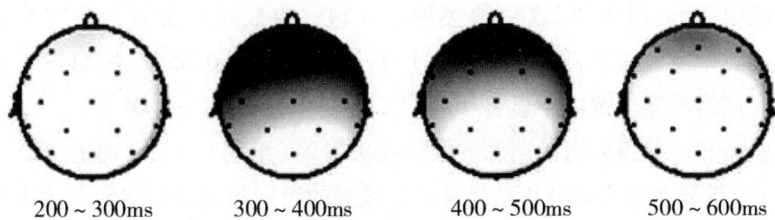

200～300ms 300～400ms 400～500ms 500～600ms

−15μV 15μV

对照组伪词反应进程脑地形图（d）

图3－3　实验组和对照组真词和伪词反应进程脑地形图

1. N400

实验组 N400 潜伏期 2（词语类型）×14（电极点）重复测量方差分析显示，词语类型主效应不显著 $[F(1, 17) = 2.28, p > 0.05]$，波幅方差分析结果显示，词语类型主效应显著 $[F(1, 17) = 42.31, p < 0.001]$。

对照组 N400 潜伏期 2（词语类型）×14（电极点）重复测量方差分析显示，词语类型主效应不显著 $[F(1, 17) = 3.08, p > 0.05]$，波幅方差分析结果显示，词语类型主效应显著 $[F(1, 17) = 18.32, p < 0.01]$。

实验组和对照组的潜伏期和波幅数据采用 2（组别）×2（词语类型）×14（电极点）重复测量方差分析结果显示，N400 波幅组别主效应显著 $[F(1, 34) = 7.86, p < 0.01]$；词语类型主效应显著 $[F(1, 34) = 48.134, p < 0.001]$；电极的主效应显著 $[F(13, 442) = 29.983, p < 0.01]$；组别×电极的交互作用显著 $[F(13, 442) = 4.97, p < 0.05]$，采用简单效应分析的方法进一步分析，结果显示，Fz、T7、P7、P3、Pz、P4、Oz 这几个电极点在实验组和对照组两个组别的波幅值上存在显著差异，而在电极点 F3、F4、C3、Cz、C4、T8、P8 上均不显示存在显著差异；词语类型×电极的交互作用显著 $[F(13, 442) = 13.51, p < 0.05]$。从潜伏期来看，组别主效应不显著 $[F(1, 34) = 2.31, p > 0.05]$；词语类型和电极的主效应显著 $[F(1, 34) = 5.05, p < 0.05$ 和 $F(13, 442) = 4.16, p < 0.05]$；其他交互作用均不显著。

2. N200

实验组 N200 潜伏期 2（词语类型）×14（电极点）重复测量方差分析显示，词语类型主效应不显著 $[F(1, 17) = 2.28, p > 0.05]$，波幅方差分析结果显示，词语类型主效应不显著 $[F(1, 17) = 0.68, p > 0.05]$。

对照组 N200 潜伏期 2（词语类型）×14（电极点）重复测量方差分析显示，词语类型主效应不显著 $[F(1, 17) = 0.05, p > 0.05]$，波幅方差分析结果显示，词语类型主效应不显著 $[F(1, 17) = 0.16, p > 0.05]$。

实验组和对照组的潜伏期和波幅数据采用 2（组别）×2（词语类型）×14（电极点）重复测量方差分析结果显示，波幅的组别和词语类型的主效应均不显著 $[F(1, 34) = 0.43, p > 0.05$ 和 $F(1, 34) = 0.76, p > 0.05]$；潜伏期的组别主效应显著 $[F(1, 34) = 7.45, p < 0.05]$，词语类型主效应不显著 $[F(1, 34) = 1.19, p > 0.05]$。另外在枕颞区（P7/P8）和顶区（P3/Pz/p4）对 N200 的波幅进行 2（组别）×5（电极）的重复测量分析，组别和电极主效应均达到显著水平 $[F(1, 34) = 8.31, p < 0.05$ 和 $F(4, 136) = 18.18, p < 0.05]$，电极和组别的交互作用不显著 $[F(4, 136) = 1.61, p > 0.05]$，经进一步检验，在左枕颞区（P7）和左顶区（P3/Pz）两组之间的差异显著，阅读困难组比对照组潜伏期显著延长。

3. P300

实验组 P300 潜伏期 2（词语类型）×14（电极点）重复测量方差分析显示，词语类型主效应显著 $[F (1, 17) = 12.09, p < 0.05]$，波幅方差分析结果显示，词语类型主效应显著 $[F (1, 17) = 19.61, p < 0.05]$。

对照组 P300 潜伏期 2（词语类型）×14（电极点）重复测量方差分析显示，词语类型主效应显著 $[F (1, 17) = 25.17, p < 0.05]$，波幅方差分析结果显示，词语类型主效应显著 $[F (1, 17) = 12.02, p < 0.05]$。

实验组和对照组的潜伏期和波幅数据采用 2（组别）×2（词语类型）×14（电极点）重复测量方差分析结果显示，波幅的组别主效应显著 $[F (1, 34) = 9.13, p < 0.05]$，词语类型主效应显著 $[F (1, 34) = 30.71, p < 0.05]$，组别、词语类型和电极三重交互作用显著 $[F (13, 442) = 2.17, p < 0.05]$；潜伏期的组别主效应不显著 $[F (1, 34) = 0.02, p > 0.05]$，词语类型主效应显著 $[F (1, 34) = 35.40, p < 0.05]$。

4. P600

实验组 P600 潜伏期 2（词语类型）×14（电极点）重复测量方差分析显示，词语类型主效应显著 $[F (1, 17) = 46.26, p < 0.05]$，波幅方差分析结果显示，词语类型主效应显著 $[F (1, 17) = 17.30, p < 0.05]$。

对照组 P600 潜伏期 2（词语类型）×14（电极点）重复测量方差分析显示，词语类型主效应显著 $[F (1, 17) = 10.68, p < 0.05]$，波幅方差分析结果显示，词语类型主效应显著 $[F (1, 17) = 5.89, p < 0.05]$。

实验组和对照组的潜伏期和波幅数据采用 2（组别）×2（词语类型）×14（电极点）重复测量方差分析结果显示，波幅的组别和词语类型主效应均显著 $[F (1, 34) = 12.086, p < 0.05$ 和 $F (1, 34) = 18.20, p < 0.05]$，电极和组别的交互作用显著 $[F (13, 442) = 3.53, p < 0.05]$；潜伏期的组别主效应不显著 $[F (1, 34) = 0.60, p > 0.05]$，词语类型主效应显著 $[F (1, 34) = 42.03, p < 0.05]$。

5. 差异波

实验组和对照组的组内词语类型间的差异波，在 250~600ms 时间窗上有一个较大的负成分，其潜伏期约为 400ms（见图 3-4、图 3-5）。具体差异波电压值在各时间段的脑地形图见图 3-6、图 3-7。

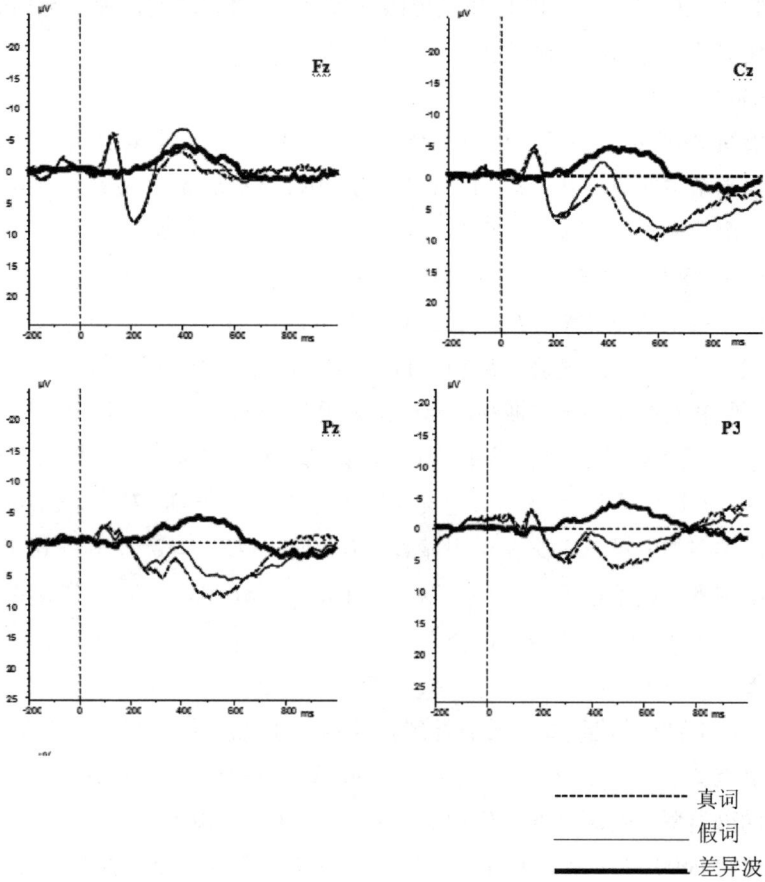

图 3 - 4 实验组真词、伪词平均波及差异波

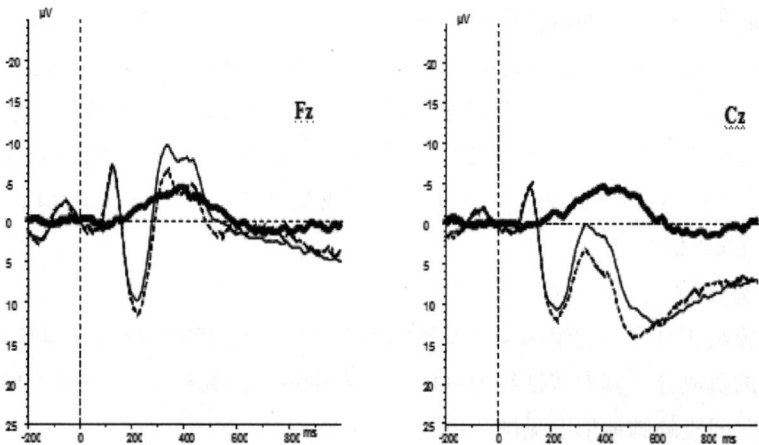

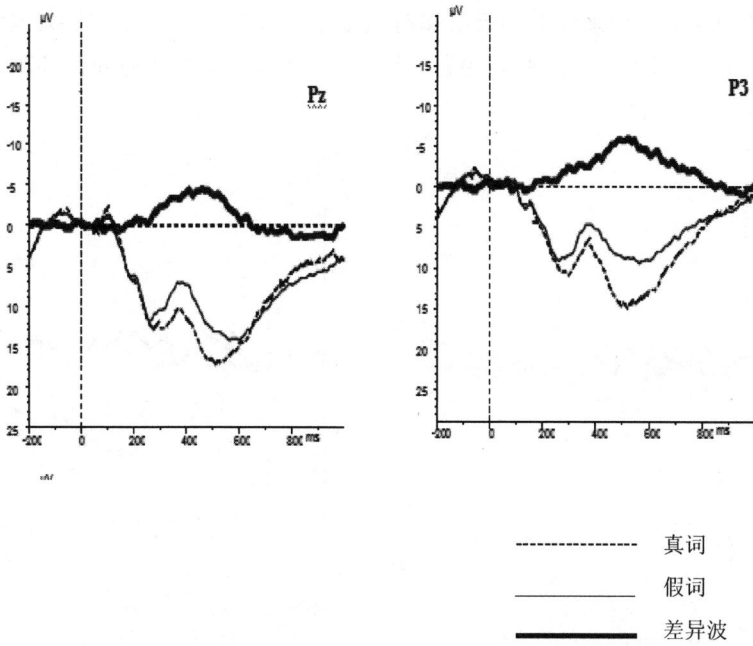

图 3 - 5 对照组真词、伪词平均波及差异波

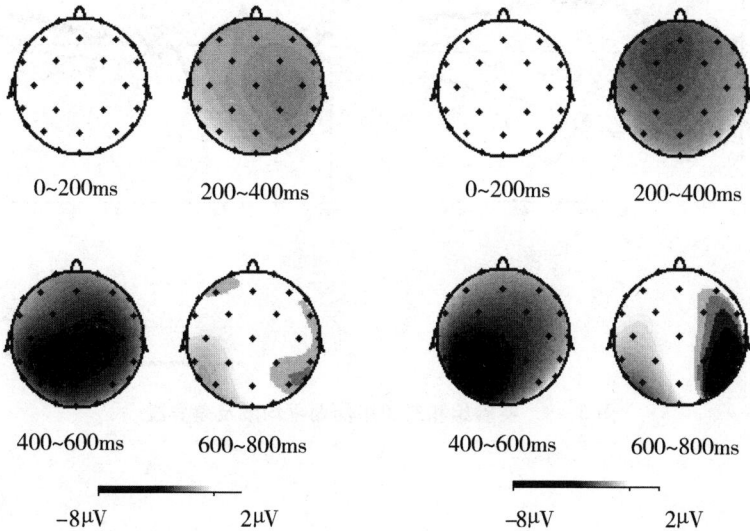

0~200ms   200~400ms   0~200ms   200~400ms

400~600ms   600~800ms   400~600ms   600~800ms

-8μV   2μV   -8μV   2μV

图 3 - 6 实验组差异波脑地形图   图 3 - 7 对照组差异波脑地形图

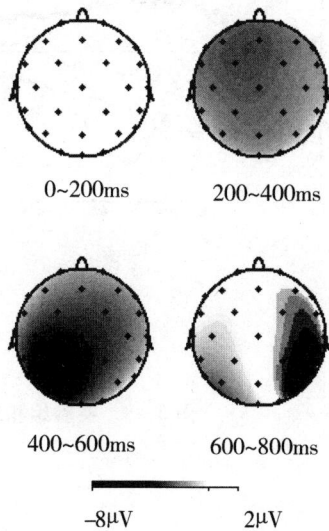

在两种词语类型条件下实验组和对照组平均波形的差异波，最大波峰位于大脑中后部（见图3－8、图3－9）。具体差异波电压值在各时间段的脑地形见图3－10、图3－11。

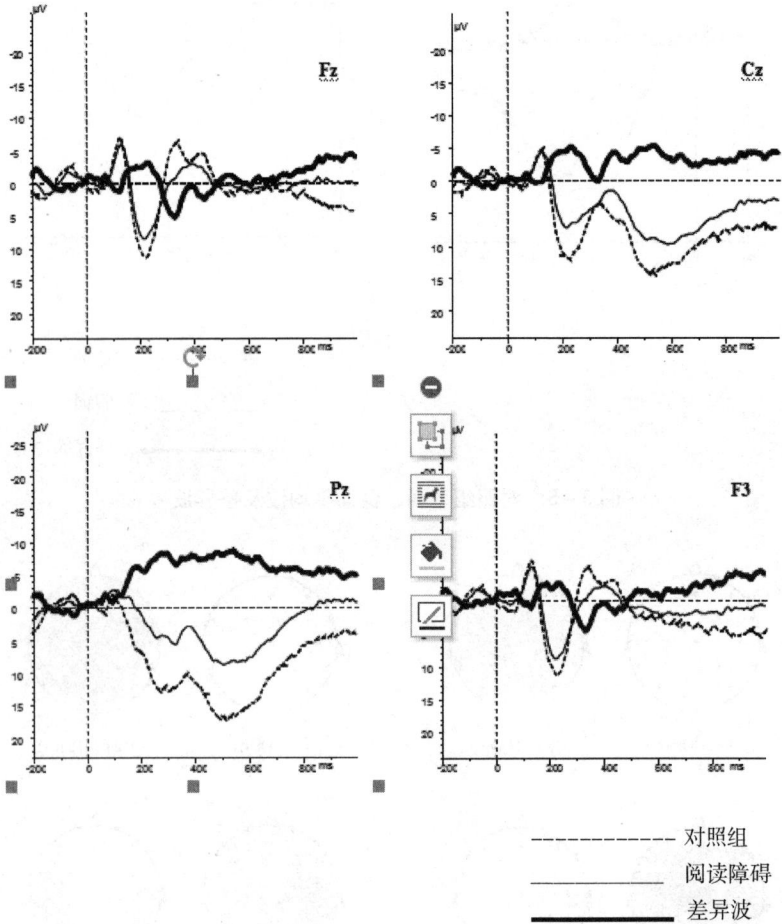

图3－9 实验组和对照组伪词平均波及差异波

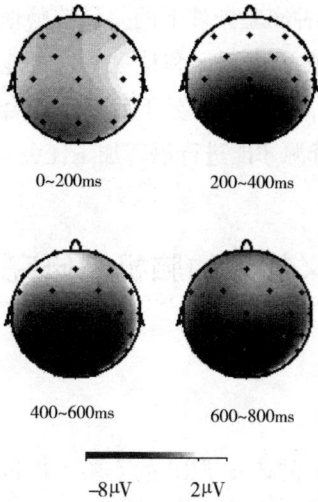

图 3-10 实验组和对照组真词
差异波脑地形图

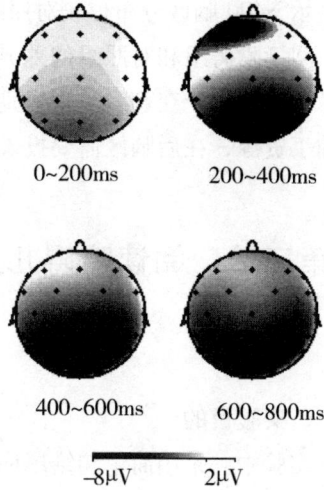

图 3-11 实验组和对照组
伪词差异波脑地形图

四、讨论

本实验采用双字组成的汉语真词和伪词为材料，考察了发展性阅读障碍学生和正常学生在词汇判断任务中不同阶段 ERP 成分的特征，揭示了两组被试伪词反应时间均长于真词反应时间，以及阅读障碍学生对词性判断的反应时间长于正常儿童对词性判断的反应时间的脑内机制。结果发现与认知加工相关的 N200、P300、N400 和 P600 成分。认为，N2 和 P3 成分与认知加工的早期词汇通达有关，而 N400 和 P600 成分与认知加工晚期的词内语义整合有关。实验组和对照组在真伪词判断任务中四种不同的 ERP 成分上存在差异，说明实验组和对照组的认知加工过程不同。

N400 的波幅对各种呈现条件的语义是否一致非常敏感，主要分布在大脑的前部，最大波峰位于额区。实验结果显示，一个孤立的词也会产生 N400，波幅值最小位于额区，与以往的研究结果一致。从图 3-2 和图 3-11 中可以看出，阅读障碍组学生在左额区表现为低激活，与 Siok 等人（2004）的结果一致，他们认为左额区是中文阅读学习的重要脑区，它的异常活动导致汉语阅读障碍。另外，从图 3-2 中 F3、Fz、F4 上可以发现，对照组学生在 300~400ms 的波峰较宽，其间还出现一个明显的小幅度的正向波，而阅读障碍学生并没有出现这一情况，此现象有待进一步的研究讨论。

实验结果显示，阅读障碍组同种条件下比正常对照组 N400 波幅值小，脑地形图显示 N400 脑区分布也较对照组范围广，同种实验条件下的差异波脑地形图显示，阅读障碍组和对照组的差异波主要分布在中央顶区和枕区。这可能因为阅读障碍学生由于在刺激呈现早期的注意和表征不足，以至于后期不能合理地分配加工资源，在后脑区需要投入更多的心理资源才能进行语言加工任务。

第三节　阅读障碍儿童句子语义加工的脑机制研究

一、实验目的

本实验中，采用简单句结尾词匹配和非匹配的认知 ERP 的实验，探讨在本模式下阅读障碍学生与正常学生之间脑神经机制的异同及产生的 N400 波形的差异，并为进一步研究阅读障碍学生在把单词的意义整合到句子的上下文时的特征。

二、研究方法

（一）被试选取

阅读障碍组入组条件第二节被试的选取。

（二）实验材料

正式实验材料为 100 个 "A 是 B" 形式的句子，其中字面意义句和错误意义句各 80 句。

（三）实验程序

实验程序采用 E-Prime2.0 编写并呈现，显示屏分辨率为 1024 * 768 像素，显示屏幕底色为黑色，字体颜色为白色。实验中随机呈现两类简单句，尾词匹配和不匹配每类 80 句，共 160 句。句子分三部分呈现，其形式为：启动词—是—目标词，如 "老虎是动物"，依次呈现：老虎—是—动物。实验流程如图 3 – 12 所示。每个句子呈现前会有一个红色的 "＋" 提示句子即将开始呈现。句子三个部分的呈现时间均为 400ms，间隔时间为 200ms，要求被试在目标词呈现后立刻做出反应，判断呈现的句子是否有意义。句子有意义用右手食指按键盘上的 J 键，没有意义用左手食指按键盘上的 F 键。在试验正式开始前，被试会有简单的练习以熟悉实验和按键。被试正式实验按键反应时间约为 15 分钟，中间休息 1 次。

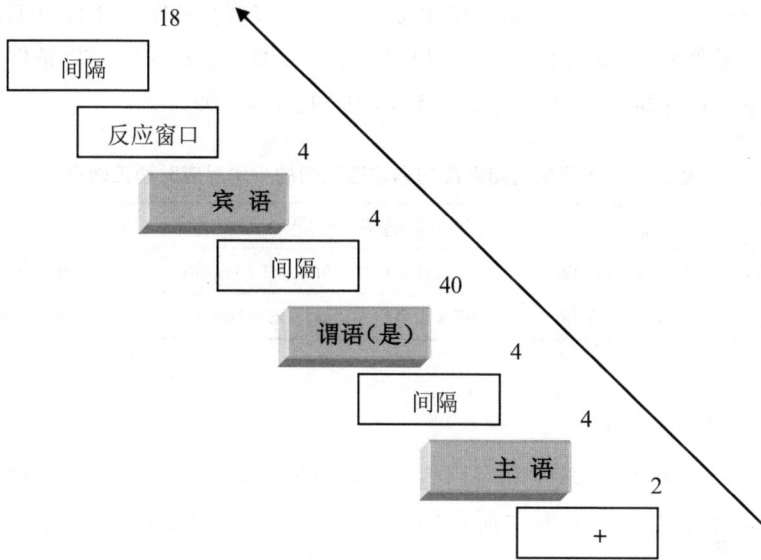

图 3 – 12 实验流程图

（五）ERP 数据的采集

实验仪器为德国的 Brain Product，BP – ERP 工作站，采用 32 导电极帽记录脑电波，参考电极置于双侧耳后乳突，记录水平眼电（左眼外侧，HEOG）和垂直眼电（右眼上眶，VEOG），采样频率为 500Hz，滤波带通为 0.01～50Hz，头皮电阻值均小于 5kΩ，对刺激材料呈现前 200ms 至呈现后 1000ms 的脑电数据进行分析，并以呈现前 200ms 作为基线。自动矫正伪迹，波幅大于 ±50μV 者，自动剔除。

三、结果

（一）行为结果

被试在不同句子类型上的平均反应时间和正确率如表 3 – 3 所示。对反应时间的重复测量方差分析结果显示，句子类型的主效应显著，$F_{(1, 35)} = 15.56$，$p < 0.05$；组别的主效应显著，$F_{(1, 35)} = 4.63$，$p < 0.05$，对照组的句义一致和句义违反平均反应时间均短于实验组的平均反应时间。

对正确率的重复测量方差分析结果显示，组别主效应显著，$F_{(1, 35)} = 8.521$，$p < 0.05$；句子类型主效应显著，$F_{(1, 35)} = 71.06$，$p < 0.05$。

组别和句子类型的交互作用显著，$F_{(1, 35)} = 12.78$，$p < 0.05$。采用简

单效应分析的方法进一步分析，结果显示，两组被试在匹配句条件下的反应正确率存在显著差异，F（1，35）=15.35，$p<0.05$，而在非匹配句条件下的反应正确率不存在显著差异，F（1，35）=0.24，$p>0.05$。

表3-3 不同能力组匹配句和非匹配句的平均反应时和正确率

	匹配句正确率	非匹配句正确率	匹配句反应时间	非匹配句反应时间
对照组	0.92±0.05	0.97±0.03	564.19±96.06	590.46±101.40
实验组	0.85±0.06	0.97±0.03	637.06±104.62	668.46±125.51

（二）ERP结果

图3-13呈现了实验组和对照组在非匹配句条件下的事件相关电位各电极点总平均波形对比。从图中所示的波形来看，两组被试的波形差别集中在N200、P300、N400、P600。从图3-14实验组和对照组在匹配句和非匹配句条件下200~600ms脑区电压值地形图中，可以清晰地看到在200~300ms、300~400ms、500~600ms时间段中大脑的不同区域依次呈现正性成分P300、负性成分N400和正成分P600。可以看出实验组正成分的脑区分布范围比对照组小，负性成分脑区分布范围比对照组大。用2×2×14的重复测量方差分析对四种ERP成分的波幅和潜伏期进行分析，统计各种实验条件的四种ERP成分的平均潜伏期和波幅见表3-4。

表3-4 不同实验条件下四种ERP成分的平均波幅和潜伏期

			N200	P300	N400	P600
对照组	匹配句	V	-6.26	14.28	4.57	10.30
		L	140.77	272.17	356.91	559.40
	非匹配句	V	-6.70	11.02[a]	-2.42[a]	7.10[a]
		L	147.53[a]	250.09[a]	364.60	554.52
实验组	匹配句	V	-5.96	9.43[bc]	0.64[bc]	7.36[c]
		L	152.26[bc]	269.28[c]	354.13[c]	560.14[c]
	非匹配句	V	-5.49	7.54[abc]	-2.89[abc]	4.78[ac]
		L	156.02[abc]	254.03[ac]	368.82[ac]	572.11[c]

注：a是组内非匹配句与匹配句比较，差异显著；b是与对照组比较，组别主效应显著；c是与对照组比较，句子类型主效应显著。

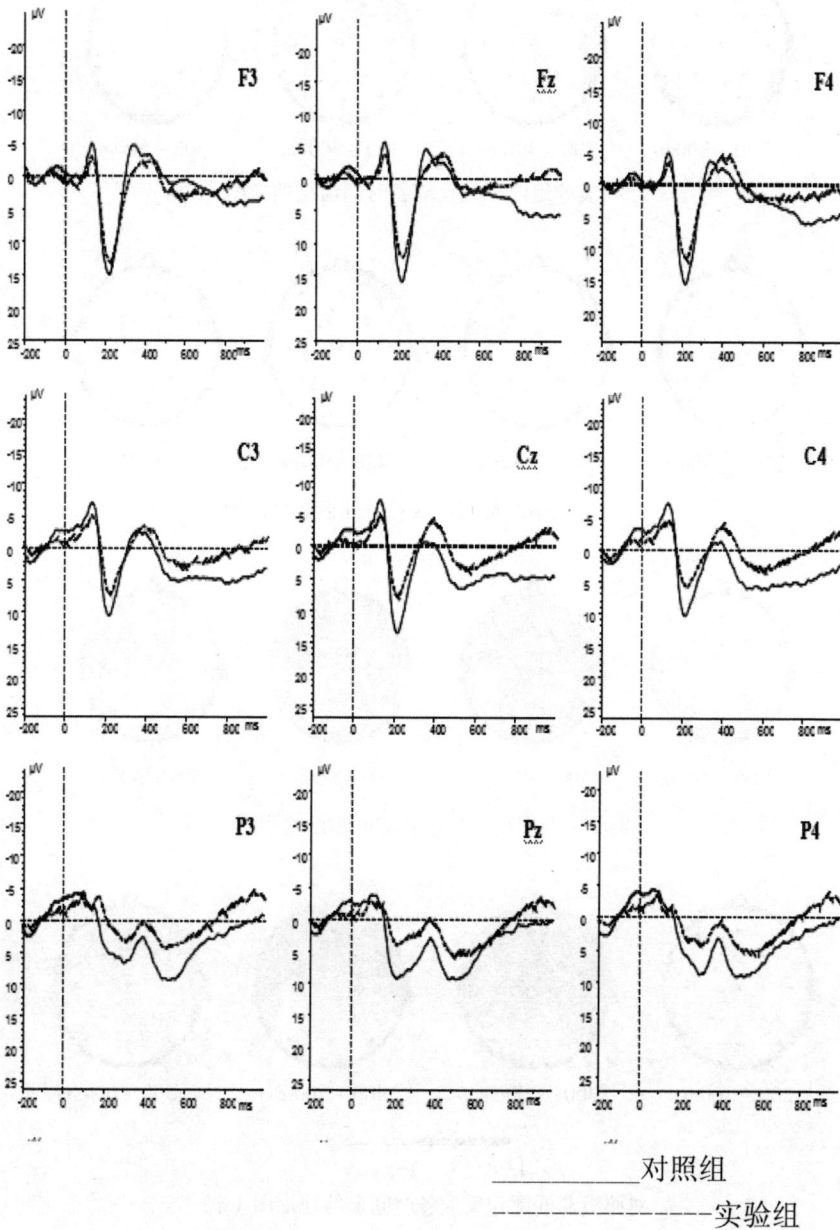

图 3 - 13　非匹配句条件下实验组和对照组的平均波形对比

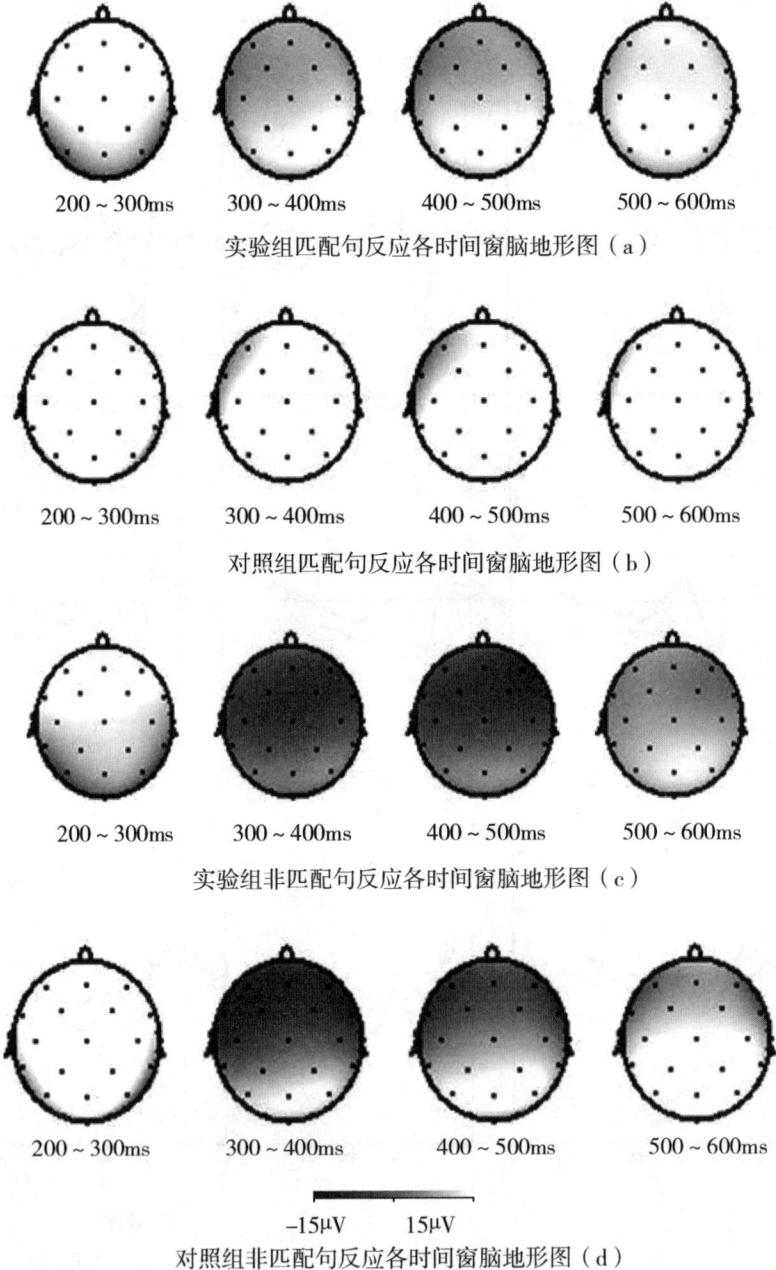

200~300ms   300~400ms   400~500ms   500~600ms

实验组匹配句反应各时间窗脑地形图（a）

200~300ms   300~400ms   400~500ms   500~600ms

对照组匹配句反应各时间窗脑地形图（b）

200~300ms   300~400ms   400~500ms   500~600ms

实验组非匹配句反应各时间窗脑地形图（c）

200~300ms   300~400ms   400~500ms   500~600ms

−15μV   15μV

对照组非匹配句反应各时间窗脑地形图（d）

图3-14 对照组实验组匹配与非匹配反应各时间窗脑地形图

1. N400

实验组 N400 潜伏期 2（句子类型）×14（电极点）重复测量方差分析显示，句子类型主效应显著，$F_{(1, 16)} = 10.56$，$p < 0.01$，波幅方差分析结果显示，句子类型主效应显著，$F_{(1, 16)} = 31.87$，$p < 0.001$。

对照组 N400 潜伏期 2（句子类型）×14（电极点）重复测量方差分析显示，句子类型主效应不显著，$F_{(1, 17)} = 2.84$，$p > 0.05$，波幅方差分析结果显示，句子类型主效应显著，$F_{(1, 17)} = 156.70$，$p < 0.001$。

实验组和对照组的潜伏期和波幅数据采用 2（组别）×2（句子类型）×14（电极点）重复测量方差分析结果显示，在对 N400 波幅的影响上，组别主效应显著，$F_{(1, 33)} = 4.22$，$p < 0.05$；句子类型主效应显著，$F_{(1, 33)} = 149.244$，$p < 0.05$；电极的主效应显著，$F_{(13, 43)} = 15.79$，$p < 0.001$；句子类型×组别的交互作用显著。采用简单效应分析的方法进一步分析，结果显示，两组被试在匹配句的条件下存在显著差异，$F_{(1, 33)} = 11.37$，$p < 0.05$，在非匹配句的条件下不存在显著性差异，$F_{(1, 33)} = 0.27$，$p > 0.05$，句子类型×电极×组别的交互作用显著，$F_{(13, 429)} = 2.80$，$p < 0.05$。

组别×电极的交互作用显著，$F_{(13, 429)} = 2.69$，$p < 0.05$，采用简单效应分析的方法进一步分析，结果显示，CZ、C4、P7、P3、Pz、P4、Oz 这几个电极点在实验组和对照组两个组别的波幅值上存在显著差异，而在电极点 F3、Fz、F4、C3、T7、T8、P8 上均不显示存在显著差异。

从潜伏期来看，句子类型主效应显著，$F_{(1, 33)} = 13.02$，$p < 0.01$，电极主效应显著，$F_{(13, 429)} = 6.76$，$p < 0.05$，组别主效应不显著，$F_{(1, 33)} = 0.016$，$p > 0.05$；句子类型和电极的交互作用显著，$F_{(13, 429)} = 2.32$，$p < 0.05$。进一步简单效应分析，结果显示，在 F4、Cz、C4、P8、P3、Pz、P4 这几个电极点上，匹配句和非匹配句所产生的潜伏期存在显著差异，其余各电极点均不存在显著差异。

2. N200

实验组 N200 潜伏期 2（句子类型）×14（电极点）重复测量方差分析显示，句子类型主效应显著，$F_{(1, 16)} = 5.51$，$p < 0.05$，波幅方差分析结果显示，句子类型主效应不显著，$F_{(1, 16)} = 1.449$，$p > 0.05$。

对照组 N200 潜伏期 2（句子类型）×14（电极点）重复测量方差分析显示，句子类型主效应显著，$F_{(1, 17)} = 9.364$，$p < 0.05$，波幅方差分析结果显示，句子类型主效应不显著，$F_{(1, 17)} = 1.613$，$p > 0.05$。

实验组和对照组的潜伏期和波幅数据采用 2（组别）×2（句子类型）×14

（电极点）重复测量方差分析结果显示，波幅的组别主效应不显著，$F_{(1, 33)}$ = 0.629，$p > 0.05$，句子类型主效应不显著，$F_{(1, 33)}$ = 0.01，$p > 0.05$）；潜伏期的组别和句子类型的主效应均显著，$F_{(1, 33)}$ = 7.21，$p < 0.05$ 和 $F_{(1, 33)}$ = 13.348，$p < 0.05$。

3. P300

实验组 P300 潜伏期 2（句子类型）×14（电极点）重复测量方差分析显示，句子类型主效应显著，$F_{(1, 16)}$ = 18.03，$p < 0.05$，波幅方差分析结果显示，句子类型主效应显著（$F_{(1, 16)}$ = 13.85，$p < 0.05$）。

对照组 P300 潜伏期 2（句子类型）×14（电极点）重复测量方差分析显示，句子类型主效应显著，$F_{(1, 17)}$ = 34.15，$p < 0.05$，波幅方差分析结果显示，句子类型主效应显著，$F_{(1, 17)}$ = 64.74，$p < 0.05$。

实验组和对照组的潜伏期和波幅数据采用 2（组别）×2（句子类型）×14（电极点）重复测量方差分析结果显示，波幅的组别主效应显著，$F_{(1, 33)}$ = 10.60，$p < 0.05$，句子类型主效应显著，$F_{(1, 33)}$ = 56.52，$p < 0.05$，组别、句子类型和电极三重交互作用显著，$F_{(13, 429)}$ = 2.173，$p < 0.05$；潜伏期的组别主效应不显著，$F_{(1, 33)}$ = 0.01，$p > 0.05$，句子类型主效应显著，$F_{(1, 33)}$ = 47.32，$p < 0.05$。

4. P600

实验组 P600 潜伏期 2（句子类型）×14（电极点）重复测量方差分析显示，句子类型主效应不显著，$F_{(1, 16)}$ = 2.35，$p > 0.05$，波幅方差分析结果显示，句子类型主效应显著，$F_{(1, 16)}$ = 18.54，$p < 0.05$。

对照组 P600 潜伏期 2（句子类型）×14（电极点）重复测量方差分析显示，句子类型主效应不显著，$F_{(1, 17)}$ = 0.34，$p > 0.05$，波幅方差分析结果显示，句子类型主效应显著，$F_{(1, 17)}$ = 15.45，$p < 0.05$。

实验组和对照组的潜伏期和波幅数据采用 2（组别）×2（句子类型）×14（电极点）重复测量方差分析结果显示，波幅的组别主效应接近显著，$F_{(1, 33)}$ = 4.01，$p = 0.054$；句子类型主效应显著，$F_{(1, 33)}$ = 30.23，$p < 0.05$，电极和组别的交互作用不显著，$F_{(13, 429)}$ = 1.950，$p > 0.05$；潜伏期的组别主效应不显著，$F_{(1, 33)}$ = 0.74，$p > 0.05$，句子类型主效应不显著，$F_{(1, 33)}$ = 0.43，$p > 0.05$）。

5. 差异波

实验组和对照组的组内句子类型间的差异波，在 200～500ms 时间窗上有一个较大的负成分，其潜伏期约为 400ms，而对照组的匹配非匹配差异波波幅明显大于实验组；在 500～800ms 时间窗上，大脑的额区和顶区出现第二个较大幅度的持续性负波，而在 Pz 点上，这个负波波幅明显减小（见图 3－15 至图 3－18）。

在两种句子类型条件下实验组和对照组平均波形的差异波，在 150ms 以上的时间窗上有一个持续性较大的负成分，最大波峰位于大脑中后部，而匹配句的差异波波幅明显大于非匹配句（见图 3－19 至图 3－21）。

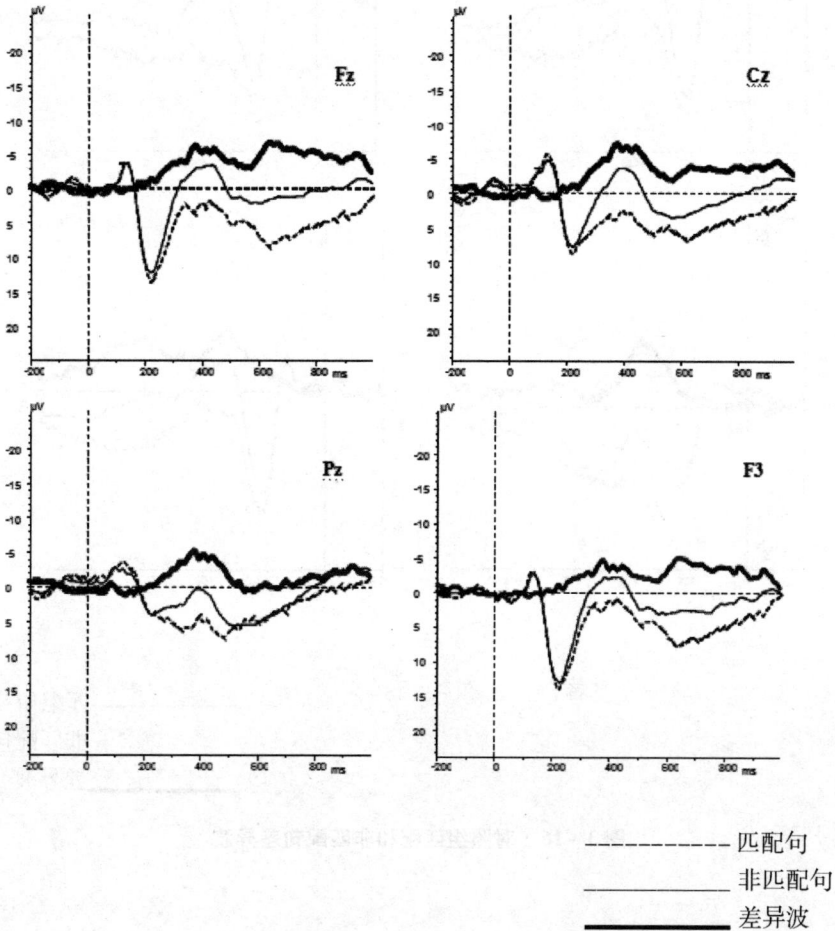

图 3－15　实验组匹配和非匹配句差异波

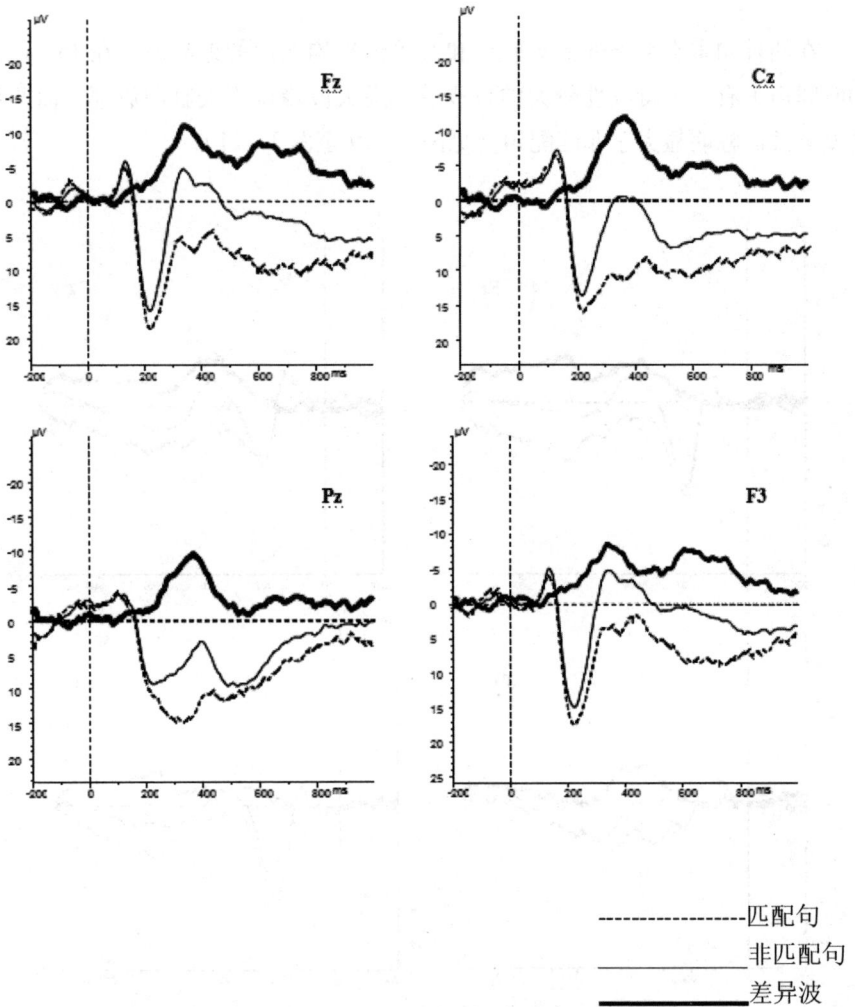

图 3-16 对照组匹配和非匹配句差异波

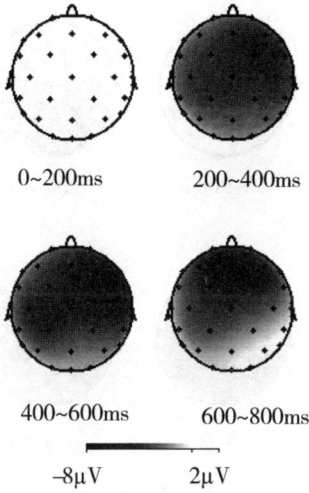

图 3 - 17　实验组差异波脑地形图

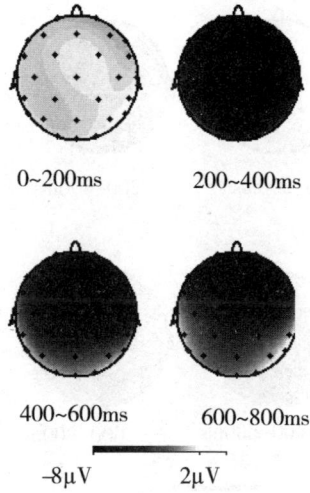

图 3 - 18　对照组差异波脑地形图

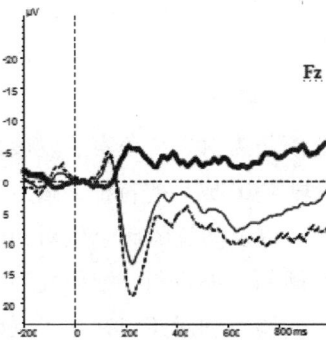

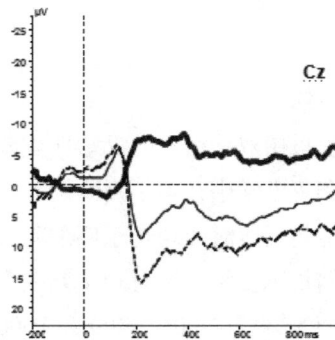

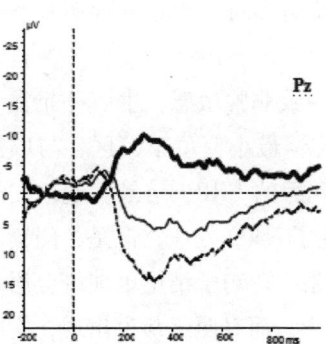

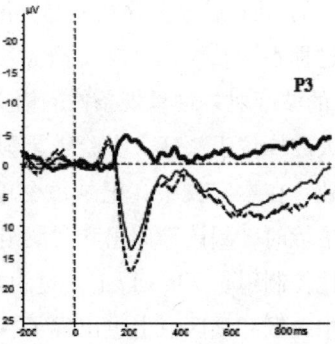

-------------- 对照组　　　────── 实验组　　　━━━━━ 差异波

图 3 - 19　实验组和对照组非匹配句平均波和差异波

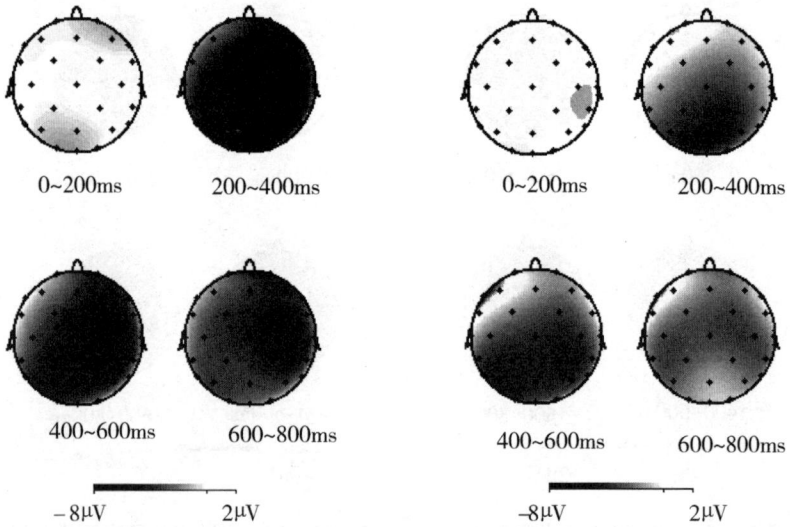

图3－20　不同组匹配句差异波脑地形图　图3－21　不同组非匹配句差异波脑地形图

四、小结

本实验采用双字组成的汉语匹配句和非匹配句为材料，考察了发展性阅读障碍学生和正常学生在句子判断任务中不同阶段 ERP 成分的特征，揭示了两组被试非匹配句反应时间均长于匹配句反应时间，以及阅读障碍学生对句子判断的反应时间长于正常儿童对句子判断的反应时间的脑内机制。结果发现与认知加工相关的 N200、P300、N400 和 P600 成分。实验组和对照组在句子判断任务中四种不同的 ERP 成分上存在差异，说明实验组和对照组在各种实验条件下的认知加工过程不同。

N400 的波幅对各种呈现条件的语义是否一致非常敏感，主要分布在大脑的前部，最大波峰位于额区。实验结果显示，波幅最小值位于额区，与以往的研究结果一致。在本实验中，记录每个单词呈现后的 ERP，结果发现，在结尾单词不符合语境时，阅读障碍组和对照组都出现了 N400 效应，但是，阅读障碍组的潜伏期比控制组长 70ms 以上。更为重要的是，在句子结尾单词符合语境的情况下，在中央区和顶区点上也出现了 N400 效应，而对照组却没出现，实验结果和 Robinchon 等人的结果一致。

五、总讨论与结论

(一) 讨论

反应时结果符合预期，而且与以往的研究结果一致。这种差异可以解释为，伪词的知觉过程经历了更多对词内汉字之间语义等特性的冲突和整合，因此需要较长的时间做出反应。正常学生对实验材料的相关储备量较大、熟悉度较高，心理资源分配合理，所以对任务的反映较快。而在正确率方面，可能由于阅读障碍学生的注意力不集中，任务理解较慢导致在某些简单的任务中依然会产生错误。

有关研究发现，N200 是一个语义加工阶段潜伏期为 140～220ms 的早期负性成分，其波幅受文字正字法属性等因素的影响，与字词识别的语义通达和整体认知有关。本章两个实验结果显示，两组被试在 N200 波幅上不存在显著差异，潜伏期存在显著差异，说明两组被试在语义加工的早期阶段心理表征的加工深度不存在差异，但是阅读障碍儿童在语义通达的时间进程上比正常儿童有所延迟。另外，简单句实验中，非匹配句的潜伏期和匹配句的潜伏期存在显著差异，而词语实验中差异不显著，可能因为，非匹配句较匹配句需要的感知觉量和心理指向内容较多，所以需要的时间较长。

P300 是一个与心理因素相关的内源性成分，在一定程度上，P300 和投入的心理资源量成正相关，受感知、注意等多种认知加工活动的影响。本实验研究发现，相当于对照组，词与伪词两种条件下阅读困难组的 P300 波幅较小，该结果提示，阅读困难儿童存在注意资源不足或者不能恰当地分配注意资源缺陷。

一直以来，N400 被认为是语言加工过程中与语义相关的重要指标。N400 反映的是自动加工过程还是控制加工过程至今依然存在争论，但较为一致的观点是 N400 波幅反映了语义启动效应，它表现为匹配材料比非匹配材料引起的 N400 的波幅较小。

本章采用词语类型和句子类型判断任务，以双字词和简单句为实验材料考察匹配与非匹配条件下阅读障碍儿童和正常儿童的语义加工特点。N400 的波幅对各种呈现条件的语义是否一致非常敏感，主要分布在大脑的前部，波峰最大值位于额区。实验结果显示，一个孤立的词也会产生 N400，在第二个实验的词对呈现范式中，当呈现的第二个词与第一个词语义不相关时，比两个词语义相关时引起更大的 N400，即非匹配条件下比匹配条件下产生了更大的 N400 波幅，与 Nobres 等人以往的研究结果一致。这是由于非匹配条件下的刺激比匹配条件下的刺激加工的任务难度较高，所需的心理资源量大造成的。另外，实验结果显示阅读障碍组同种实验条件下比正常组的 N400 波幅大，任务进程脑地形图显示 N400 脑区分布也较正常组范围广，同种实验条件的差异波脑地形图显示，阅读障碍组和正常组的差异波主要分布在后顶区的枕区，这说明阅读障碍学生由于在刺激呈现早期的注意和表征不足，以至于后期不能合理地分配加工资源，在枕区需要投入更多的心理资源才能进行语言加工任务。

在第二个实验中，记录每个单词呈现后的 ERP，结果发现，在结尾单词不符合语境时，阅读障碍组和对照组都出现了 N400 效应，但是，阅读障碍组的潜伏期比控制组长 70ms 以上。更为重要的是，在句子结尾单词符合语境的情况下，在中央区和顶区点上也出现了 N400 效应，而对照组却没出现，实验结果和 Robinchon 等人的结果一致。Robinchon 指出，这是因为阅读障碍者在把单词整合到句子上下文时存在困难。而在第一个实验阅读障碍组和对照组在对真词和伪词的判断任务中，中央区和顶区均出现不同程度的 N400 成分，并且在 300 ～ 400ms 的时间窗内，额区的平均波幅值明显大于在句子实验中平均波幅值。说明对单个词语语义是否匹配的加工难度，比把词语融合到句子中判断句子语义是否匹配的加工难度要大，这可能是因为在句子整合中句尾词可以利用更多的信息。

值得讨论的是，在本章的真伪词实验中，词语的呈现是整体呈现，匹配和非匹配条件下的差异波主要分布在左半球的枕颞区，这说明左半球的枕颞区有语义信息加工的功能，符合以往的研究。而在简单句实验中，匹配和非匹配条件下的差异波主要分布在右半球的额区和中央区。这种结果可能与第二个实验的设计模式有关。简单句实验是由主谓宾形式的三组材料组成，以启动的模式呈现，在前两组材料呈现后，被试会对第三组材料有一种内部期待，在第三组材料呈现后会对第三组材料进行理解、比较和逻辑推理。大脑的右半球的额区和中央区可能在信息理解比较和句子环境的整体加工方面存在优势。

一般认为，P600 反映了后期的语义整合与决策。N400 振幅越大，P600 的振幅也应该越大，因为前期加工相对困难，后期需要运用更多的资源来进行整合。本书的研究结果却正好相反，N400 振幅越大，P600 振幅越小。Friederici 对该结果的解释是，与 P600 同一时窗可能存在一种反映句子层面语义违反的负成分，该负成分与 P600 抵消。本书发现，无论是对照组还是阅读困难组识别伪词条件下的潜伏期显著延迟，同时，阅读困难组识别伪词的潜伏期比对照组更长。这可能是由于阅读困难儿童后期加工中的语义整合存在缺陷，可供利用的资源较少，持续时间较长。

（二）结论

N400 反映了加工难度，伪词条件下的 N400 波幅较大，阅读障碍组 N400 波幅显著大于对照组，说明阅读困难儿童存在语义加工缺陷。这种语义加工缺陷主要出现在中后期加工时程，由于阅读困难儿童语义通达延后，注意资源分配不合理，导致最终语义整合和决策缺陷。

第四章

学习困难儿童注意保持的特点

学习困难的 ERP 研究已取得了一些新发现，对注意、记忆、抑制能力、语义和语言加工的方面进行了相关研究。关联性负变（CNV）是反映人脑复杂心理活动的负向电位，其波幅改变受到人脑对事件的准备、期待、注意、动机等影响，与被试者注意保持能力密切相关。CNV 波幅的改变与注意、警觉、动机等因素密切相关。以往关于 CNV 研究大多是精神疾病等方面的研究。本章对学习困难儿童和对照组儿童的 CNV 及其亚成分进行了测量和比较，以探讨学习困难儿童的 CNV 特点，通过 ERP 研究确定是否存在特定的大脑功能异常，是否存在注意加工缺陷，进而深入探讨学习困难儿童注意保持能力的脑机制。

第一节　关联性负波的相关研究

一、关联性负波概述

关联性负波（contingent negative variation，CNV）又称伴随负反应，伴随性负变或期待波（expectancy wave，EW）由 Walt 和 Cooper 等人最早发现（1964）。它是在给受试者一个命令刺激（S2）之前先给一个警告刺激（S1）。S1 为预备信号（如一个短纯音或一个喀声），S2 为命令信号（如另一个短纯音或者一个闪光），两个刺激一般相距 1~2s，要求被试在命令信号 S2 出现后尽快做出某种按键反映。从预备信号 S1 后 200~300ms 左右到命令信号 S2 完成反应之前，在额叶或顶叶可以记录到一个负相持续时间较长的偏转电位，将之称为 CNV。通常把 Walt 的实验方法称为标准 CNV 或经典 CNV 实验方法。如图 4−1 所示。

CNV 有三个亚成分。① CNV 早成分 iCNV（initial CNV）：S1 后 500~750ms；早成分反映了朝向反射和运动准备，其生理基础最有可能位于前扣带回。② CNV 晚成分 LCNV（Late CNV）：S2 前 200ms 到 S2；Brunia（1988）研究发现 CNV 晚成分（LCNV）与任务期待和运动准备过程有关。CNV 晚成分可反映持续性注意，其生理基础是初级运动区、辅助运动区（SMA）和次级感觉皮质（Bender et al. , 2006）。CNV 晚成分分布于中央区和顶区，它反映了辅助运动区（SMA）、初级运动区、顶叶和次级感觉皮层的高级运动准备和感知注意。LCNV 可作为反映注意保持能力的恰当指标。③命令信号后负变化（PINV, postimperative negative variation）：当被试者对命令信号 S2 作出反应后，负相电位会很快地回到基线，通常把命令信号 S2 后偏转至基线的这部分负相电位称之为命令信号后负变化，即 PINV。PINV 反映了对侧初级运动区和辅助运动区（SMA）的运动估计及高级联想区的偶然性估计。

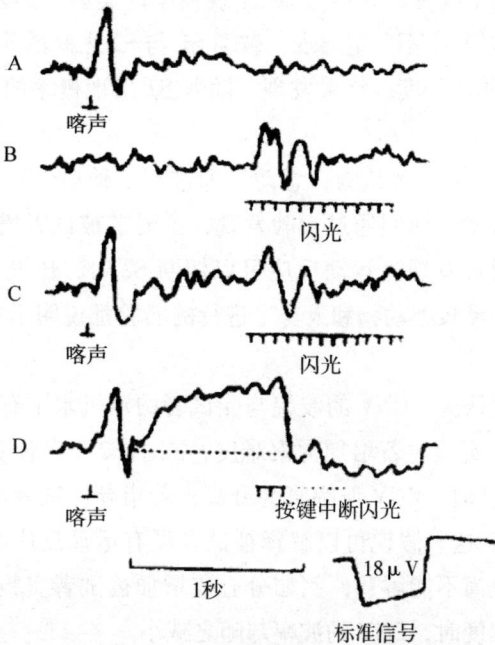

图 4 - 1 Walt 等获得的 CNV（1964）

实验方法：刺激包括 S1 和 S2，两种刺激的性质是不同的，一般常规用闪光和短声信号，且闪光和短声信号均可作为警告刺激（S1）或命令刺激（S2）。S1 与 S2 的时间间隔一般为 1 ~ 2s。不能小于 0.5s，以便 CNV 能充分发展，若相隔 10 ~ 15s 就会产生阴性结果。分别用 0.8s、1.6s、4.8s 来比较 S1 ~ S2 间隔所产生 CNV，发现相隔 4.8s 时，CNV 波幅明显降低。Walt 曾指出，成对的 S1 ~ S2 与下一次成对刺激的间隔时间应没有规律性，应控制在 3 ~ 10s，使成对刺激产生的 CNV 有足够的时间恢复。由于 CNV 波幅较低，所以每个被试必须平均

10～20 次实验以上。

　　分析指标包括五个方面。①基本波型及亚成分，主要观察预备信号 S1 后 CNV 波及 PINV。②潜伏期（以 ms 计）：主要指标有 A、A～S2、S2～C、A～C 和 A～S2 与 S2～C 的比值。③波幅：主要指标有 CNV、LCNV、PINV 的平均波幅。④面积（基线上方曲线的面积）主要指标有 A～S2 面积和 PINV 面积。⑤反应时间。

二、关联性负波的理论假说

　　期待理论假说，Walt 认为 CNV 的出现主要原因是被试者对命令信号 S2 的期待。其依据是关于改变命令信号 S2 出现概率的实验。实验中预备信号 S1 总是出现，但命令信号 S2 不一定出现，破坏 S1 与 S2 之间的伴随性。这样就降低了被试者对 S2 的期待程度。结果发现，随着 S2 出现概率的减小，CNV 波幅也相应降低。

　　意动理论假说，Low 等认为，意动（即进行一种动作的意向）是决定 CNV 出现的主要心理因素。他们通过实验发现，当要求被试者增加反应量时，CNV 波幅随之升高。而且发现当运动反应可以切断 S2 时，比没有这种效果时 CNV 波幅要高。他们在灵长类动物和人身上进行的实验都说明了意动为 CNV 的重要因素。

　　动机理论假说认为，CNV 的波幅与受试者的动机水平有相关关系。一些实验支持了动机说，实验时若增加觉察难度，减小 S2（声音变小），提高被试者觉察 S2 的努力程度时，CNV 波幅将会升高；若指导被试者保持对 S2 的警觉则可提高 CNV 波幅。这一假说可以解释被试者没有运动反应时也出现 CNV 的现象。但对有些现象尚不能解释，例如分心或增加被试者实验任务的难度，从而提高他们的努力程度时，CNV 的波幅却随之减小。

　　注意与觉醒假说认为，CNV 和注意与觉醒这两种心理过程均有关系。该假说认为，CNV 波幅和注意成正比关系，例如，当受试者分心时 CNV 波幅降低。主要表现在：①受试者进行了对分心刺激物信息加工，表现在受试者记住了分心刺激物；②对 S2 的信息加工受到了影响，表现为受试者的反应时间延长。当反应速度加快时 CNV 波幅升高，这些实验都说明注意因素在 CNV 中起着重要作用。Tecce 还认为，在 CNV 过程中，觉醒因素是不可忽视的，动物实验表明，CNV 的产生涉及与觉醒有关的皮层下机制，如网状结构和丘脑。而且由于 S1～S2 的时间间隔在同一项实验中是固定的，被试者可于 S2 后预知 S1 何时出现，就有可能提高 S1～S2 间的觉醒水平，于是 Tecce 在提出注意假说的同时也提出了觉醒假说。根据该假说，CNV 波幅与觉醒水平成倒 U 字关系。也就是说，当要求被试者增强注意时，CNV 波幅随觉醒水平的提高而升高；当要求被试者处于紧张状态时，CNV 波幅随觉醒水平的提高而下降。上述被试者 S2 注意力加强的实验，即意味着 S1 ~ S2 间觉醒水平的提高。因此，可以说明 CNV 波幅和觉醒水平成正相关，这就构成了曲线的上升段。至于曲线的下降则与分心有关，分心使 CNV 波幅降低，同时提高了被试者的紧张性觉醒水平。因为此时测得被试者的心率加快，反应时减慢。

上述假说虽然各有一定的实验依据，但均不能完全解释 CNV 的心理因素，从积累的研究可以看出，与 CNV 相关的不是单一的心理因素，而是一个复杂的心理加工过程。

三、关联性负波的应用研究

CNV 实验范式是研究注意保持的适宜方法。研究发现，CNV 产生于前额叶皮质。CNV 波形和注意变化成正比关系。在前额叶损伤与 CNV 关系的实验研究中表明，前额叶损伤引起同侧半球各部位 CNV 普遍减小，对侧半球不变。这一实验表明前额叶在注意保持中起着重要作用。目前研究者普遍认为，CNV 波幅与被试者做出反应的反应时间有一定关系，反应时间短，CNV 的波幅就大，也就是被试的注意保持增强了。CNV 与人脑对事件的准备、期待、注意、动机等心理活动相关，尤其与被试者注意保持能力的关系最为密切。CNV 晚成分（LC-NV）可反映持续性注意，其生理基础是初级运动区、辅助运动区（SMA）和次级感觉皮质。CNV 晚成分分布于中央区和顶区，它反映了辅助运动区（SMA）、初级运动区、顶叶和次级感觉皮层的高级运动准备和感知注意。CNV 可作为反映注意保持能力的恰当指标。国内学者魏景汉等（1988、1990、1991）通过 CNV 的系列研究也表明，注意是 CNV 的重要构成心理因素。

退伍军人创伤后应激障碍（PTSD）患者有较大的额部 CNV，但有较小的中央区和顶部 CNV。CNV 峰值上升表示了前额叶的脑干网状结构的激活。有研究显示，婴儿孤独症患儿 CNV 无反应，即不存在或者仅偶尔出现。注意缺损障碍（ADD），Prichep 等发现，ADD 的 CNV 与对照组之间没有显著差异。Bender 等（2007）研究显示，脑损伤可以引起 CNV 的变化，偏头痛儿童的 CNV 及亚成分与对照组存在显著差异。研究发现攻击性儿童在感知编码、注意和记忆等认知过程能力较差、其执行功能受损，精神分裂症患儿 CNV 波形不规则，A 点潜伏期明显延迟，CNV 和 PINV 平均波幅低于对照组，焦虑症和抑郁症患者的 CNV 研究也得到类似结论。

第二节　学习困难儿童听觉注意保持的 ERP 研究

一、学习困难儿童注意特点的相关研究

注意是指心理活动对一定对象的指向和集中，是心理过程的动力特征，是人正确知觉事物的基础，是人认知功能的一个重要成分。注意被人称为"心灵的窗户"。注意是人脑完成操作和任务的重要心理条件。注意是认知活动的一种准备状态，也是智力的相关因素之一。注意包括三个方面的意义：注意的选择性（Selectivity）、注意的持续性（Persistence）和注意的转移（Attention Shift）。

注意保持（也称注意的稳定性、持续性注意）是指个体有意识地将注意保持在同一对象或活动上的心理特性，通常用持续的时间来表示。个体活动在一定时间段内的高效率是持续性注意的标志，可以使心理活动集中在一定对象上，保证最清晰、最完善、最准确的反映，直至完成活动，达到目的为止。通常婴幼儿的注意只能维持几分钟，正常学龄前儿童的注意也只能维持几十分钟，而成年人比儿童、青少年注意维持能力要好很多，同时性别、年龄、兴趣爱好、意志力等诸多因素会影响注意的稳定性。

学习困难儿童存在广泛的神经心理缺陷，主要表现为以额叶为主的注意、计划和执行功能缺陷，快速命名和言语理解能力的不足，较差的精细动作能力，视空间加工能力和视觉运动整合能力的不足，以及视觉记忆能力和言语学习能力的缺陷。此外，学习困难儿童表现出左右脑功能不平衡的神经心理特征，左脑功能略显不足。这些研究只是探讨了学习困难的认知加工缺陷，但是对造成认知加工缺陷的原因及脑机制研究十分有限。行为实验研究较多，ERP 研究较少。

事件相关电位技术被认为是观察人脑心理活动的窗口，是就时间进程而言，尤其在强调实时性的研究中，ERP 技术具有得天独厚的优势。ERP 技术在心理学、生理学、认知神经科学及临床医学等领域中得到广泛的应用，被誉为"观察脑功能的窗口"，具有很高的应用和研究价值。ERP 以其时间分辨率高、非创伤性和适应年龄广等优点成为研究学习困难注意保持的一种适宜方法。已有研究表明学习困难儿童普遍存在注意功能缺陷，存在着更多的注意问题，注意力更不集中，更容易分心，等等。CNV 是反映人脑复杂心理活动的负向电位，它与人脑对事件的准备、期待、注意、动机等心理活动相关，尤其是与受试者的

注意保持能力密切相关。在 ERP 的研究中 CNV 实验范式是研究注意保持的适宜方法。

本书通过 CNV 实验范式对学习困难儿童的听觉注意保持和视觉注意保持的行为和脑机制进行研究。在研究中采用 CNV 实验范式，把 CNV 分为听觉 CNV 和视觉 CNV，以期得到学习困难儿童注意保持的客观指标。本书对学习困难儿童和对照组儿童的 CNV 及其亚成分进行了测量和比较，以探讨学习困难儿童的 CNV 特点，通过 ERP 研究确定是否存在特定的大脑功能异常，是否存在注意加工缺陷，进而深入探讨学习困难儿童注意保持能力的脑机制，为学习困难儿童注意保持的脑机制提供一些线索，为学习困难的发现、矫正和治疗提供帮助。

二、研究方法

（一）研究目的

探讨学习困难、对照组在听觉 CNV 实验中的反应时间和 CNV 及 PINV 波形特点及其两组之间的差异，以期发现学习困难儿童听觉注意保持的特点。

（二）被试选取

随机选取开封市初一、初二学生，男女比例适中，身体健康，无严重疾病史记录，没有使用任何精神类药物，右利手，视力和矫正视力在 1.0 以上，年龄 12~14 岁（平均 13 岁），所有参与者及他们的父母均提供书面知情同意书，实验前得到学生监护人的同意，实验结束后给予一定的报酬。

具体步骤如下（王恩国等，2011）：在学校团体中，对全体学生实施学习适应性测验（AAT），将 AAT 得分在 2 等或者 2 等以下的儿童挑选出来；然后请熟悉儿童的班主任老师对被挑选出来的儿童进行学习困难筛查量表（PRS）的问卷评估，筛选出可疑学习困难儿童；再对其进行瑞文标准智力测验（SPM），排除智力低下的儿童；最终确定学习困难儿童被试。排除学习困难儿童，选取智力正常、标准数学和语文成就测验中分数高于整体 25% 的学生 26 人作为对照组。最终选取学习困难 25 人，对照组 26 人。被试总人数为 51 人。

（三）实验程序

要求被试自然舒适地坐在计算机前，双眼平视前方 100cm 处计算机屏幕中央，对声音和屏幕中的图片按要求进行反应。要求被试在确保正确的前提下尽快地按键。

实验范式：采用一级 CNV 实验模式：（预备信号 S1：频率 1000Hz、呈现时间 50ms、分贝 90dB）低音；命令信号 S2：（频率 2000Hz、呈现时间 50ms、分贝 90dB）高音，50ms 后自动消失。先给出预备信号 S1，经过 1500ms 的时间间隔后呈现命令信号 S2，要求被试在听到 S1 时做好按键准备，听到 S2 后尽快按 M 键，即完成一个实验。每个实验时间间隔随机 3~10s。在正式实验前进行练习实验，练习 10 个左右，直至被试对实验程序熟练掌握，然后开始正式实验，正式实验 50 个。实验中，会有一对刺激重复出现，第一个是低音，第二个是高音，在听到低音后务必等待高音的出现，并做好按键的准备，当高音一出现，在保证正确的前提下尽快进行按键反应。

（四）ERPs 的记录与获得

采用德国 Brain－Product 公司生产的脑电记录系统，选用 32 导放大器和 32 导电极帽记录 EEG，接地点位于 FCz 和 Fz 连线的中点上，双眼外侧安置电极记录水平眼电（HEOG），右眼上下安置电极记录垂直眼电（VEOG）。以左耳乳突为参考电极点。每个电极处的头皮电阻保持在 5kΩ 以下。滤波带通为 0.05~100Hz，采样频率为 500Hz。以左右两耳乳突的平均电位为参考进行离线（Offline）分析，离线滤波的低通为 50HZ（12dB/oct）。波幅大于 ±200μV 者被视为伪迹剔除。伴有眨眼、眼动、肌电等伪迹的数据均被排除。ERP 以 S1 为 0 点分析时间为 3300ms，Epoch 分段为 3300ms（S1 前 300ms~S2 后 1500ms）。以 S1 前 300ms 作为基线进行 baseline Correction，然后进行叠加，最终得到对照组与学习困难的 CNV 波型。

（五）数据处理

所有数据采用 SPSS16.0 统计软件对结果进行重复测量方差分析（Repeated-Measure ANOVA）。行为数据采用 t 检验。分析因素：组别（2 水平：阅读困难组与对照组）、脑区（3 水平：额区、中央区、顶区）、电极位置（3 水平：左半球中线内侧、中线位置、右半球中线内侧）。分析内容：①潜伏期，CNV 负变化起点（A）；②采用 CNV 平均波幅，分别考察 A 点到命令信号 S2，CNV 晚成分即 LCNV（S2 前 200ms）平均波幅和 PINV 平均波幅。

三、研究结果

（一）行为数据

听觉 CNV 学习困难组的反应时间（303±191）ms 比对照组（200±51）ms 明显延长（$t = -2.16$，$P = 0.044 < 0.05$）。说明学习困难组的听觉保持能力比对照组要低，并达到显著水平。这一结果与前人许多研究结果一致。

（二）ERP 波形的基本特征

经过初步波形分析，脑电记录中伪迹过多，Epoch 分段较少的被试数据被剔除，最终得到有效被试共 36 人。学习困难组和对照组各 18 人。

总体来看，学习困难和对照组 CNV 波形在基本特征上很相似，对照组的波幅更大，而学习困难 CNV 波幅较小，有的甚至不出现。首先，可以观察到一个负波 N1（100ms 左右），然后出现一个正波 P2（200ms 左右），接着，在中央区、前额叶区域，出现一个振幅较大并且持续时间较长的负波 CNV。

（三）对照组听觉 CNV 特点

对对照组听觉 CNV 平均波幅进行脑区（3 个水平：额区、中央区、顶区）×电极位置（3 个水平：左半球中线内侧、中线、右半球中线内侧）重复测量方差分析（Repeated – Measure ANOVA）。

结果显示，脑区主效应显著（$F = 41.47$，$P < 0.001$），电极位置主效应显著（$F = 26.47$，$P < 0.001$），脑区×电极位置交互作用显著（$F = 12.34$，$P < 0.001$）。采用简单效应分析发现，脑区位于 Fz 点的波幅最大（Fz vs Cz，$P < 0.001$；Fz vs Pz，$P < 0.001$），Pz 波幅最小（Cz vs Pz，$P < 0.001$）。电极位置在中线波幅最大（中线 vs 左侧，$P < 0.001$），（中线 vs 右侧，$P < 0.001$），左侧与右侧没有显著差异（见图 4 – 2）。

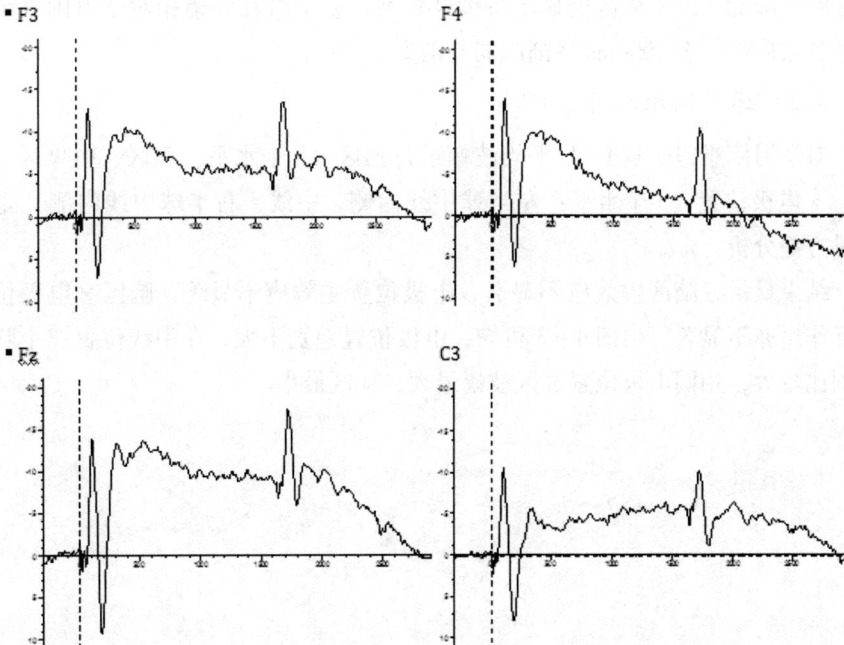

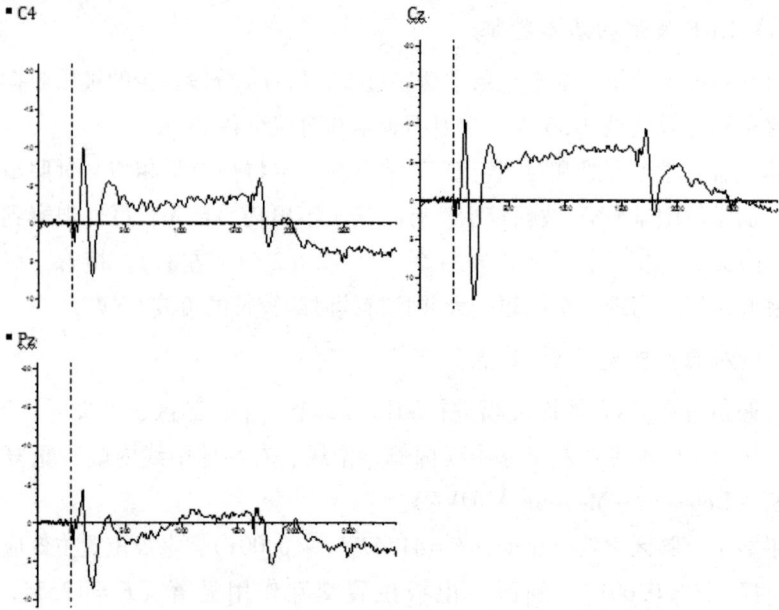

图 4 - 2 对照组听觉 CNV 的 ERPs

脑电地形图（图 4 - 4）分析：对照组在 210ms 左右也出现一个正向波 P2，随后约 280ms 在中线位置出现一个较大的负向波 CNV，以额区最为明显，随后额区略有降低，但中央区仍显示持续性负波，整个时程波幅相对学习困难组较强且分布广泛，至 2000ms 逐渐减弱并消失。

（四）学习困难组听觉 CNV

对学习困难组听觉 CNV 平均波幅进行脑区（3 个水平：额区、中央区、顶区）×电极位置（3 个水平：左半球中线内侧、中线、右半球中线内侧）重复测量方差分析。

结果显示，脑区主效应不显著，电极位置主效应不显著，脑区×电极位置交互作用亦不显著。由图 4 - 3 可知，电极位置差别不大，在中线位置三个脑区差别比较大，相同电极位置额区波幅最大，顶区最小。

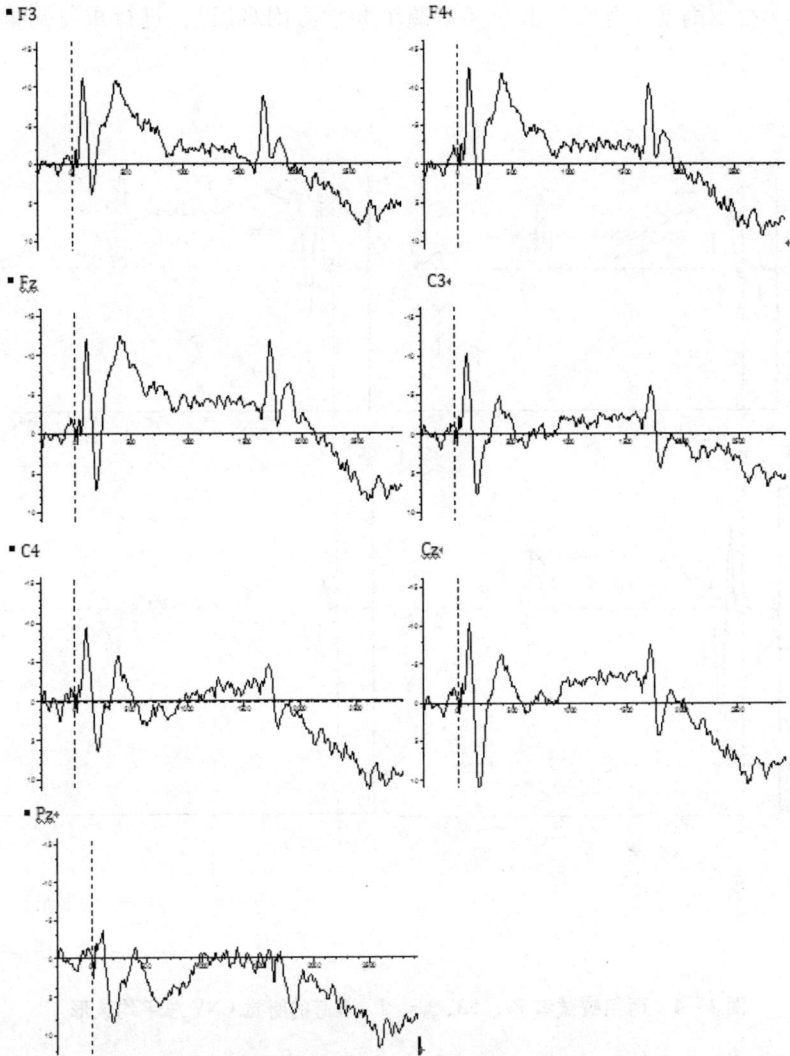

图 4-3 学习困难组听觉 CNV 的 ERPs

脑电地形图发现，学习困难组在 210ms 左右也出现一个正向波 P2，分布比较广泛，随后约 280ms 在中线位置出现一个负向波，以额区最为明显，但其幅值较正常组明显降低，持续时间也较短，约 400ms，随后波幅极小甚至消失。CNV 晚成分极小，不存在一个持续性的负波。

（五）学习困难与对照组听觉 CNV 比较

根据前人的研究和本书的上述实验结果表明在中线位置差异比较显著，所以将中线位置不同的电极作为组内因素，共分为三个水平（Fz、Cz、Pz）；不同组别作为组内因素，有两个水平（对照组和学习困难组），进行重复测量方差分析。

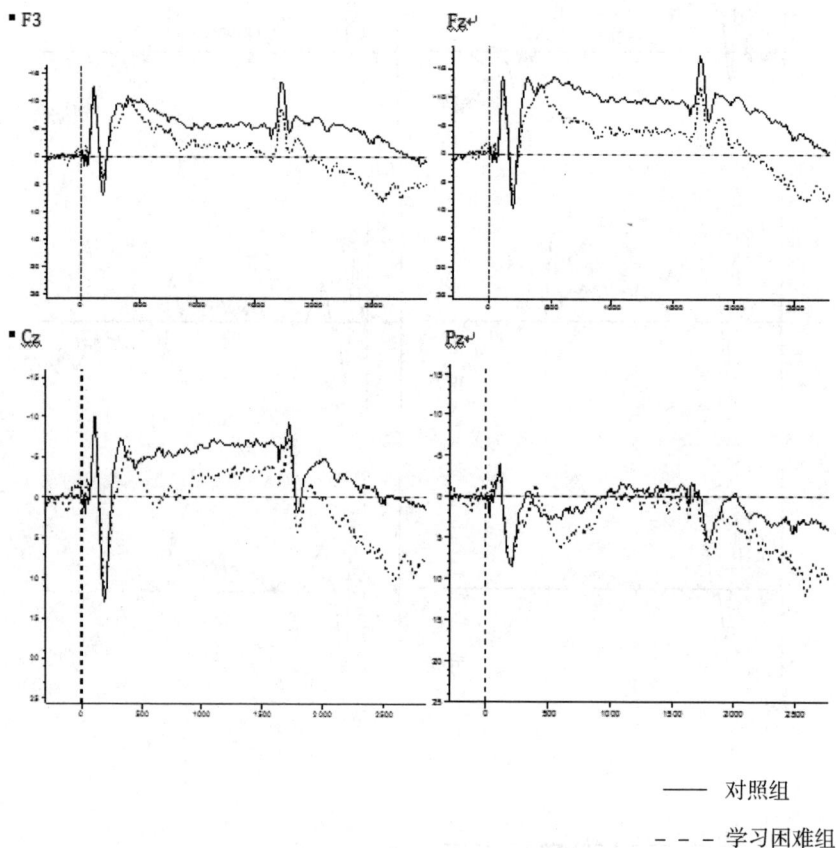

—— 对照组

－ － － 学习困难组

图 4 - 4　两组被试者 Fz、F3、Cz、Pz 通道的听觉 CNV 总平均波形

1. 听觉 CNV 平均波幅

方差分析结果表明，学习困难组和对照组组间主效应显著（$F = 5.305$，$P < 0.05$），见表 4 - 1。组间 × 脑区（Fz、Cz、Pz）的交互作用不显著。组内 3 个电极主效应显著（$F = 51.163$，$P < 0.001$）。

表 4 - 1　学习困难组与对照组之间差异

	平方和	自由度	均方和	F 值
组别	53.372	1	53.372	5.305*

表 4 - 2 显示了学习困难组和对照组 Fz、Cz、Pz 点的听觉 CNV 平均波幅的均值和标准差。从图 4 - 5 中可以看出：在 Fz、Cz 中线位置，学习困难组平均波幅比对照组明显减小，以 Cz 点为例可以看出额叶 Fz 点波幅最大，顶叶 Pz 点波幅最小。

表 4 - 2　学习困难组与对照组 Fz、Cz、Pz 点的 CNV 平均波幅（±s）

组别	平均波幅（μV）		
	Fz	Cz	Pz
对照组	− 10.7 ± 3.6	− 6.7 ± 2.8	− 3.8 ± 1.5
学习困难	− 8.1 ± 2.9	− 5.4 ± 2.5	− 3.6 ± 2.2

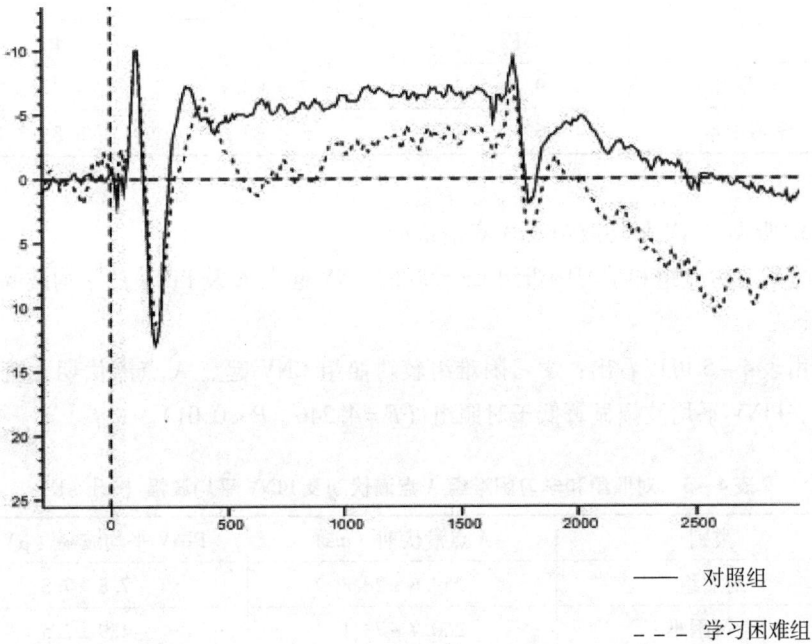

　　—— 对照组

　　− − − 学习困难组

图 4 - 5　学习困难组和对照组间 Cz 点 CNV 波形图

2. 听觉 CNV 晚成分平均波幅

方差分析结果表明（见表 4 - 3），学习困难组和对照组组间主效应显著（$F = 4.307$，$P < 0.05$）。组间×脑区（Fz、Cz、Pz）的交互作用不显著。组内 3 个电极间主效应显著（$F = 16.74$，$P < 0.001$）。

表 4 - 3　学习困难组与对照组 CNV 晚成分

	平方和	自由度	均方和	F 值
组别	98.793	1	98.793	4.307*

表 4 - 4 显示了学习困难组和对照组 Fz、Cz、Pz 点的 CNV 晚成分（S2 前 200ms）平均波幅的均值和标准差。从图 4 - 6 中可以看出：在 Fz、Cz、Pz 中线位置，学习困难组平均波幅比对照组明显减小；额叶 Fz 点波幅最大，顶叶 Pz 点波幅最小。

表 4 - 4　对照组和学习困难组 Fz、Cz、Pz 点的 CNV 晚成分平均波幅（$\bar{x} \pm s$）

组别	平均波幅（μV）		
	Fz	Cz	Pz
对照组	-9.4 ± 5.2	-7.4 ± 3.7	-4.2 ± 2.5
学习困难	-6.5 ± 3.4	-5.4 ± 3.6	-3.5 ± 3.1

3. 听觉 PINV 平均波幅及 A 点潜伏期

分别对对照组和学习困难组 Cz 导联的 CNV 起点 A 及 PINV 的平均波幅进行 t 检验。

由表 4 - 5 可以看出：学习困难组较对照组 CNV 起点 A 点潜伏期无统计学差异，PINV 平均波幅显著低于对照组（$F = 4.246$，$P < 0.01$）。

表 4 - 5　对照组和学习困难组 A 点潜伏期及 PINV 平均波幅（$\bar{x} \pm s$）

类别	A 点潜伏期（ms）	PINV 平均波幅（μV）
对照组	259.6 ± 28.8	-7.8 ± 3.8
学习困难	260.7 ± 73.1	-4.9 ± 2.5
F 值	2.038	4.246**
t 值	-0.57	2.805

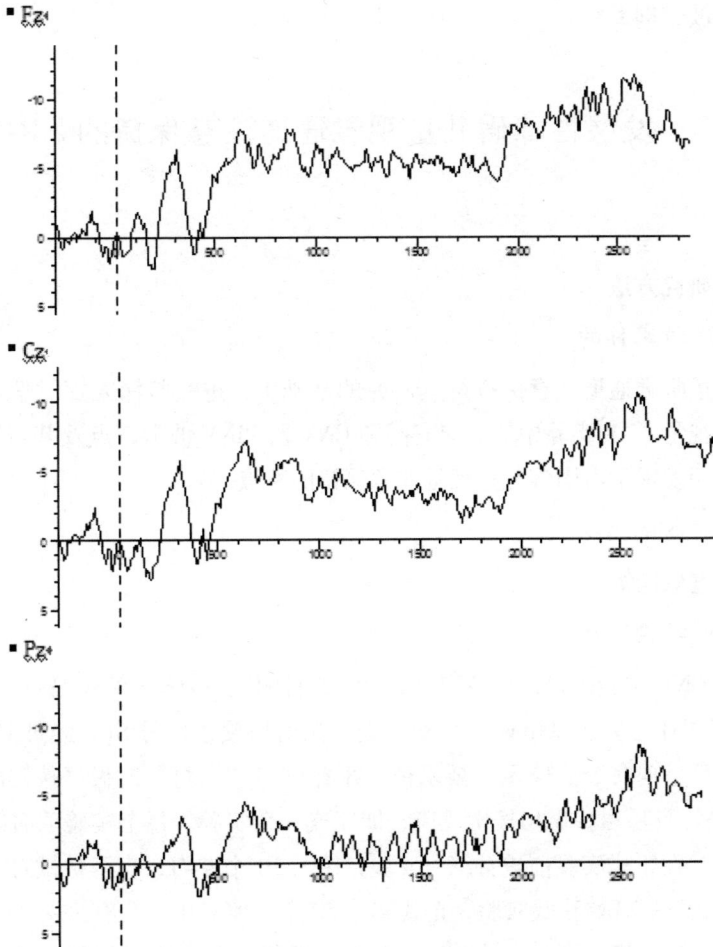

图 4 − 6　学习困难组与对照组听觉 CNV 差异波

　　总之，从方差分析和 t 检验结果可以得出：学习困难组的听觉 CNV 波各个成分的平均波幅与对照组在额区差异显著，潜伏期没有显著差异。对照组比学习困难组的波更负，学习困难组的波很小，有些被试甚至不出现。

　　由差异波地形图可以看出，在 100ms ~ 200ms 内存在一个正波，广泛分布于额区和顶区，这表明在 100ms ~ 200ms 间对照组比学习困难组在额叶和顶叶有一个更大的正波存在。然后在 200 ~ 300ms 内中央区存在一个负波，这表明在 200 ~ 300ms 内对照组比学习困难组在中央区存在一个更大的负波。在 300ms ~ 500ms 内不存在显著差异。在 500ms ~ 1500ms 中央区两组间存在一个显著的负性差异波，这表明在 500ms ~ 1500ms 期间对照组比学习困难组存在一个更大的持续性负波，即 CNV。

第三节　发展性障碍儿童视觉通道注意保持的 ERP 研究

一、研究方法

（一）研究目的

在上述听觉通道注意保持特点研究的基础上，进一步深入探讨学习困难与对照组在视觉 CNV 实验中的反应时间和 CNV 及 PINV 波形特点及其两组之间的差异，以期发现学习困难儿童视觉注意保持的特点。

（二）被试选取

被试选取同第二节。

（三）实验程序

采用 CNV 实验范式，预备信号 S1 为黄灯图片，持续时间 200ms；命令信号 S2 为红灯图片，呈现 200ms 后自动消失。先给出预备信号 S1，经过 1500ms 的时间间隔后呈现命令信号 S2，要求被试在看到 S1 "黄灯" 时做好按键准备，看到 S2 "红灯" 后尽快做出按键反应，即完成一个实验。每个实验的时间间隔随机 3～10s。在正式实验前进行练习实验，练习 10 个左右，直至被试对实验程序熟练掌握，然后开始正式实验，正式实验 50 个。实验中，会有一对刺激重复出现，第一个是黄灯，第二个是红灯，在看到黄灯后务必等待红灯的出现，并做好按键的准备，当 "红灯" 图片一出现，在保证正确的前提下尽快进行按键反应。

（四）ERPs 的记录与获得

采用德国 Brain - Product 公司生产的脑电记录系统，选用 32 导放大器和 32 导电极帽记录 EEG，接地点位于 FCz 和 Fz 连线的中点上，双眼外侧安置电极记录水平眼电（HEOG），右眼上下安置电极记录垂直眼电（VEOG）。以左耳乳突为参考电极点。每个电极处的头皮电阻保持在 5kΩ 以下。滤波带通为 0.05～100Hz，采样频率为 500Hz。以左右两耳乳突的平均电位为参考进行离线（Offline）分析，离线滤波的低通为 50Hz（12dB/oct）。波幅大于 ±200μV 者被视为伪迹剔除。伴有眨眼、眼动、肌电等伪迹的数据均被排除。ERP 以 S1 为 0 点分析时间为 3300ms，Epoch 分段为 3300ms（S1 前 300ms～S2 后 1500ms）。以 S1

前 300ms 作为基线进行 baseline Correction，然后进行叠加，最终得到对照组与学习困难的 CNV 波型。

（五）数据处理

所有数据采用 SPSS16.0 统计软件对结果进行重复测量方差分析（Repeated-Measure ANOVA）。行为数据采用 t 检验。分析因素：组别（2 个水平：阅读困难组与对照组）、脑区（3 个水平：额区、中央区、顶区）、电极位置（3 水平：左半球中线内侧、中线位置、右半球中线内侧）。分析内容：①潜伏期 CNV 负变化起点（A）；②采用 CNV 平均波幅，分别考察 A 点到命令信号 S2，CNV 晚成分即 LCNV（S2 前 200ms）平均波幅和 PINV 平均波幅。

二、结果分析

（一）行为数据

本书中，视觉 CNV 学习困难组的反应时间（298 ± 68）ms 比对照组（252 ± 41）ms 明显延长（t = - 2.333，P = 0.028 < 0.05）。说明学习困难组的视觉注意保持能力比对照组低，并达到显著水平。这一结果与前人许多研究一致。

（二）ERP 波形的基本特征

经初步波形分析，脑电记录中伪迹过多，Epoch 分段较少的被试数据被剔除，最终得到有效被试共 38 人。学习困难组被试 17 人，对照组 21 人。

总体来看，学习困难组和对照组 CNV 波形在基本特征上很相似，对照组的波幅更大，学习困难组波幅较小，有的甚至不出现。首先出现一个正波 P2（200ms 左右），接着，在中央区、前额叶区域，出现一个振幅较大并且持续时间较长的负波 CNV。

（三）对照组视觉 CNV

对对照组视觉 CNV 平均波幅进行脑区（3 个水平：额区、中央区、顶区）×电极位置（3 个水平：左半球中线内侧、中线、右半球中线内侧）重复测量方差分析（Repeated - Measure ANOVA）。

结果显示，脑区主效应不显著，电极位置主效应显著（F = 6.98，P < 0.01），脑区×电极位置交互作用显著（F = 4.22，P < 0.01）。采用简单效应分析发现，电极位置在中线波幅最大（中线 vs 左侧，P < 0.01；中线 vs 右侧，P < 0.01），左侧与右侧没有显著差异（见图 4 - 7）。

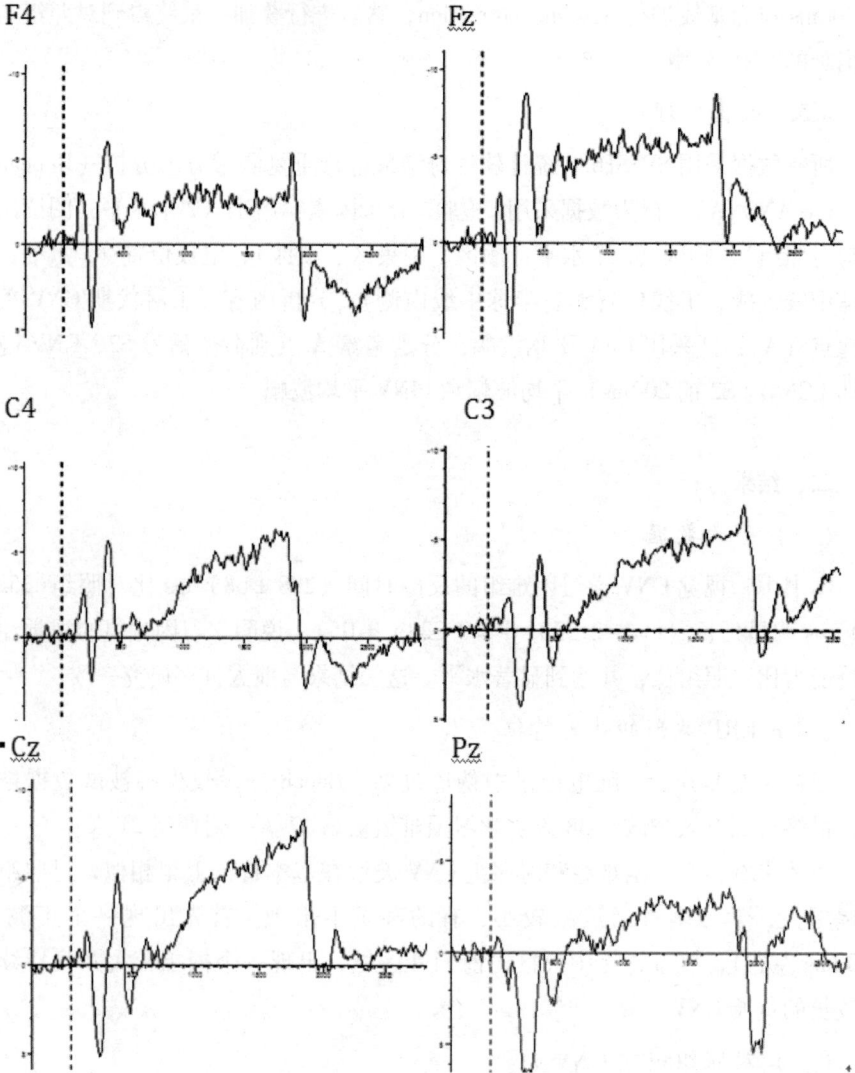

图 4-7　对照组视觉 CNV 的 ERPs

脑电地形图分析，对照组在 210ms 左右也出现一个正向波 P2，随后约 280ms 在中线位置出现一个较大的负向波 CNV，以额区最为明显。在 200～300ms 内波幅减小，但从 500～1900ms，在中央区显示出一个持续性负波，即 CNV，波幅逐渐增大，直至 1900ms 后消失。

（四）学习困难组视觉 CNV

对学习困难组视觉 CNV 平均波幅进行脑区（3 个水平：额区、中央区、顶区）×电极位置（3个水平：左半球中线内侧、中线、右半球中线内侧）重复测量方差分析。

结果显示，脑区主效应不显著，电极位置主效应不显著，脑区×电极位置交互作用亦不显著。电极位置差别不大，在中线位置三个脑区差别比较大，相同电极位置没有规律可循（见图4-8）。

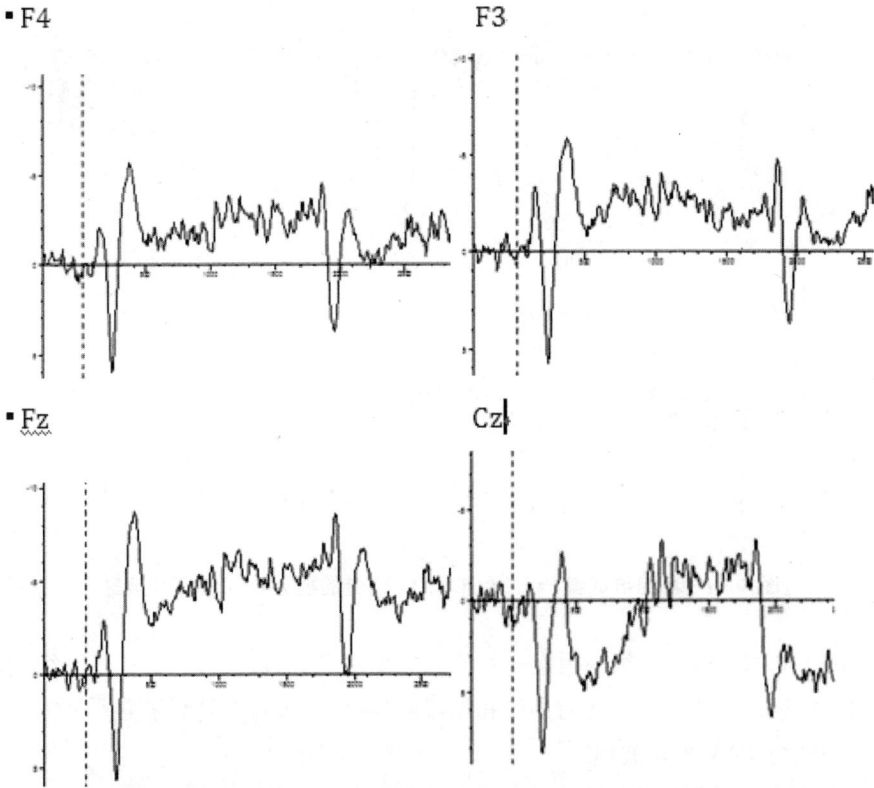

图4-8　学习困难组视觉 CNV 的 ERPs

脑电地形图分析。学习困难组在200~300ms 也出现一个正向波 P2，分布比较广泛，约280ms 在中线位置出现一个负向波，以额区最为明显，随后的持续性负波减小，但在前额叶和中央区仍然存在，其波幅较正常组明显降低。最后至1900ms 后持续负波消失。

（五）学习困难组与对照组视觉 CNV 的比较

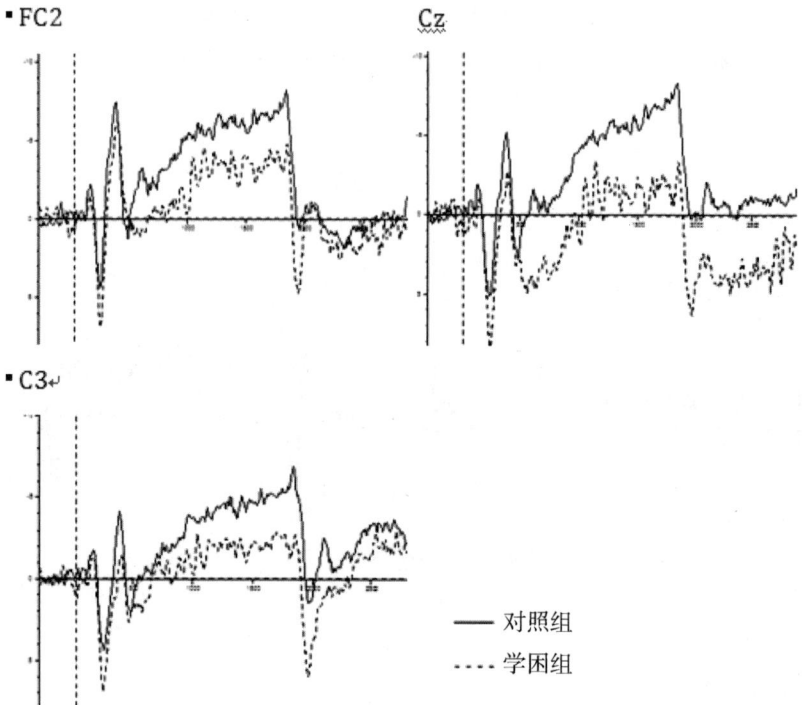

图 4 - 9　两组被试者 Fz、Cz、C3、Pz 通道的视觉 CNV 总平均波形

将不同的电极作为组内因素，共分为三个水平（Fz、Cz、Pz）；不同组别作为组内因素，有两个水平（对照组和学习困难组），进行重复测量方差分析。

1. 视觉 CNV 平均波幅

方差分析结果表明，学习困难组和对照组组间主效应显著（$F = 6.360$，$P < 0.05$），见表 4 - 6。组间×脑区（Fz、Cz、Pz）的交互作用不显著。组内 3 个电极主效应显著（$F = 51.163$，$P < 0.001$）。

表 4 - 6　学习困难组与对照组视觉 CNV 平均波幅

	平方和	自由度	均方和	F 值
组别	58.838	1	58.838	6.36*

表 4 - 7 显示了学习困难组和对照组 Fz、Cz、Pz 点的听觉 CNV 平均波幅的均值和标准差。从图 4 - 10 中可以看出：在 Fz、Cz、Pz 位置，学习困难组平均

波幅比对照组明显减小，其中 Cz 点 CNV 最具代表性，以 Cz 点为例可以看出额叶 Fz 点波幅最大，Pz 点波幅最小。

表 4 - 7　对照组和学习困难组 Fz、Cz、Pz 点的视觉 CNV 平均波幅（$\bar{x}\pm s$）

组别	平均波幅（μV）		
	Fz	Cz	Pz
对照组	- 7.2 ±3.6	- 5.4 ±2.6	- 4.1 ±1.9
学习困难组	- 4.8 ±2.2	- 3.9 ±1.4	- 3.6 ±1.8

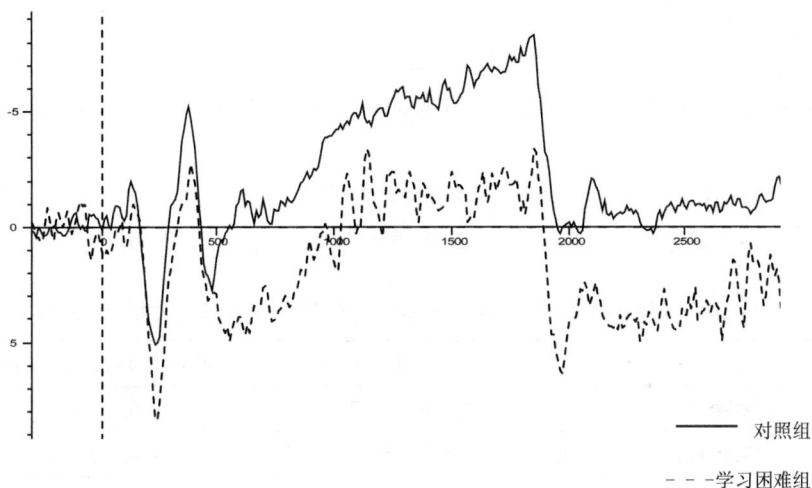

图 4 - 10　学习困难组和对照组间 Cz 点视觉 CNV 波形图

2. 视觉 CNV 晚成分平均波幅

方差分析结果表明，学习困难组和对照组组间主效应显著（$F = 5.286$，$P < 0.05$），见表 4 - 8。组间×脑区（Fz、Cz、Pz）的交互作用不显著。组内 3 个电极间主效应显著（$F = 6.886$，$P < 0.01$）。

表 4 - 8　学习困难组与对照组视觉 CNV 晚成分平均波幅

	平方和	自由度	均方和	F 值
组别	70.649	1	70.649	5.286[*]

注：[*]代表 $P < 0.05$。

表 4 – 9 显示了学习困难组和对照组 Fz、Cz、Pz 点的 CNV 晚成分（S2 前 200ms）平均波幅的均值和标准差。从表中可以看出：在 Fz、Cz 位置，学习困难组平均波幅比对照组明显减小，Fz 点波幅最大，Pz 点波幅最小。

表 4 – 9　对照组和学习困难组 Fz、Cz、Pz 点的视觉 CNV 晚成分平均波幅（$\bar{x}$ ± s）

组别	平均波幅（μV）		
	Fz	Cz	Pz
对照组	– 6.9 ± 4.5	– 6.3 ± 4.2	– 3.4 ± 2.1
学习困难组	– 4.8 ± 2.8	– 3.8 ± 1.6	– 3.3 ± 2.1

3. 视觉 PINV 平均波幅及 A 点潜伏期

分别对对照组和学习困难组 Cz 导联的 CNV 起点 A 及 PINV 的平均波幅进行 t 检验。

由表 4 – 10 可以看出：学习困难组较对照组 CNV 起点 A 点延迟，学习困难组的 A 点潜伏期显著晚于对照组。PINV 平均波幅显著低于对照组。

表 4 – 10　对照组和学习困难组 A 点潜伏期及视觉 PINV 平均波幅（$\bar{x}$ ± s）

	A 点潜伏期（ms）	PINV 平均波幅（μV）
对照组	257.8 ± 58.7	– 6.7 ± 3.7
学习困难组	298.7 ± 52.2	– 4.5 ± 2.7
t	2.25	2.08
p	0.029*	0.031*

总之，从方差分析和 t 检验结果可以得出：学习困难组的视觉 CNV 波的各个成分的平均波幅及潜伏期与对照组在额区差异显著，对照组比学习困难组的波更负，学习困难组的波很小，有些被试甚至不出现。

Fz

Cz

Pz

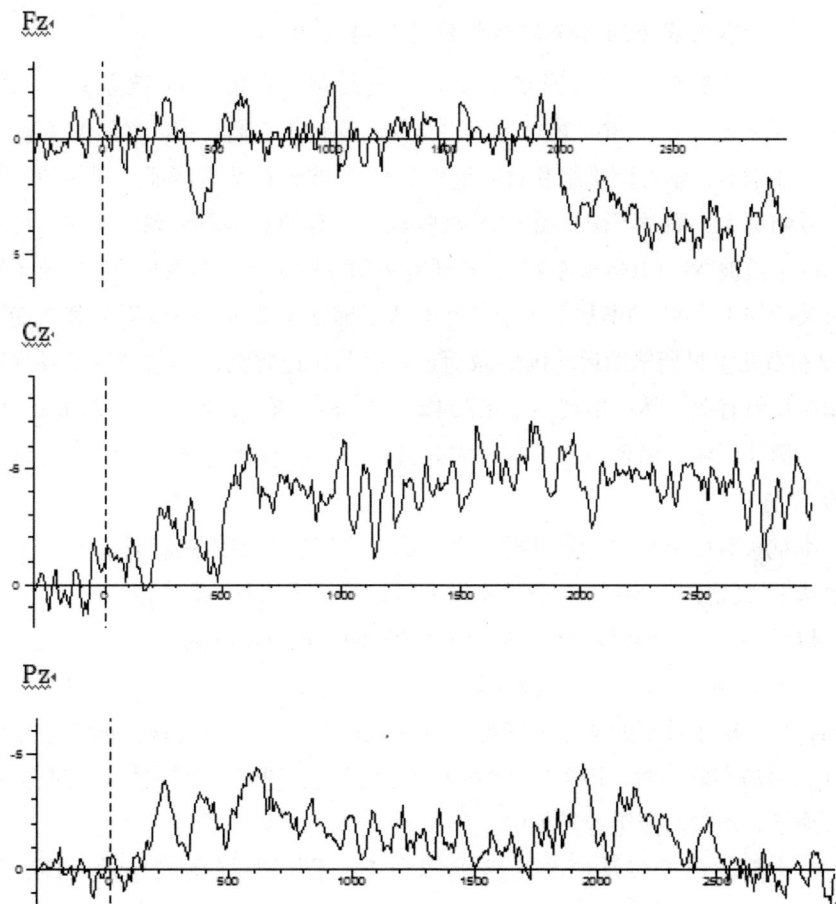

图 4 - 11　学习困难组与对照组视觉 CNV 差异波

由差异波地形图可以看出，在 100～200ms 间对照组与学习困难组的 P2 正波不存在差异。从 500～2000ms 中央区两组间存在一个显著的负性差异波，这表明在 500～2000ms 期间对照组比学习困难组存在一个更大的持续性负波，即 CNV。

三、总讨论与结论

本章的目的是探讨儿童的注意保持能力及其神经机制。目前的相关研究还停留在心理学层面，主要是反应时间和正确率的分析。CNV 可反映人脑对事件的准备、期待和注意，能提供较多的定量指标，为学习困难儿童注意保持的脑机制研究提供帮助。

（一）不同能力组儿童的听觉注意保持能力

本实验观察到了学习困难组和对照组儿童存在的 CNV 波差异，比较了 CNV、CNV 晚成分、PINV 的波幅和潜伏期，探讨了它们与脑区之间的关系。

总体来看，学习困难组和对照组听觉 CNV 波形在基本特征上很相似，对照组的波幅更大，而学习困难组 CNV 波幅较小，有的甚至不出现。首先，可以观察到一个负波 N1（100ms 左右），有研究表明：听觉事件相关的 N1 反映了和注意有关的加工，N1 的增加是由于额叶激活了辅助运动区，一些听觉刺激能引起 12 岁左右儿童早期辅助运动区的激活，并引起快速感觉运动联结，已发现额部与朝向反射有关。然后出现一个正波 P2（200ms 左右），接着，约 270ms，在中央区、额叶区域，出现一个振幅较大并且持续时间较长的负波 CNV，持续到约 1700ms 消失。

本章实验结果显示，学习困难组的反应时间较对照组明显延长；CNV 的 A 点潜伏期无统计学差异，但平均波幅下降，甚至不出现或波幅极小；CNV 晚成分（LCNV）平均波幅较对照组降低；PINV 的平均波幅较低。

Hillyard 认为 CNV 模式这种期待反应的反应时间的测量与通常的反应时间不同，它取决于被试的学习和特定警告对其的暗示性，并与被试的集中程度有关（张明岛和陈兴时，1995）。学习困难组的反应时间延长说明他们的听觉注意力较涣散，不如对照组容易集中。

三个部位 CNV 以及 CNV 晚成分（LCNV）平均波幅的研究结果为 Fz 点波幅最大，与大部分以往的研究不符，但也有研究显示退伍军人创伤后应激障碍（PTSD）患者有较大的额部 CNV，但有较小的中央区和顶部 CNV（Matthew et al.，2004）。造成上述结果的原因可能是由于儿童大脑正处于生长发育期，大脑皮层发育相对不完善，具体原因有待进一步研究。但是 Cz 点的 CNV 波形特征最明显，与以往的研究一致，说明了 CNV 主要产生于前额叶，表明了前额叶在听觉注意保持中有着重要作用。

A 点潜伏期没有差异，表明学习困难组与对照组对听觉刺激 S1 投入的资源没有显著差异，对听觉认知任务开始期待的时间也没有早晚之分，对听觉新异刺激的期待和准备也没有显著差异。

多数学者认为，CNV 波幅与被试者作出反应的反应时间有一定关系，反应时间短，CNV 的波幅就大，也就是被试的注意保持增强了（Tecce，1972）。也有研究表明当注意保持增强时，CNV 波幅升高；分心干扰、焦虑以及某些精神疾病也可使 CNV 波幅降低。CNV 波幅降低是注意力高度分散的表现。CNV 波幅降低，还可能与多巴胺能系统活性减低以及情绪低落有关。总的 CNV 峰值上升表示了前额叶的脑干网状结构的激活（Stephan et al.，202006）。学习困难组的听觉 CNV 波幅降低，甚至不出现，说明了学习困难儿童听觉注意力分散、不集中，容易分心，听觉注意保持能力较弱，波幅的降低除了显示学习困难组听觉注意保持能力较差，还说明了大脑感知容量减少，并且对与任务无关的刺激过度消耗了心理资源，导致其对认知任务的可利用的心理资源不足有关；也显示出脑干网状结构没有被充分激活，多巴胺系统活性减低。

CNV 晚成分（LCNV）与任务期待及运动准备过程有关，CNV 晚成分分布于中央区和顶区，它反映了辅助运动区（SMA）、初级运动区和后顶叶皮层的高级运动准备和感知注意。学习困难组的 LCNV 平均波幅降低，反映了学习困难组较弱的期待行为，初级运动区和辅助运动区（SMA）没有被充分激活，高级运动准备和听觉感知注意能力不足。

PINV 反映了对侧初级运动区和辅助运动区（SMA）的运动估计和高级联想区的偶然性估计。本实验发现学习困难组 PINV 平均波幅明显减小，说明了学习困难儿童比对照组初级运动区和辅助运动区（SMA）的运动估计较差，高级联想区的偶然性估计不足。PINV 可作为研究学习困难儿童听觉注意保持能力的指标。

（二）不同能力组儿童的视觉注意保持能力

本实验观察到了学习困难组和对照组儿童存在的 CNV 波差异，比较了 CNV、CNV 晚成分、PINV 的波幅和潜伏期，探讨了它们与脑区之间的关系。

总体来看，学习困难组和对照组视觉 CNV 波形在基本特征上很相似，对照组的波幅更大，而学习困难组 CNV 波幅较小，有的甚至不出现。首先，可以观察到一个负波 N1（100ms 左右），但波幅较小没有听觉 N1 的波幅大。然后出现一个正波 P2（200ms 左右），接着，约 270ms，在中央区、额叶区域，出现一个振幅较大并且持续时间较长的负波 CNV，持续到约 2000ms 消失。

本实验结果显示，学习困难组的反应时间较对照组明显延长；CNV 的 A 点潜伏期延迟，平均波幅下降，甚至不出现或波幅极小；CNV 晚成分（LCNV）平均波幅较对照组降低；PINV 的平均波幅降低。

学习困难组的反应时间延长说明他们的视觉注意力较涣散，不如对照组容易集中。

三个部位 CNV 以及 CNV 晚成分（LCNV）平均波幅的研究结果为 Fz 点波幅最大，与大部分以往的研究不符，原因可能是由于儿童大脑正处于生长发育期，大脑皮层发育相对不完善，具体原因有待进一步研究。但是 Cz 点的 CNV 波形特征最明显，与以往的研究一致，说明了 CNV 主要产生于前额叶，表明了前额叶在视觉注意保持中有着重要作用。

学习困难组的视觉 CNV 波幅降低，甚至不出现，说明了学习困难儿童视觉注意力分散、不集中，容易分心，视觉注意保持能力较弱，波幅的降低除了显示学习困难组视觉注意保持能力较差，还说明了大脑感知容量减少，并且同与任务无关的刺激过度消耗了心理资源，导致其对认知任务的可利用的心理资源不足有关；也显示出脑干网状结构没有被充分激活，多巴胺系统活性减低。

学习困难组的 LCNV 平均波幅降低，反映了学习困难组较弱的期待行为，初级运动区和辅助运动区（SMA）没有被充分激活，高级运动准备和视觉感知注意能力不足。

A 点潜伏期延迟以及 PINV 平均波幅较低，表明学习困难儿童对视觉刺激 S1 投入的资源过多，但对视觉认知任务开始期待的时间晚于对照组，大脑的感知容量较小，心理资源分配能力较弱。学习困难组 PINV 平均波幅明显减小说明了学习困难儿童比起对照组初级运动区和辅助运动区（SMA）的运动估计较差，高级联想区的偶然性估计不足。

（三）结论

学习困难组与对照组听觉实验 CNV 反应时间存在显著差异。学习困难组比对照组反应时间慢。说明学习困难儿童的听觉注意保持能力存在缺陷，注意力不集中。

学习困难组听觉 CNV、LCNV、PINV 平均波幅显著低于对照组。学习困难组儿童的听觉注意保持能力明显低于对照组，学习困难儿童听觉注意保持能力受损，前额叶的脑干网状结构没有被充分激活，期待行为较弱，高级运动能力较低，听觉感知注意能力不足，听觉运动估计和偶然性估计存在缺陷。

学习困难组与对照组视觉实验 CNV 反应时间存在显著差异。学习困难组比对照组反应时间慢。说明学习困难儿童的视觉注意保持能力存在缺陷，注意力不集中。

学习困难组儿童视觉 CNV、LCNV、PINV 的波幅和 A 点潜伏期显著低于对照组。学习困难组儿童的视觉注意保持能力明显低与对照组。学习困难儿童视觉注意保持能力受损，前额叶的脑干网状结构没有被充分激活，期待行为较弱，高级运动能力较低，视觉感知注意能力不足，视觉运动估计和偶然性估计存在缺陷。

四、未来研究的展望

本书对学习困难儿童注意的脑机制进行了研究，加深了学习困难儿童的注意保持认知神经机制的认识，完善学习困难儿童的注意理论。本书采用 ERP 技术工具，对学习困难的研究尝试了新的方法。另外本书从传统 CNV 实验范式中得到启发，将 CNV 实验分为视、听两个实验，分别探讨了学习困难儿童的视、听注意特点。

学习困难儿童注意保持特点的 ERP 研究才刚刚起步，本书对学习困难组和对照组的听觉与视觉注意保持能力只是进行了初步探索，发现了一些特征，但这些结论还需要更多的实验验证。此外，本书的 CNV 脑区结论与前人研究不一致，此原因有待更深入地探讨。另外，本书只研究了注意保持的特点，今后可以从注意的分配、注意的转移等角度进行研究。最后，ERP 虽然时间分辨率较好但空间分辨率较差，未来的研究可以结合高分辨率 FMRI 或者 128 导脑电仪探讨不同能力组视觉、听觉注意保持神经机制的空间特征。

五、对未来研究的展望

本书运用 ERP 技术对学习困难学生的语言认知加工进行了考察，做了很多工作，其中也存在一些不足，有待在以后的研究中继续改进。首先是实验研究的材料标准化的问题。虽然在国内对阅读障碍学生的研究已经开展起来，但是在研究中所需的实验材料还没有一个标准化、系统化的结构依据。处于这种情况下，只能依据一些已有的文献和书籍，从中搜索语言材料，并依据实验目的自己编写实验程序。虽然在实验过程中，尽量做到规范、严谨，但最终的材料和程序是否能够真正代表实验的预期设想，还有待于在以后的研究中得到验证和改进。本书对于汉语阅读障碍学生语义加工的脑神经机制进行了初步的讨论，得到了一些基本的信息，同时也引发了进一步地思考。阅读障碍是一种异质性综合征，那么不同年龄、不同类型的阅读障碍学生的认知能力和加工机制是否不同？阅读障碍学生的认知能力在一段时间针对性的练习后能否有所改善？由于条件限制，现在对阅读障碍学生语言认知的研究的实验设计多集中于行为研究和 ERP 研究，而行为研究和 ERP 研究方式都存在一些不足，相信以后结合磁共振脑成像技术，将对学习困难认知能力和脑加工机制的研究开拓更广阔的前景。

第五章

学习困难儿童分心抑制的脑机制研究

20 世纪 80 年代中期以来，关于选择性注意的研究，已从关注所选信息（目标）的研究转向关注非选信息（分心物）的研究。Tipper 等人（1985）首先采用负启动技术研究分心物的加工特点，并提出在目标选择期间，分心物也同时受到加工。这种加工表现为分心物的内部表征受到抑制，亦即当启动显示中的分心物作为随后的探测显示中的目标时，被试对其反应时间延长。这种现象称为负启动效应。这种效应是由于此目标在先前的启动显示中曾充当过被忽略的（受抑制的）分心物而造成的。因此，这种效应也称为分心物抑制效应。随后，研究者们已在不同的实验材料（如字母、图片、数字、Stroop 色词等）和不同作业（如识别、计数、定位和归类等）上都观察到了负启动效应。因此，负启动效应作为一种实验技术在选择性注意的研究中得到广泛应用。许多研究表明，特定人群组往往表现出分心物抑制能力（即负启动效应）较小。如老年人的负启动小于成年人；精神分裂患者的负启动效应小于正常人；在学生被试中认知失败问卷得分高者的负启动效应小于得分低者，负启动效应显示与一种更普遍的认知功能有关。

第一节　分心抑制研究概述

一、分心抑制与工作记忆的关系

Hasher 和 Zacks（1988）等通过大量的负启动实验发现，老年人的负启动效应量明显比成年人小，分心信息抑制加工的效率随年龄而下降。据此，Hasher 等人提出了基于年龄发展的抑制衰退理论。认为抑制机制的衰退是导致整体认知老化的主要原因。随着个体的增长，抑制加工能力逐渐衰退，一些无关信息更容易进入工作记忆中，使其效率降低，容量减少，从而导致整个认知过程的衰退。

目前，关于工作记忆与选择性注意（抑制）的关系存在两种理论观点。第一种理论是互动的观点。选择性注意与工作记忆之间的互动关系在很多研究中得到证实，金志成和陈彩琦从分心物入手探讨注意选择与工作记忆关系的研究说明：在恒定分心物干扰下，注意选择的分心物习惯化机制能够保护工作记忆的编码、存储不受分心物干扰；而在非恒定分心物干扰下，注意选择则可以通过分心物抑制机制保护工作记忆的编码、存储以及加工过程。研究还发现，不仅注意对进入工作记忆的内容进行过滤，同时工作记忆中存留的内容对注意的选择过程也有导向作用。对于工作记忆对注意选择的引导作用，研究者们提供了三种不同层次的解释：一是工作记忆的内容实际上是激活了长时记忆中该刺激的表征，使这些表征在注意资源的竞争中取胜；二是工作记忆中保留的内容使大脑皮层保持兴奋性，因而在注意选择过程中具有优势；三是工作记忆内容的激活作用使神经细胞在刺激消失之后仍保持选择性，因此对目标刺激的反应更敏感。

神经定位研究结果也证实了选择性注意与工作记忆的互动关系。Fockert 等采用 FMRI 技术结合行为实验研究对工作记忆和选择性注意的关系进行探讨。行为实验结果显示，当同时进行注意选择任务（面孔—名字匹配判断），以及与该选择任务无关的工作记忆任务（数字记忆）时，高工作记忆负载条件导致被试在注意选择任务中的成绩下降，工作记忆的载荷在注意选择过程中对于干扰刺激的抑制有显著影响，当工作记忆任务与选择注意任务相关时，较大的记忆载荷有利于抑制无关刺激的干扰。FMRI 的结果表明：脑后部皮层活动和抑制干扰刺激有关，前额叶皮层的活动和工作记忆负载有关，这两处的皮层活动有明显的交互作用。此结果也支持了 Shallice 的观点：额叶在注意选择过程中扮演着重要的角色。其他一些神经生理方面的研究也提供了类似的证据。PET 研究发现，前额叶、运动前区、后顶叶和枕叶皮质参与了工作记忆任务。ERP 研究则指出了顶叶和前额叶的活动与视空间工作记忆有关。研究也发现，顶叶和前额叶参与了视空间工作记忆的活动。前额叶和顶叶皮质在控制性注意活动中起着重要的作用。

第二种理论为同功同构观点，该理论认为选择性注意与工作记忆的关系不仅仅是互动，而是一种更为深层的同功同构的关系。Engle 等认为，工作记忆作为一般流体智力的一个重要部分，就是控制性注意的一种体现。他们通过结构方程模型考察工作记忆、短时记忆和一般流体智力之间的关系时发现，工作记忆与短时记忆的差异主要体现在中央执行功能和策略使用上，而这两方面都涉及对注意资源的分配和控制。此外，他们还发现，相对于工作记忆容量较小的个体，工作记忆容量较大者的抑制效率也较高。因此他们认为，工作记忆能力的差异实际上反映了控制性注意的差异。随后，Kane 等人则以视觉搜索为实验范式，在两种实验条件（无附加任务和有附加任务）下，对工作记忆容量大和工作记忆容量小的两类被试进行了比较，证实两类被试的工作记忆差异的确是由注意控制能力的差异导致的。工作记忆容量大的被试能够较好地进行注意分配，而工作记忆容量小的个体则不能有效地进行注意控制。该理论的支持者进一步认为，工作记忆的存储成分和操作成分之间的相互作用是由注意控制能力作为中介的。注意所选择的元素（注意焦点）即当前正在被加工的元素。Conwan 提出了一个包含两种不同特性记忆成分的模型来说明注意的选择作用。其中包括长时记忆中被激活的表征和被注意选择的表征，前者是不受资源限制影响的，而注意焦点中的表征受到资源有限性影响，即只有有限数量的表征能够进入注意中心。

分心抑制与工作记忆的关系问题，是当前认知心理学界关注的热点问题之一。在分心抑制研究中，通常用工作记忆容量来考察抑制机制的发展差异与个体差异。抑制机制可以把工作记忆的内容限定于与任务有关的信息，抑制效率降低就会使更多无关信息进入工作记忆，从而干扰对目标信息的加工。对年轻人而言，较高的分心抑制能力能有效地阻止无关信息进入工作记忆；而对老年人而言，衰退了的抑制能力难以阻止更多的无关信息进入工作记忆，从而影响其认知操作的成绩。抑制效率降低会导致无关信息进入并保持在工作记忆中，从而侵占有限的工作记忆空间。Conway 和 Engle 通过研究发现，工作记忆容量不同的被试抑制分心信息的能力也会不同，低工作记忆容量的人不能有效压抑分心信息的激活，从而更易受到干扰，个体的工作记忆容量与其抑制能力有关。

Hasher 和她的同事在大量实验研究的基础上得出了有关分心抑制与工作记忆的关系随年龄发展的抑制控制假说。该假说认为，跟年龄相关的认知能力与个体的注意过程中控制分心干扰能力直接相关，高认知能力是由于个体具有较高的控制无关信息的抑制机制，而低认知能力是由于个体具有相对较弱的控制无关信息的能力，这些认知能力集中表现在工作记忆的广度、阅读能力等多个方面。这一假说进一步认为，工作记忆随年龄不断下降的趋势是由于抑制能力随年龄不断下降导致的，而不是由于记忆容量本身的下降而导致。

有鉴于工作记忆成绩与抑制机制的密切关系，一些研究特殊人群的学者也提出了有关抑制机制功能类似的假设，他们认为弱化的抑制机制至少是部分人群出现认知功能损害的原因，如老年人、精神分裂人群和阅读困难患者等。这些研究者运用负启动任务来测量特殊人群的注意加工，将负启动的抑制缺陷与更为全面的行为结果联系起来。研究结果印证了前面的预测：在某些人群中（如阅读障碍儿童、老年人和精神分裂病人）负启动确有减少。

基于这种观点，Hasher 等人（2000）对于阅读困难与正常儿童在工作记忆任务比较中出现的成绩差异，提出了一种不同于工作记忆容量大小的观点——抑制能力假说。该假说认为，阅读困难儿童的工作记忆缺陷不是由于他们的工作记忆容量更小，而可能是因为注意的抑制控制不足。抑制机制调节工作记忆的内容是通过三种方式进行的：特定通达、删除和限制功能。相应地，如果这些功能出现了问题，那么在后面的工作记忆任务中的回忆将出现错误。这一理论对工作记忆缺陷的解释程度到底如何，有待于通过实验加以验证，这也是本实验的研究目的所在。

抑制研究的经典范式是 Stroop 实验，实验中，要求被试者对不一致的（绿色的"红"）、一致的（红色的"红"）和中性的（红色的"×××"）颜色词做出颜色判断，会发现判断不一致刺激的颜色要比判断一致或中性刺激的颜色需要的时间长，或者错误率高。这种不一致与中性条件的差异被称为冲突效应（interference）；而一致条件比中性条件需要的反应时间要少，或错误率低，则被称为易化效应（facilitation）。总之，词义信息对颜色加工所产生的干扰现象被统称为 Stroop 效应；相反，颜色信息对词义加工所产生的相对较弱的干扰现象被称为反转的 Stroop 效应（reverse Stroop effect）。

二、分心抑制机制

在现代认知心理学领域，选择性注意一直都位于信息加工理论的核心位置。但传统的认知理论只集中讨论两个方面的因素——知识积累和信息的激活，却较少提及抑制加工，随着近些年认知心理学的发展，研究者也越来越清晰地发觉，抑制机制与兴奋机制在选择性注意过程中起着同等重要的作用。抑制成为选择性注意的另一个重要机制。选择性注意不但包含目标信息的激活，还包括对分心信息的主动抑制。抑制是主体的一种主动的压抑过程，把与任务不相关的信息从工作记忆中阻挡出去，使其在总体上无法损害信息加工的过程。Hasher 和 Zacks 指出，选择性注意的抑制机制对人类的记忆，言语和理解等众多行为中都起着非常重要的作用。正如 Tipper 所言，对有关信息的成功选择也同样需要对无关信息的抑制，正是这样分心抑制的研究近来得到了心理学界的普遍关注。

由于分心抑制是一种无意识的内部加工过程，很难去直接测量，因此很久以来都没有被研究者重视起来，负启动效应的发现，为这种抑制机制的测量和研究提供了有效的方法。Tipper 等（1985）在相关研究的基础上指出，负启动效应体现了选择性注意中对分心项的抑制，也就是说，对相关信息的成功选择不但需要对目标信息的有效激活，还需要对分心信息的主动抑制。近来，这种观点也得到了一致的认可。对目标信息的有效激活与对分心信息的积极抑制成为判断选择性注意的两大标准。

分心抑制在分类上主要包括特性抑制和位置抑制，在实验中相应地表现为特性负启动和位置负启动。特性负启动一般是要求被试在识别任务中对刺激的颜色、形状、类别等特征的抑制；位置负启动一般是要求被试在定位任务中对刺激所在位置的抑制，这种任务往往要被试对目标刺激的位置而非刺激本身做出反应，测量大多用按键反应来完成。

分心抑制的年龄特征上，已有研究结果显示，特性抑制有一个随年纪的增大而逐渐减退的趋势，而位置抑制则不易受年龄大小的影响，Verena 等（2004）研究发现，儿童在 5 岁时已经具备了完整的特性抑制能力。

有关分心抑制的位置问题，Connelly 和 Hasher（1993）研究发现，位置抑制和特性抑制在大脑中都有着不同的视觉通路，特性抑制是和枕叶到颞叶的腹侧通路有关，主要功能涉及记忆与辨认物体；位置抑制是和枕叶到顶叶的背部通路有关，空间能力是顶区的一大功能。同样有研究指出，抑制还和额叶有关系。多数研究显示，分心抑制有两个主要过程：一是目标信息和无关信息的激活，二是无关信息得到抑制。也就是说，在特性负启动中，刺激激活可能发生在颞叶位置，但抑制可能与额叶有关。

行为数据只能解释负启动的表面现象，很难对负启动现象后面的深层加工机制作出说明，近年来，很多研究者试图从脑神经机制的角度来解释负启动现象，这也正是现在研究的热点。具有时间高分辨率的 ERP 技术在对负启动的认知神经机制的研究上占有独特的优势，有助于了解不同的负启动任务下，反应抑制加工过程的早期成分和反映刺激评价以及与记忆相关的晚期成分是否存在 ERP 波形的差异。

有关负启动的 ERP 研究显示出负启动效应的 ERP 指标和成分都会随实验程序和刺激属性的变化而变化，实验材料都会影响负启动效应的 ERP 指标。Kathmann 的研究发现，在特性负启动中额中央区的 P200 减弱，在位置负启动中，负启动条件下顶枕区的 P1 – N1 波幅减弱，P3 潜伏期延长。

Neill 等最初认为，负启动反映了注意的抑制机制，抑制了分心信息内部的激活。所以说，启动显示的分心项的内部加工与抑制有关，这就影响了探测显示在提取先前在启动显示中被抑制的呈现，加工被削弱，时间会发生延迟。由于此观点的广泛应用，已被多数研究者所认可，负启动任务成为测量个体抑制能力的一种常用方法。

目前的研究显示位置负启动和抑制有关，表现出 P1 和 N1 波幅的减小，P3 成分的增强；但在特性负启动任务里，尚未在 ERP 数据得出一致的结果，P3 成分也有着很多的说法，P3 波幅的变化反映的是不流畅的加工，还是投入的资源量或者是重复效应，到现在也没有一个明确的结果。位置和特性负启动由于两个任务之间存在差异，所以有着不同的认知神经机制，位置负启动属于定位任务，要求被试对目标位置做出反应，而特性负启动属于类别任务，要求被试对目标的类别或属性等做出反应。

三、负启动 – 选择性注意抑制加工的指标

负启动效应（negative priming effect，NP）指启动显示中的分心项成为探测显示中的目标项的时候，被试反应时间延长或者正确率降低的现象。至今为止，有关负启动的研究在不同实验材料及不同任务中都有了这样的结论，在对汉字、图形、字母、数字等不同实验材料的研究中观察到负启动效应，在利用不同任务的实验研究中如定位、识别、判断类别、异同配对等都有抑制的存在（张雅旭、张厚粲，1998）。如果与启动显示中分心刺激相同或同类的刺激在探测显示中作为目标而相继出现的时候，被试需要更多的加工时间来克服启动显示中对其所产生的抑制，这就会导致更长的反应潜伏期或更多的错误。从 20 世纪 80 年代至今，负启动效应已经作为一种实验技术广泛应用于选择性注意的研究领域中。

干扰项抑制观点是负启动产生机制中影响力较大的一种观点。干扰项抑制观点认为对干扰项内部表征的抑制是负启动产生的原因。认为在识别目标的过程中会产生一个内部的模板，模板中包含了帮助区分目标项和干扰项的知觉特征，比如颜色、形状、位置之类的，刺激输入之后，会自动引发早期的知觉加工，并与已形成的模板对比，与模板匹配的就会引发"是"的反应，表示激活的反馈；否则引起"否"的反应，表示抑制的反馈，这种抑制作用就使随后对相同表征（探测显示的目标刺激）的重新加工遭到损害，即出现反应的延迟。Tipper 等人不但把负启动效应的产生看作信息加工过程存在抑制加工的证据，而且成为抑制能力的指标，特殊人群的研究结论均支持该理论假设。

负启动范式是由启动显示和探测显示组成。首先呈现启动显示，接着是探测显示，每种显示中都包括目标刺激和分心刺激，要求被试判断目标项的特征（如位置、类别、颜色和形状等），忽略分心项。实验中包括两种启动条件——

负启动条件与控制条件，差异在于：负启动条件下，探测显示的目标项和启动显示的分心项相同或同类时，被试判断探测显示中目标刺激的反应时会由于抑制而延长；在控制条件下，探测显示的目标刺激和启动显示的分心刺激无关。把两种不同实验条件下对探测目标的反应时间的差值作为负启动量的指标。

四、问题提出与研究假设

过去的几十年对选择性注意的研究实际上一直是以兴奋机制为核心展开的。然而，近年来的研究发现，抑制机制也是选择性注意的重要组成部分。越来越多的研究表明选择性注意既包括目标激活，还包括分心抑制，并开始从分心项的特性及其信息加工特点来揭示选择性注意的本质。所以说抑制的研究还应该受到更多的关注，以往研究从注意的兴奋角度研究的多，而从注意的抑制角度进行探讨的比较少；位置负启动和特性负启动是分离的，在人类的抑制系统中具有不同的视觉通道，是两个相互独立的加工过程，这些在已有研究中已经有所证实了（Rosen 等，1998）。但以往的研究虽有对学习困难个体分心抑制和干扰抑制的相关研究，但并没有把位置抑制和特性抑制分开来研究，而是混淆在一起；事件相关电位技术便于与传统的行为数据，特别是与反应时间（RT）很好地配合，进行认知加工过程的研究，具有无创性，可以精确地评价发生在脑内的认知加工活动，但以往的研究多数是从行为学的角度展开的，缺乏对选择性注意中抑制机制的脑机制研究，如 ERP 研究、FMRI 研究。

学习困难已经成为教育研究的热点之一，对于学习困难的成因，各方面的研究者都根据自己的研究结果，提出了自己不同的观点及校正措施。能力缺陷观认为，学习困难是由于学习困难个体在某些心理过程上有缺陷，这些过程参与学习活动并起着重要作用。技能缺陷观认为学习困难是由于某些特殊的技能，而这些技能可以通过行为训练来弥补他们的技能缺失。认知心理学介入后认为：学习困难是由于信息的加工过程出现障碍。很多学习困难儿童由于自身有着一些注意障碍，在课堂的学习过程中无法正确有效地选择有用的信息进行加工，抑制无关信息，从而影响了学习效率和学习质量。由此可见，分心抑制能力作用于整个认知加工过程，是学习活动快速有效进行的重要保证，这种积极的抑制能力能够保证与学习任务有关的信息的内在表征被激活的同时，无关信息的内在表征也会被积极主动地抑制掉，从而避免了无关信息进入工作记忆干扰或者是混淆对有关信息的加工，所以研究学习困难儿童的分心抑制能力为帮助学习困难学生转变提供了重要的理论依据。已有研究表明，学习困难组儿童与对照组儿童相比，工作记忆容量存在不足，而这种不足是由于其分心抑制能力的缺陷造成的，本书在此基础上借助负启动范式探讨学习困难儿童的分心抑制特点。

对分心抑制的研究分为两种，即位置抑制和特性抑制，反应在实验中是位置负启动与特性负启动。位置抑制主要是在定位的任务中发现的；特性抑制主要是在识别任务中发现的。近年来，有研究证明，特性负启动和位置负启动在脑内部有着不同的通路。因此，研究分心抑制就要考虑到二者可能存在性质上的不同，所以本书以具有一定特征的汉字和英文字母、数字作为材料，采用负启动范式，对学习困难组儿童和对照组儿童的位置抑制能力和特性抑制能力分别进行实验研究，以探讨学习困难儿童在位置抑制和特性抑制的脑机制特点。

ERP是刺激事件引起的实时脑电波。极高的时间分辨率是ERP的主要优势。此外，ERP便于与传统的行为数据，特别是与反应时间（RT）很好地配合，进行认知加工过程的研究，且具有无创性，可以精确地评价发生在脑内的认知加工活动。与此同时，多导联ERP设备的应用很好地解决了其空间分辨率的局限，加上ERP研究需要的设备较为简单和环境适应性强等优点，使得它的应用范围与日俱增。在心理学方面，ERP是对知觉、注意、记忆等认知加工和认知功能方面进行研究的有效工具。对分心抑制的ERP脑电研究总体上还较少，大多行为实验已经显示学习困难组儿童与对照组儿童在抑制、记忆等方面有差异，因此利用ERP研究技术的优势对学习困难儿童分心抑制能力进行研究，可以更深入地考察学习困难组儿童抑制过程的脑机制以及理解学习困难的本质，有利于我们有的放矢地制订干预计划，采取必要的补偿性教育措施。

假设一，学习困难组儿童与对照组儿童均存在明显的位置负启动效应且两组被试的位置抑制能力存在差异，并体现在脑电活动的差异之上。

假设二，学习困难组儿童与对照组儿童均存在明显的特性负启动效应且两组被试的特性抑制能力存在差异，并体现在脑电活动的差异之上。

第二节　学习困难儿童位置抑制能力的 ERP 研究

人的认知资源是有限的，人们都希望自己能够尽可能地把更多的注意力投到有用的信息或者开心的事情上，同时也希望能够尽可能地抑制那些没有价值的信息。对有用信息的激活很重要，事实上，从某种程度上来说，抑制分心信息更为重要。认知资源有限模型认为：人的认知资源是有限的，只有抑制那些不相关的信息，才能留出更丰富的认知资源用于加工目标信息。在生活中，也是一样，只有我们能够尽可能抑制那些干扰自己学习和工作的信息，更多地关注对自己学习工作有利的信息，才能提高自己的学习效率，节约出更多的时间做更多有意义的事情。对于学习困难学生，在学习上很可能就是因为他们不能有效地抑制那些分心信息，使得原本就有限的认知资源不能有效地用于加工目标信息；生活上或许也正是他们不能够有效地抑制干扰信息，把更多的时间和精力放在了这些干扰信息上，才使得他们陷入行为问题的怪圈而不能自信地去生活。

本章使用事件相关电位技术采用负启动范式来研究学习困难，可以看到不同能力的学生在负启动任务中的表现，进而借助选择性注意抑制机制来进行解释，这有助于解释学习困难学生所存在的缺陷，从脑机制的角度用脑电数据更深层次地找出来学习困难儿童的差异，其研究结果对于深入分析和探讨学习困难的原因和本质有很大帮助，补充了学习困难的研究资料，验证和丰富了相关领域的研究成果，也可为学习困难学生的转化提供一定的理论基础。其次，负启动又是研究抑制机制的基本实验范式，负启动效应的发生模式有别于其他的启动效应，所以说深入地研究负启动效应为考察抑制加工在选择性注意中的认知规律奠定了理论基础。

一、研究方法

（一）研究目的

位置负启动主要考察被试对启动显示中作为干扰项呈现的位置在随后的探测显示中作为目标呈现的位置进行选择时，反应上是否出现延迟的现象。本书采用负启动实验范式，采用行为实验和 ERP 技术相结合的方式，探讨学习困难学生（以下简称"学习困难组"或"学困组"）与学习优秀学生（以下简称"对照组"）是否均存在明显的位置负启动效应，两组被试的位置抑制能力是否存在差异，并分析其相应的脑功能情况以及认知神经特点。

（二）被试选取

学习困难组筛选：使用 AAT 测验，将学习适应等级在 2 等或 2 等以下的儿童挑选出来；之后请熟悉儿童的班主任对这些儿童做 PRS 问卷评估；根据测试常模将可疑学习困难儿童筛查出来；对建档的儿童进行诊断性测验，再进行团体瑞文标准智力测验（SPM），排除智力低于正常水平的儿童。对照组筛选：主要结合近两次学生期中考试的平均成绩及班主任对其的评价选取。

根据以上甄别标准，在开封市第二十七中筛选出 53 名学生。其中，学习困难组 25 名，对照组 28 名。所有被试均无感官障碍，智力正常。

（三）实验材料

从现代汉语常用字表中选取汉字"工"和"个"为材料，测量位置负启动效应。其中"工"作为启动显示和探测显示的目标刺激。"个"为干扰刺激，这两个字均为一级常用字，笔画均为三画，且音形相异，便于区别。

（四）实验设计

采用 2×2 混合实验设计，组间变量为学习困难组与对照组；组内变量为启动显示中的干扰项与探测显示中的目标呈现位置的关系，分为一致（负启动条件）和不一致（控制条件）；因变量为对探测目标的平均反应时间。

采用负启动范式，要求被试对目标所在位置做出按键反应，并在行为实验中记录行为数据的同时采用 ERP 技术记录脑电数据。实验设 120 个组块（60 个负启动组块和 60 个控制组组块）。一个试验组块一次呈现启动显示和探测显示，呈现的两个汉字每次都是随机出现在预设的四个相应的位置（即左下、左上、右上、右下）上，以消除因大脑两半球功能的差异而造成的影响。

（五）研究程序

E - Prime 程序被应用于刺激的呈现和反应时间及正确率的记录。屏幕为白底黑字，实验正式开始前，呈现指导语：请看屏幕，首先出现四条下划线，对应着键盘上 C、D、K、M 四个字母的位置，接着"工"和"个"两个字会出现在其中任意两个位置上，请被试既快又准地对"工"的位置做出按键反应，而忽略"个"。接着，被试按空格键进行练习实验（主试在场），练习所用的字与实验用的字相同，但只以控制组的呈现方式呈现。直到被试完全理解了实验的任务并且能够顺利地做出反应，按空格键正式实验开始（由被试单独完成，主试不在场）。在完成 30 个组块之后，被试休息片刻，然后继续实验。

练习或正式实验时电脑屏幕上会连续呈现下面一系列内容（见图 5 - 1）：在每个组块开始呈现的时候，屏幕上首先呈现表示四个位置的线索标志（下划线）500ms，接着是启动显示，被试做出按键反应，线索标志再出现 500ms，接着是探测显示，被试做出反应探测显示消失。呈现空屏 1500ms 后开始下一组块。

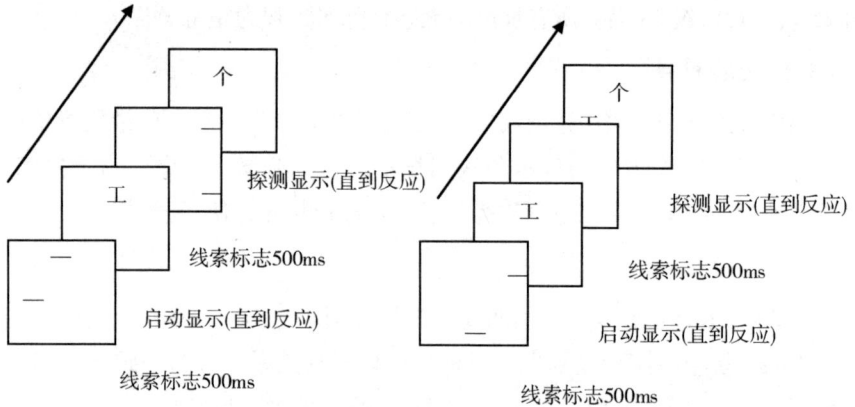

图 5 - 1 位置负启动实验一次试验举例
（第一个流程图为负启动条件下的一次试验组块，
第二个为相对应的控制条件下的一次试验组块）

实验中记录被试的反应时，自变量为学习困难组与对照组、启动条件，因变量为被试对探测目标反应的反应时间。

（六）ERP 记录

实验仪器为德国 BP 公司生产的 ERP 系统，采用 BrainCap32 导 Ag/AgCL 电极帽，电极采用 10~20 扩展系统，记录脑电，同时记录水平眼电（HEOG）和垂直眼电（VEOG），参考电极置于 FCZ 上，接地电极置于 AFZ，滤波带通为 0.01~100Hz，采样频率为 500HZ，头皮与电极之间的阻抗小于 5kΩ，要求被试在实验过程尽量保持头部不动，同时不要有剧烈的表情变化，如咧嘴、挤眼睛等，ERP 波形进行离线式叠加处理。

实验记录 ERP 波形，自变量同行为实验，因变量是相应 ERP 成分的波幅和潜伏期。对脑电数据进行离线分析后，根据所得的 ERP 波形成分，对波幅进行统计分析。对比组内变量负启动条件和控制条件之间的 ERP 成分变化，以及两组被试的脑电活动特点。

二、结果

（一）行为结果

1. 学习困难组与对照组的位置负启动效应的差异检验

数据统计分析时，首先要剔除反应错误率高于 5% 的被试，并且剔除平均值在 ±3 个标准差之外的数据，结果包括学习困难组 20 人，对照组 20 人。

学习困难组和对照组在两种实验条件下的探测目标平均反应时间及标准差结果见表5-1。

表5-1 不同能力组在两种实验条件下的平均反应时间 RT（ms）（M±SD）

组别	负启动条件	控制条件
学习困难组	731.95±140.74	694.88±147.24
对照组	677.48±103.19	624.13±101.03

对数据进行重复测量方差分析，结果表明，学习困难组和对照组组别的主效应边缘显著 [$F_{(1, 38)}$=2.97，$0.05<p=0.09<0.1$]，即学习困难组的探测目标的平均 RT 和对照组的平均 RT 存在差异，表现为学习困难组对探测目标的平均 RT 长于对照组。负启动条件与控制条件两种实验条件的主效应显著 [$F_{(1, 38)}$=68.06，$p=0.00<0.05$]。启动条件与组别的交互作用不显著 [$F_{(1, 38)}$=1.72，$p=0.20$]，结果显示，在不同的实验条件下，两组反应时的变化趋势是一致的，表现出负启动条件下的反应时间比控制条件长。

为进一步检验学习困难组和对照组的位置负启动效应差异是否显著，需要分别对其在不同实验条件的探测目标平均 RT 做配对样本 T 检验，结果显示，学习困难组在不同实验条件下的平均 RT 有显著差异（$t=5.25$，$df=19$，$p<0.01$），表现为负启动条件下的平均 RT 显著比控制条件长；对照组在不同启动条件下的平均 RT 同样存在显著差异（$t=6.64$，$df=19$，$p<0.01$），表现为负启动条件的平均 RT 显著长于控制条件。因此，在本实验中，学习困难组和对照组均产生了明显的位置负启动效应，同时两组被试在两种不同实验条件下的平均反应时间的变化趋势是一致的，这就说明本次实验研究是合理可行的。

2. 不同能力组的位置负启动量差异检验

将被试在负启动条件下对探测目标的平均反应时间与在控制条件下对探测目标的平均反应时间相减，所得的差值就是位置负启动量，它是分心抑制能力的一个重要指标。对两组被试的位置负启动量进行独立样本 T 检验，结果见表5-2。

表5-2 不同能力组位置负启动量（ms）的差异检验（M±SD）

	学习困难组 对照组	F	t	p
位置负启动量	37.06±31.54 53.34±35.93	0.29	-1.52	0.14

结果显示，对照组的位置负启动量高于学习困难组，组间差异不显著，这说明，学习困难组的位置抑制能力不如对照组。

（二）ERP 结果

1. ERP 波形的基本特征

从初步的 ERP 波形分析可以看出，5 名被试的眨眼次数多，将其数据剔除，有效被试共 48 人，学习困难组 24 人，对照组 24 人。

对位置负启动任务中两种启动类型的 ERP 进行分类叠加，总体来看，学习困难组和对照组在两种实验条件下的 ERP 在基本特征上是相似的，且控制条件的波幅更正。首先，可以观察到一般的视觉诱发电位，最初是以顶—枕区为主的早期正波成分 P100（平均潜伏期为 106ms），随后出现的是一个早期负波 N100（平均潜伏期为 161ms），接着在中央区和额区出现一个稍晚的正波 P200（平均潜伏期为 193ms）；其次，在顶—枕区，出现了一个晚的正波 P300（平均潜伏期为 370ms），接着以额区，中央区为主，从 400ms 到记录结束，出现一个持续时间较长的晚期正成分 LPC（late positive component）。

ERP 观察窗是 −200 ~ 1000ms，用 −200 ~ 0ms 的平均振幅对基线进行矫正。伴有眨眼、眼动、肌电等伪迹的数据均被排除。根据实验条件的不同进行分类叠加，从而获得负启动条件和控制条件这两种条件的 ERP 曲线。

结合波形、地形图以及实验任务，并参照相关研究，确定了主要的 ERP 成分 N100、P100、P200、P300，采用平均振幅测量法。根据头皮分布与电极之间的关系，选取少数电极进行分析，对于测量主要采用 3 因素重复测量方差分析。分析因素包括：组别（2 个水平：学习困难组和对照组），启动类型（2 个水平：负启动和控制条件），电极位置（12 个水平：额区 F3、Fz、F4，中央区 C3、Cz、C4，顶区 P3、Pz、P4，枕区 O1、Oz、O2）。分析使用 SPSS16.0 进行，同时使用 Greenhouse − Geisser 矫正法。

2. 学习困难组在两种实验条件下的比较

分别对位置负启动任务的主要 ERP 成分（P300，P200，P100，N100）进行启动类型 2（负启动与控制条件）× 电极位置 12（F3，F4，C3，C4，P3，P4，O1，O2，Fz，Cz，Pz，Oz）二因素重复测量方差分析。

P300 波幅：启动类型的主效应不显著 $[F_{(1, 23)} = 2.53, p = 0.13]$，电极位置主效应显著 $[F_{(11, 253)} = 15.99, p = 0.00 < 0.05]$，启动类型 × 电极交互作用显著 $[F_{(11, 253)} = 2.71, p = 0.00 < 0.05]$，简单效应检验发现，

在 Pz、P3、C3 电极点上发现了显著的 NP 效应，也就是说在顶区和中央区左侧出现了显著的 NP 效应。

P300 潜伏期：启动类型主效应不显著 $[F(1, 23) = 0.27, p = 0.61]$，电极位置主效应显著 $[F(11, 253) = 8.36, p = 0.00 < 0.05]$，启动类型 × 电极交互作用显著 $[F(11, 253) = 1.88, p = 0.04 < 0.05]$。简单效应分析发现，在 C4、O1 电极上发现了显著的 NP 效应，也就是说在中央区右侧和枕区左侧出现了显著的 NP 效应。

P200 波幅：启动类型主效应不显著 $[F(1, 23) = 0.60, p = 0.45]$，电极位置主效应显著 $[F(11, 253) = 17.94, p = 0.00 < 0.05]$，启动类型 × 电极交互作用显著 $[F(11, 253) = 1.91, p = 0.04 < 0.05]$。简单效应检验发现，在 C3、F3 电极上发现了显著的 NP 效应，也就是说在中央区左侧和额区左侧出现了显著的 NP 效应。

P200 潜伏期：启动类型主效应不显著 $[F(1, 23) = 0.17, p = 0.69]$，电极位置 × 启动类型交互作用亦不显著 $[F(11, 253) = 1.43, p = 0.16]$。

P100 波幅：启动类型主效应不显著 $[F(1, 23) = 0.03, p = 0.85]$，电极位置 × 启动类型交互作用亦不显著 $[F(11, 253) = 0.63, p = 0.80]$。

P100 潜伏期：启动类型主效应不显著 $[F(1, 23) = 0.84, p = 0.37]$，电极位置 × 启动类型交互作用亦不显著 $[F(11, 253) = 0.40, p = 0.95]$。

N100 波幅：启动类型主效应边缘显著 $[F(1, 23) = 3.22, 0.05 < p = 0.09 < 0.1]$，电极位置主效应显著 $[F(11, 253) = 26.16, p = 0.00 < 0.05]$，启动类型 × 电极交互作用显著 $[F(11, 253) = 4.05, p = 0.00 < 0.05]$，简单效应检验发现，在 O1、Oz、O2 电极上发现了显著的 NP 效应，也就是说在枕区出现了显著的 NP 效应。

N100 潜伏期：启动类型主效应不显著 $[F(1, 23) = 0.03, p = 0.86]$，电极位置 × 启动类型亦不显著 $[F(11, 253) = 0.62, p = 0.81]$（见图 5-2）。

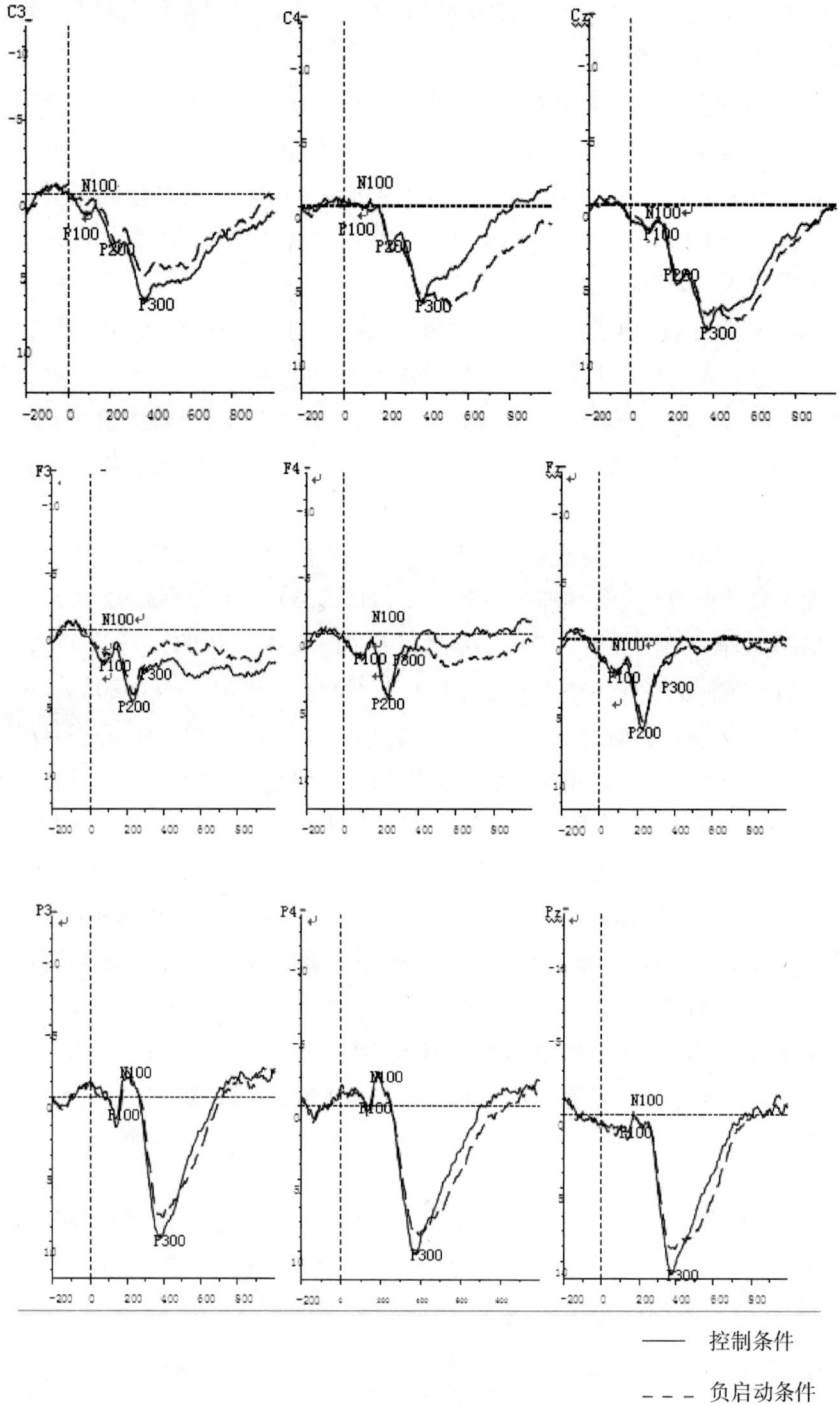

図5-2　不同启动条件下的 ERP 波形图（学习困难组）

将学习困难组负启动条件的 ERPs 减去控制条件的 ERPs 就得到其负启动效应的差异波，结合差异波地形图（见图 5 – 3）还发现，NP 效应在 600 ~ 700ms、700 ~ 800ms 的额中央区和顶区活动明显，在 300 ~ 400ms、400 ~ 500ms、500 ~ 600ms 的前额区，枕区活动明显，在 0 ~ 200ms 的活动不明显。总体来看，NP 效应在 300ms 之后的晚成分上差异较大，学习困难组控制条件下的 ERP 波更正，得到了较为明显的 NP 效应。

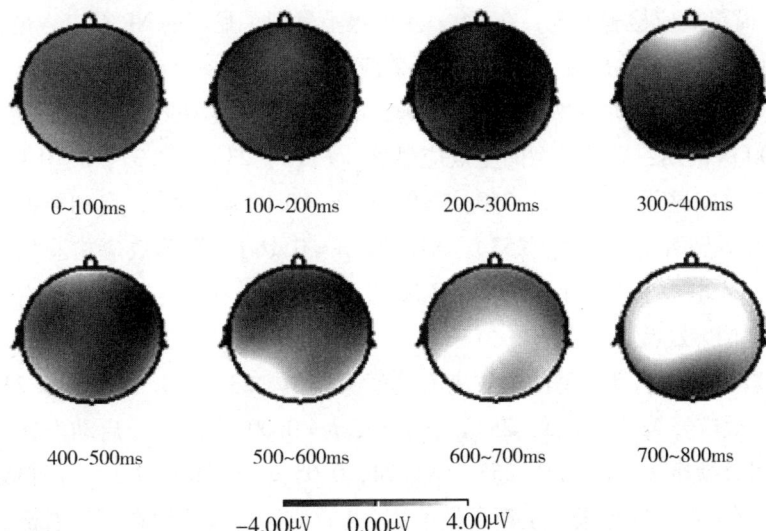

图 5 – 3　不同启动条件下 ERP 差异波地形图（学习困难组）

3. 对照组在两种实验条件下的比较

分别对位置负启动任务的主要 ERP 成分（P300，P200，P100，N100），进行启动类型 2（负启动与控制条件）× 电极位置 12（F3，F4，C3，C4，P3，P4，O1，O2，Fz，Cz，Pz，Oz）二因素重复测量方差分析。

P300 波幅：启动类型的主效应不显著 $[F_{(1, 23)} = 1.17, p = 0.29]$，电极位置主效应显著 $[F_{(11, 253)} = 23.72, p = 0.00 < 0.05]$，启动类型 × 电极交互作用显著 $[F_{(11, 253)} = 6.37, p = 0.00 < 0.005]$，简单效应检验发现，在 F4、Fz、C4 电极上发现了显著的 NP 效应，也就是说在额区和中央区右侧出现了显著的 NP 效应。

P300 潜伏期：启动类型的主效应显著 $[F_{(1, 23)} = 11.76, p = 0.00 < 0.05]$，电极位置主效应显著 $[F_{(11, 253)} = 7.60, p = 0.00 < 0.05]$，启动类

型×电极交互作用显著 $[F(11, 253)=2.13, p=0.02<0.05]$，简单效应检验发现，在 C3、Pz 电极上发现了显著的 NP 效应，也就是说在顶区和中央区左侧出现了显著的 NP 效应。

P200 波幅：启动类型主效应不显著，电极×启动类型交互作用也不显著。

P200 潜伏期：启动类型的主效应边缘显著 $[F(1, 23)=3.51, 0.05<p=0.07<0.1]$，电极位置主效应显著 $[F(11, 253)=30.32, p=0.00<0.05]$，启动类型×电极交互作用显著 $[F(11, 253)=2.23, p=0.01<0.05]$，简单效应检验发现，在 F4、C4 电极上发现了显著的 NP 效应，也就是说在额区和中央区右侧出现了显著的 NP 效应。

P100 波幅：启动类型主效应不显著，电极×启动类型交互作用亦不显著。

P100 潜伏期：启动类型的主效应显著 $[F(1, 23)=4.37, p=0.05]$，电极位置主效应显著 $[F(11, 253)=9.28, p=0.00<0.05]$，启动类型×电极交互作用不显著 $[F(11, 253)=1.42, p=0.16]$，简单效应检验发现，在 F4、Fz、C4 电极上发现了显著的 NP 效应，也就是说在额区和中央区右侧出现了显著的 NP 效应。

N100 波幅：启动类型的主效应不显著 $[F(1, 23)=1.55, p=0.23]$，电极位置主效应显著 $[F(11, 253)=6.50, p=0.00<0.05]$，启动类型×电极交互作用边缘显著 $[F(11, 253)=1.74, 0.05<p=0.07<0.1]$，简单效应检验发现，在 F4、C4 电极上发现了显著的 NP 效应，也就是说在额区右侧和中央区右侧出现了显著的 NP 效应。

N100 潜伏期：启动类型的主效应边缘显著 $[F(1, 23)=3.85, 0.05<p=0.06<0.1]$，电极位置主效应显著 $[F(11, 253)=18.53, p=0.00<0.05]$，启动类型×电极交互作用不显著 $[F(11, 253)=1.06, p=0.40]$，简单效应检验发现，在 C3、P4 电极上发现了显著的 NP 效应，也就是说在额区右侧和中央区左侧出现了显著的 NP 效应（见图 5-4）。

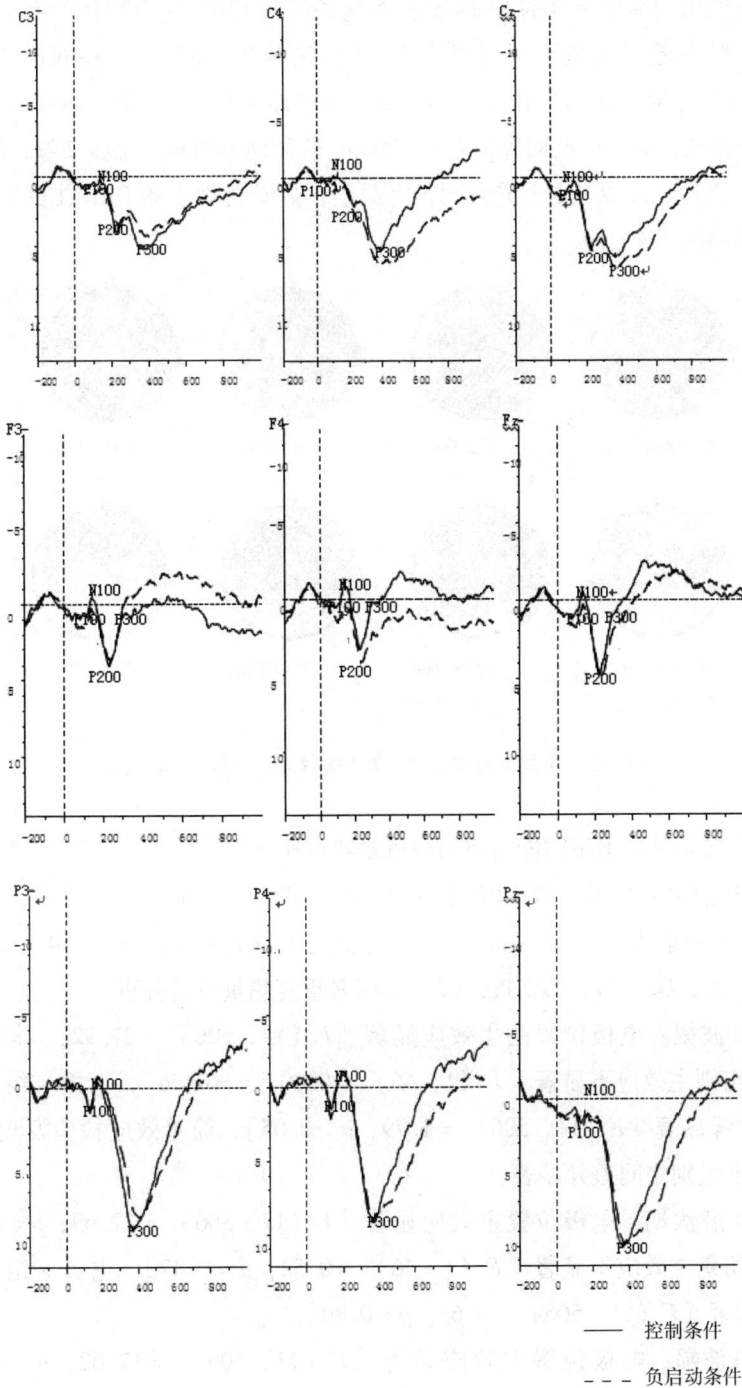

图 5-4　不同启动条件下的 ERP 波形图（对照组）

（负启动条件－－－控制条件——）

　　将对照组负启动条件的 ERPs 减去控制条件的 ERPs 就得到其负启动效应的差异波，结合差异波地形图（见图 5 - 5）还发现，NP 效应在 600 ~ 700ms、700 ~ 800ms 的额中央区，枕区活动明显，在 200 ~ 300ms、300 ~ 400ms、500 ~ 600ms 的枕区，额区活动明显，在 0 ~ 200ms 的活动不明显。总体来看，NP 效应在 300ms 之后的晚成分上差异较大，对照组负启动条件下的 ERP 波更正，得到了较为明显的 NP 效应。

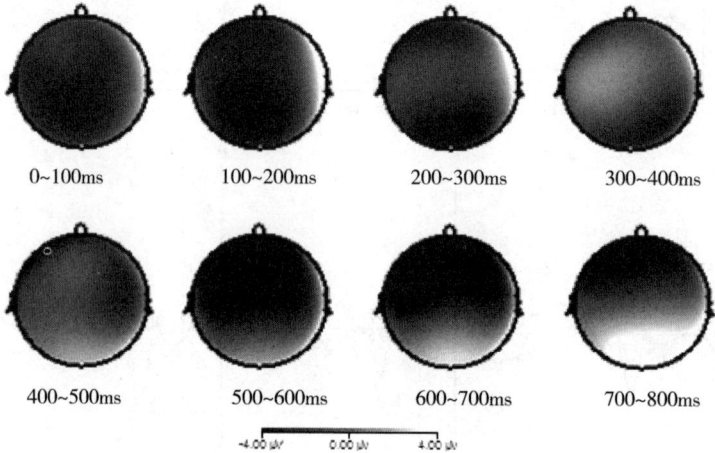

| 0~100ms | 100~200ms | 200~300ms | 300~400ms |
| 400~500ms | 500~600ms | 600~700ms | 700~800ms |

-4.00 μV　0.00 μV　4.00 μV

图 5 - 5　不同启动条件下 ERP 差异波地形图（对照组）

4. 负启动条件下不同能力组的脑机制特点比较

　　分别对 NP 效应的主要 ERP 成分（P300，P200，P100，N100）进行负启动条件下的不同能力组 2（学习困难组与对照组）× 电极 12（F3，F4，C3，C4，P3，P4，O1，O2，Fz，Cz，Pz，Oz）二因素重复测量方差分析。

　　P300 波幅：电极位置的主效应显著 $[F_{(11, 506)} = 27.92, p = 0.00 < 0.05]$，组别主效应不显著 $[F_{(1, 46)} = 0.00, p = 0.96]$，电极 × 组别的交互作用边缘显著 $[F_{(11, 506)} = 1.79, p = 0.05]$，简单效应检验发现在 F3，O1 电极上组别之间差异显著。

　　P300 潜伏期：电极位置主效应显著 $[F_{(11, 506)} = 12.69, p = 0.00 < 0.05]$，组别主效应不显著 $[F_{(1, 46)} = 0.52, p = 0.47]$，电极 × 组别交互作用不显著 $[F_{(11, 506)} = 0.63, p = 0.80]$。

　　P200 波幅：电极位置主效应显著 $[F_{(11, 506)} = 17.62, p = 0.00 < 0.05]$，组别主效应不显著 $[F_{(1, 46)} = 0.01, p = 0.91]$，电极 × 组别交互作用不显著 $[F_{(11, 506)} = 1.47, p = 0.14]$。

P200 潜伏期：电极位置主效应显著 $[F_{(11, 506)} = 43.73, p = 0.000 < 0.05]$，组别主效应不显著 $[F_{(1, 46)} = 0.09, p = 0.76]$，电极 × 组别交互作用显著 $[F_{(11, 506)} = 1.82, p = 0.05]$，简单效应检验发现在 P4、Cz 电极上组别之间差异显著。

P100 波幅：电极位置主效应显著 $[F_{(11, 506)} = 3.22, p = 0.00 < 0.05]$，组别主效应不显著 $[F_{(1, 46)} = 0.20, p = 0.66]$，电极 × 组别交互作用不显著 $[F_{(11, 506)} = 1.14, p = 0.33]$。

P100 潜伏期：电极位置主效应显著 $[F_{(11, 506)} = 6.49, p = 0.000 < 0.05]$，组别主效应显著 $[F_{(1, 46)} = 5.52, p = 0.02 < 0.05]$，电极 × 组别交互作用不显著 $[F_{(11, 506)} = 0.95, p = 0.49]$。简单效应检验发现在 F4、O1、O2、Pz 电极上组别之间差异显著。

N100 波幅：电极位置主效应显著 $[F_{(11, 506)} = 21.65, p = 0.000 < 0.05]$，组别主效应不显著 $[F_{(1, 46)} = 0.40, p = 0.53]$，电极 × 组别交互作用边缘显著 $[F_{(11, 506)} = 1.67, 0.05 < p = 0.08 < 0.1]$。简单效应检验发现在 Fz 电极上组别之间存在边缘显著的差异。

N100 潜伏期：电极位置主效应显著 $[F_{(11, 506)} = 29.71, p = 0.00 < 0.05]$，组别主效应不显著 $[F_{(1, 46)} = 0.16, p = 0.69]$，电极 × 组别交互作用不显著 $[F_{(11, 506)} = 0.56, p = 0.87]$（见图 5 - 6）。

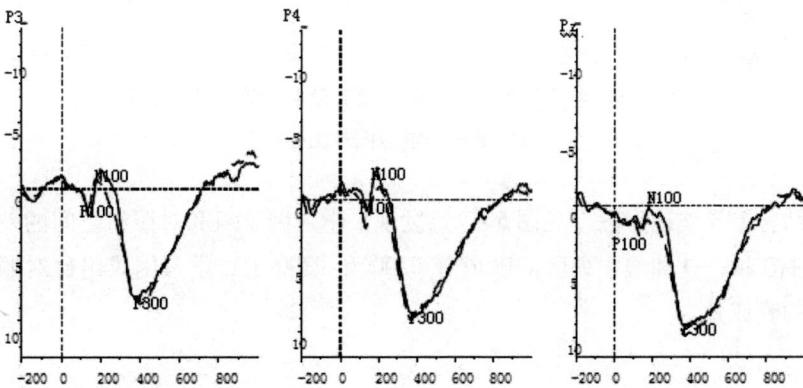

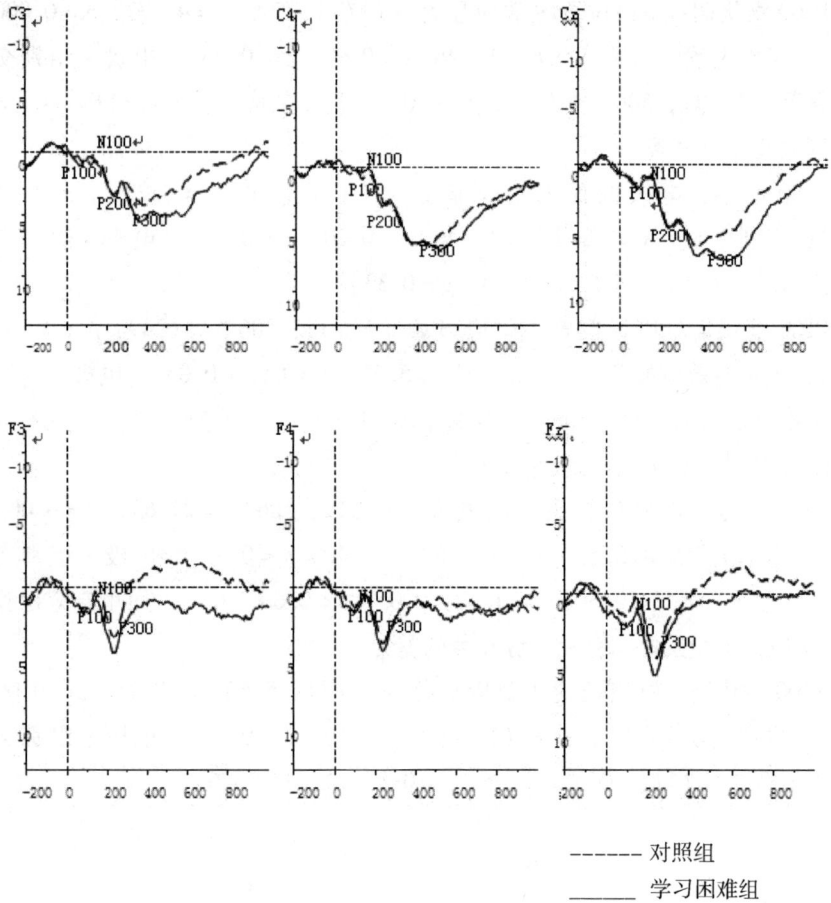

图 5 - 6　学习困难组与对照组负启动条件的 ERP 波形图

（对照组——学习困难组——）

　　结合差异波地形图（见图 5 - 7）发现，学习困难组和对照组之间的差异主要集中在顶—枕和额中央区的晚成分 P200 和 P300 上，学习困难组比对照组有更正的晚成分。

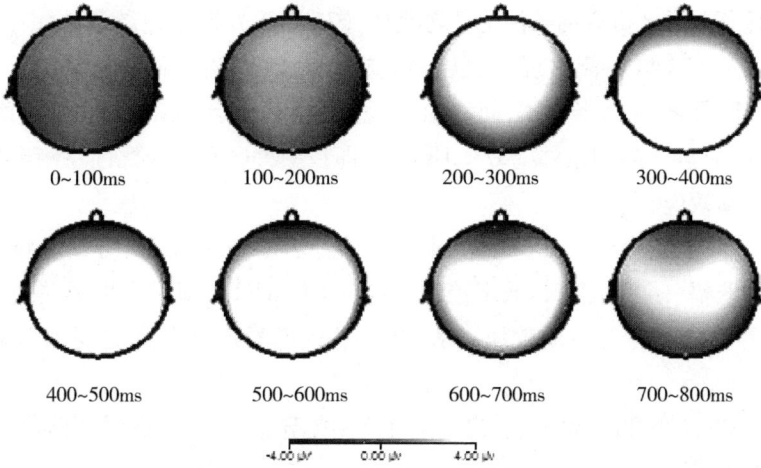

图 5 - 7 学习困难组与对照组负启动条件的 ERP 差异波地形图

三、讨论

本实验研究结果显示，学习困难组和对照组在位置负启动任务中均产生了明显的位置负启动效应，即两组被试在负启动条件下的平均反应时间都要比控制条件下的平均反应时间有显著的延长。而且，两组被试的位置负启动量虽然有差别但并没有显著的差异，学习困难组的位置负启动量低于对照组，显示学习困难组的位置抑制能力不如对照组。

位置负启动量是位置抑制能力的主要指标，Tipper 和 Bayljs（1987）曾经指出分心抑制机制对选择性注意的效率会有一定的影响，即能有效抑制分心物干扰的个体往往在对目标位置做出辨认的时候很少受到分心物的干扰，会更快更准确地做出相应的反应，相反地，不能有效抑制分心物干扰的人就会更多地受到干扰，会延时地做出反应。已有研究显示位置抑制受年龄发展的影响较小，从幼年到老年整个过程基本是保持恒定的，所以位置抑制对个体的影响是具有持续性的，应该加以重视。

以前有人采用无意义的字母或者数字做实验材料来研究位置负启动，本书采用了形音相异，笔画相同的一级汉字"工""个"作为实验材料，由于汉字本身会含有一些语义加工，这就使得按键反应的任务比字母数字的难度要大一些，结果仍然发现两组被试均产生了明显的位置负启动效应，这进一步说明位置抑制机制在选择性注意过程中存在一定的独立性。

本书结果显示从 P300 的波幅分析得出，在 Pz、P3、C3 电极上启动条件之间存在显著差异，负启动条件的平均波幅（7.62μV）高于控制条件（7.07μV）即在顶区和中央区左侧出现了负启动效应。从 P300 潜伏期分析得出，在 C4、O1 电极上两种启动条件之间存在显著差异，负启动条件的平均潜伏期（375.40ms）晚于控制条件（373.04ms），即在中央区右侧和枕区左侧出现了显著的负启动效应。

从 P200 波幅看出，在 C3、F3 电极上两种启动条件的差异显著，负启动条件的平均波幅（4.21μV），低于控制条件（4.01μV），即在中央区左侧和额区左侧出现了显著的负启动效应。从 P200 潜伏期看启动条件之间的差异并不显著。

从 P100 波幅和潜伏期上看启动条件之间差异不显著，电极与启动类型的交互作用亦不显著。

从 N100 波幅分析负启动和控制两种不同条件的差异为边缘显著，在 O1、O2、Oz 电极上两种启动条件的差异显著，负启动条件的平均波幅（−1.73μV）低于控制条件（−2.11μV），即在枕区出现了显著的负启动效应。从 N100 潜伏期上看启动条件之间的差异并不显著。

结合差异波地形图和 ERP 成分的波幅潜伏期分析，负启动效应主要出现在晚成分上，学习困难组负启动条件下的 ERP 波更正，负启动条件下出现了 P300 潜伏期的延迟，P200 波幅的减小和 N100 波幅的减小，主要在顶—枕区，中央区和额区左侧出现了较明显的负启动效应。

本书结果显示从 P300 的波幅分析得出，在 F4、Fz、C4 电极上启动条件之间存在显著差异，负启动条件的平均波幅（7.03μV），高于控制条件（6.55μV），即在额区和中央区右侧出现了负启动效应。从 P300 潜伏期分析得出，在 C3、Pz 电极上两种启动条件之间存在显著差异，负启动条件的平均潜伏期（371.67ms）晚于控制条件（359.56ms），即在中央区左侧和顶区出现了显著的负启动效应。

从 P200 波幅上看两种启动条件的差异不显著，从 P200 潜伏期上看 P4、Pz 电极上启动条件之间的差异为边缘显著，负启动条件的平均潜伏期（189.39ms）早于控制条件（193.68ms），即顶区出现了显著的负启动效应。

从 P100 波幅看启动条件之间差异不显著，电极与启动类型的交互作用亦不显著。从 P100 潜伏期看，在 F4、C4 电极启动条件之间有显著差异，负启动条件的平均潜伏期（110.08ms）晚于控制条件（106.38ms），即在额区右侧和中央区右侧出现了显著的 NP 效应。

从 N100 波幅看在 F4、C4 电极上两种启动条件的差异显著，负启动条件的平均波幅（-1.36μV）低于控制条件（-1.73μV），即在额区右侧和中央区右侧出现了显著的负启动效应。从 N100 潜伏期看在 C3、P4 电极启动条件之间有显著差异，负启动条件的平均潜伏期（164.81ms）晚于控制条件（160.76ms），即在额区右侧和中央区左侧出现了显著的 NP 效应。

结合差异波地形图和 ERP 成分的波幅潜伏期分析，负启动效应主要出现在晚成分上，对照组负启动条件下的 ERP 更正，负启动条件下出现了 P300 潜伏期的延迟，P300 波幅增大，P200 潜伏期提前和 N100 波幅的减小，主要集中在顶区，中央区和额区右侧出现了较明显的负启动效应。

从 P300 波幅看，在 F3、O1 电极上组别之间存在显著差异，负启动条件下学习困难组的平均振幅（7.07μV）高于对照组（7.03μV），即在枕区左侧和额区左侧两组之间存在显著差异。从 P300 潜伏期看，组别之间的差异不显著。

从 P200 波幅看，组别之间差异不显著；从 P200 潜伏期看，在 P4、Cz 电极上组别之间差异显著，负启动条件下学习困难组的平均潜伏期（187.77ms）早于对照组（189.39ms），即在顶区右侧和中央区组别之间的差异显著。

从 P100 波幅看，组别之间的差异不显著；从 P100 潜伏期看，在 F4、O1、O2、Pz 电极两组之间存在显著差异，负启动条件下学习困难组的平均潜伏期（103.45ms）早于对照组组的平均潜伏期（110.08ms），即在顶—枕区和额区右侧组别之间有显著差异。

从 N100 波幅看，在 Fz 电极上组别之间差异为边缘显著，负启动条件下学习困难组的平均波幅（-1.73μV）高于对照组（-1.36μV），即在额区组别之间差异显著。从 N100 潜伏期看，组别之间差异不显著。

结合差异波地形图发现，学习困难组和对照组之间的差异主要集中在顶—枕和中央区的晚成分 P200 和 P300 上，学习困难组比对照组有更正的晚成分。负启动条件下学习困难组 P300 波幅高，N100 波幅高，P100 和 P200 潜伏期提前，主要在顶—枕区，中央区和额区两组之间差异显著。

第三节　学习困难儿童特性抑制的 ERP 研究

一、研究方法

（一）研究目的

特性负启动是考察被试对在启动显示中作为分心项呈现的刺激在随后的探

测显示中作为目标项呈现时，被试对目标项的平均反应时间是否会出现反应上的延迟现象。本节在研究一的基础上采用负启动实验范式，采用行为实验和ERP 技术相结合的方式，进一步探讨学习困难组与对照组是否均存在明显的特性负启动效应。考察两组被试在特性抑制能力的差异，并分析其相应的脑功能情况及认知神经特点。

（二）研究假设

假设一，学习困难组与对照组均存在明显的特性负启动效应，并体现在脑电活动之上。

假设二，两组被试的特性抑制能力存在差异，并体现在脑电活动的差异之上。

（三）被试选取

学习困难组筛选同第二节。

（四）实验材料

实验材料是随机选择 14 个常用大写英文字母和阿拉伯数字，其中字母和数字和各占一半，字母和数字各 7 个：M，N，P，Q，R，T，X，1，2，3，4，6，7，8。测量特性负启动效应，它们的音形相异，易于区分。

（五）实验设计

采用 2（学习困难组与对照组）×2（探测显示的目标项与启动显示分心项的关系：负启动条件，控制条件）混合实验设计。因变量为对探测目标的平均反应时和正确率。

采用负启动实验范式，要求被试对目标的类别（字母类按 F 键，数字类按 J 键）做出反应。每个组块的启动显示刺激对在垂直呈现，探测显示刺激对在水平呈现，屏幕中心呈现的是目标刺激。

（六）实验程序

实验开始前，呈现指导语："首先呈现注视点'＋'，接着屏幕上出现两个不同的符号。请你又快又准地判断中心位置的目标符号的类别，属于英文字母按 F 键，属于阿拉伯数字按 J 键。屏幕中心的是目标项，其他位置的是干扰项。"然后，被试按空格键，根据自己的情况进行练习，练习所用的符号与正式实验用的相同，只按控制条件的模式呈现，当被试能完全正确理解实验程序后，进行正式实验。在完成 60 个实验后，被试休息片刻，继续实验。

开始练习或正式实验时连续呈现下面内容，首先，在屏幕中央呈现注视点"+"500ms，接着垂直呈现启动显示，目标项位于屏幕中心，干扰项位于距屏幕中心3cm处的上下左右四个位置上，被试按键反应之后，注视点重新呈现500ms后，水平呈现探测显示，直到被试做出反应。呈现白屏间隔1500ms后接着呈现下一个实验（见图5-8）。

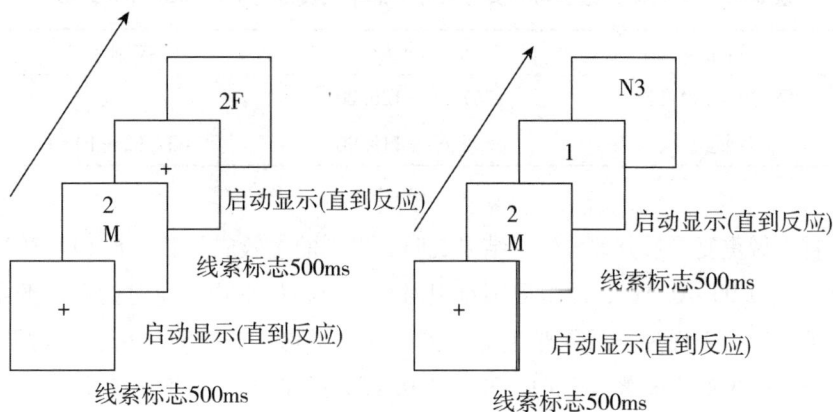

图5-8 特性负启动实验一次试验举例
（第一个流程图为负启动条件下的一次试验组块，
第二个为相对应的控制条件下的一次试验组块）

（七）ERP记录

实验仪器为德国BP公司生产的ERP系统，采用BrainCap32导Ag/AgCL电极帽，电极采用10~20扩展系统，记录脑电，同时记录水平眼电（HEOG）和垂直眼电（VEOG），参考电极置于FCZ上，接地电极置于AFZ，滤波带通为0.01~100Hz，采样频率为500HZ，头皮与电极之间的阻抗小于5kΩ，要求被试在实验过程尽量保持头部不动，同时不要有剧烈的表情变化，如咧嘴、挤眼睛等，ERP波形进行离线式叠加处理。

实验中记录被试的ERP波形，自变量同行为实验，因变量是被试在实验过程中的ERP波幅和潜伏期。对脑电数据进行离线分析后，根据所得的ERP波形成分，对波幅进行统计分析。对比组内变量负启动条件和控制条件下的ERP成分变化以及两组被试ERP成分波形特点。

二、结果

（一）行为结果

1. 不同能力组特性负启动效应的差异检验

将数据进行统计分析时，首先剔除反应错误率高于 5% 的被试，剔除反应时在平均值 ±3 个标准差以外的数据，结果包括学习困难组 15 人，对照组 17 人。

两组被试在不同实验条件下的探测目标平均反应时及标准差结果见表 5 – 3。

表 5 – 3　不同能力组在两种实验条件下的平均反应时 RT（ms）（M ± SD）

组别	负启动条件	控制条件
	788. 39 ± 142. 11	767. 59 ± 126. 20
对照组	656. 63 ± 119. 96	633. 52 ± 106. 69

首先做重复测量方差分析，结果表明，组别的主效应显著 $[F_{(1, 30)} = 9.35，p = 0.00 < 0.05]$，即学习困难组对探测目标的平均反应时间和对照组存在显著差异，表现为学习困难组对探测目标的平均反应时间显著长于对照组。启动类型的主效应显著 $[F_{(1, 30)} = 16.05，p = 0.00 < 0.05]$，即同一组被试在不同实验条件下的平均反应时有显著差异。启动类型 × 组别的交互作用不显著 $[F_{(1, 30)} = 0.04，p = 0.84]$，结果显示，在不同的启动条件下，两组被试平均反应时的变化趋势是一致的，均表现出负启动条件下的反应时间长于控制条件。

为了解学习困难组和对照组在特性负启动效应上是否存在显著差异，就需要进一步对两组被试在两种不同实验条件下的探测目标平均反应时间分别做配对样本 T 检验，结果显示，学习困难组在不同实验条件下的平均反应时间存在差异，处于边缘显著（$t = 2.06$，$df = 14$，$0.05 < p = 0.06 < 0.1$），表现为负启动条件下的平均反应时间长于控制条件；对照组在不同启动条件下的平均反应时间也存在显著差异（$t = 4.45$，$df = 16$，$p = 0.00 < 0.05$），表现为负启动条件下的平均反应时间显著长于控制条件。因此，在这次实验中，学习困难组和对照组均产生了特性负启动效应，对照组的特性负启动效应较明显。同时两组被试在两种不同的实验条件下平均反应时变化趋势也是一致的，这也可以说明本次实验研究是有效合理的。

2. 不同能力组的特性负启动量差异检验

将被试在负启动条件下对探测目标的平均反应时间与在控制条件下对探测目标的平均反应时间相减，所得的差值就是特性负启动量，它是特性抑制能力的重要指标。对学习困难组和对照组的特性负启动量进行独立样本 T 检验，结果见表 5 – 4。

表5-4 不同能力组特性负启动量（ms）的差异检验（M±SD）

学习困难组	对照组	F	t	p
特性负启动量	20.79±39.07 23.10±21.42	4.74	-0.20	0.04

结果显示，对照组的特性负启动量显著高于学习困难组，显示学习困难组的特性抑制能力显著低于对照组。

（二）ERP 结果

1. ERP 波形的基本特征

从初步的 ERP 波形分析可以看出，3 名被试的眨眼次数多，将其数据剔除，有效被试共50 人，学习困难组24 人，对照组26 人。

对特性负启动任务中两种实验条件的 ERP 进行分类叠加，总体来看，学习困难组和对照组在两种实验条件下的 ERP 波形在基本特征上是相似的，且负启动条件的波幅更正。首先，可以观察到一般的视觉诱发电位，最初是以顶—枕区为主的早期正波成分 P100（平均潜伏期为106ms），随后出现的是一个早期负波 N100（平均潜伏期为161ms），接着在中央区和额区出现一个稍晚的正波 P200（平均潜伏期为193ms）；其次，在顶—枕区，出现了一个晚的正波 P300（平均潜伏期374ms），接着以额区，中央区为主，从400ms 到记录结束，出现一个持续时间较长的晚期正成分 LPC。

2. 学习困难组在不同实验条件下的比较

分别对特性负启动任务中 4 个主要 ERP 成分（P300，P200，P100，N100），进行启动类型2（负启动与控制条件）×电极位置12（F3，F4，C3，C4，P3，P4，O1，O2，Fz，Cz，Pz，Oz）二因素重复测量方差分析。

P300 潜伏期：启动类型主效应边缘显著 $[F_{(1, 23)} = 2.56, p = 0.10]$，电极位置主效应显著 $[F_{(11, 253)} = 3.20, p = 0.00 < 0.05]$，启动类型×电极交互作用亦不显著 $[F_{(11, 253)} = 0.33, p = 0.979]$。简单效应检验发现在中央区出现 NP 效应。

P300 波幅：启动类型主效应不显著 $[F_{(1, 23)} = 0.31, p = 0.59]$，电极位置主效应显著 $[F_{(11, 253)} = 11.14, p = 0.00 < 0.05]$，启动类型×电极交互作用不显著 $[F_{(11, 253)} = 1.14, p = 0.33]$。

P200 潜伏期：启动类型主效应不显著 $[F_{(1, 23)} = 0.36, p = 0.56]$，电极位置主效应显著 $[F_{(11, 253)} = 55.72, p = 0.00 < 0.05]$，启动类型×电极

交互作用不显著 $[F (11, 253) =0.59, p=0.84]$。

P200 波幅：启动类型主效应不显著 $[F (1, 23) =0.63, p=0.43]$，电极位置主效应显著 $[F (11, 253) =9.49, p=0.00<0.05]$，启动类型×电极交互作用边缘显著 $[F (11, 253) =1.54, 0.05<p=0.09<0.1]$，简单效应检验发现在额区出现了 NP 效应。

P100 潜伏期：启动类型主效应不显著 $[F (1, 23) =0.11, p=0.75]$，电极位置主效应显著 $[F (11, 253) =6.56, p=0.00<0.05]$，启动类型×电极交互作用不显著 $[F (11, 253) =0.60, p=0.83]$。

P100 波幅：启动类型主效应不显著 $[F (1, 23) =0.04, p=0.84]$，电极位置主效应显著 $[F (11, 253) =6.79, p=0.00<0.05]$，启动类型×电极交互作用不显著 $[F (11, 253) =0.73, p=0.71]$。

N100 潜伏期：启动类型主效应不显著 $[F (1, 23) =2.45, p=0.13]$，电极位置主效应显著 $[F (11, 253) =26.87, p=0.00<0.05]$，启动类型×电极交互作用不显著 $[F (11, 253) =0.80, p=0.636]$。

N100 波幅：启动类型主效应不显著 $[F (1, 23) =0.10, p=0.76]$，电极位置主效应显著 $[F (11, 253) =12.31, p=0.00<0.05]$，启动类型×电极交互作用不显著 $[F (11, 253) =0.53, p=0.88]$（见图5-9）。

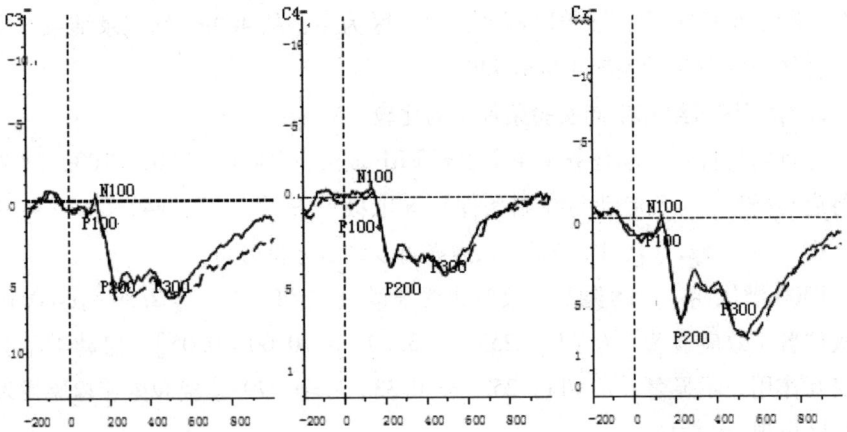

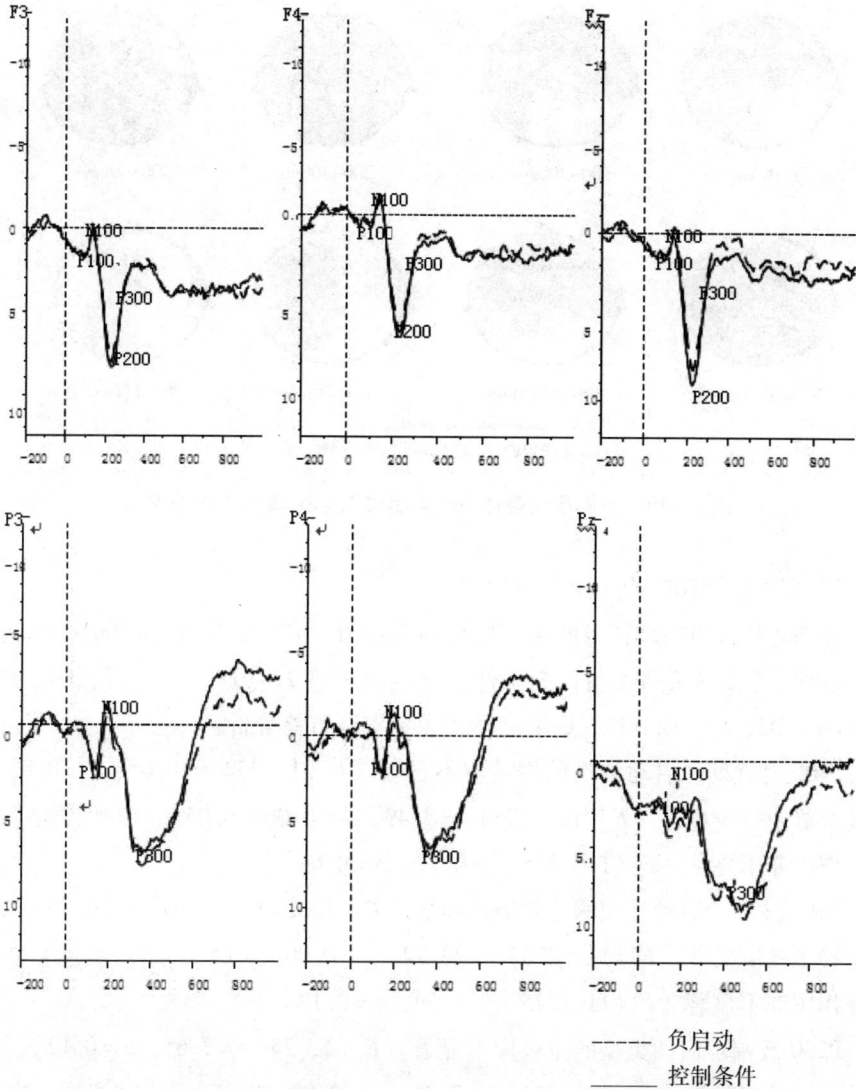

图5－9　不同启动条件下学习困难组的波形图

将学习困难组负启动条件的 ERPs 减去控制条件的 ERPs 就得到其负启动效应的差异波，结合差异波地形图（见图5－10）还发现，NP 效应在 600～700ms，700～800ms 的前额区和枕区活动明显，在 300～400ms，400～500ms，500～600ms 的顶—枕区，额中央区活动明显，在 0～300ms 的活动不明显。总体来看，NP 效应在 300ms 之后的晚成分上差异较大。

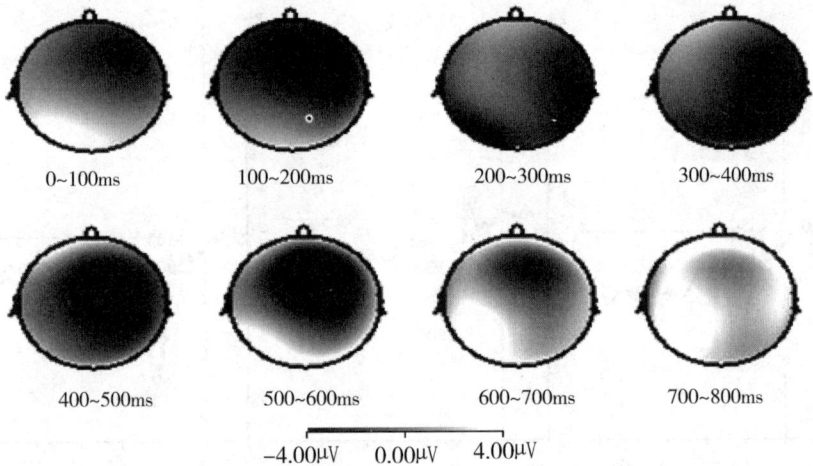

0~100ms	100~200ms	200~300ms	300~400ms
400~500ms	500~600ms	600~700ms	700~800ms

−4.00μV　　0.00μV　　4.00μV

图 5 – 10　不同启动条件下学习困难组 ERP 差异波地形图

3. 对照组在不同实验条件下的比较

分别对特性负启动任务的四个主要 ERP 成分（P300，P200，P100，N100），进行启动类型 2（负启动与控制条件）× 电极位置 12（F3，F4，C3，C4，P3，P4，O1，O2，Fz，Cz，Pz，Oz）二因素重复测量方差分析。

P300 潜伏期：启动类型的主效应不显著 $[F_{(1,25)} = 0.05, p = 0.82]$，电极位置主效应显著 $[F_{(11,275)} = 3.49, p = 0.00 < 0.05]$，启动类型电极交互作用亦不显著 $[F_{(11,275)} = 0.77, p = 0.68]$。

P300 波幅：启动类型的主效应不显著 $[F_{(1,25)} = 1.10, p = 0.75]$，电极位置主效应显著 $[F_{(11,275)} = 23.72, p = 0.00 < 0.05]$，启动类型 × 电极交互作用亦不显著 $[F_{(11,275)} = 1.39, p = 0.18]$。

P200 波幅：启动类型的主效应不显著 $[F_{(1,25)} = 2.65, p = 0.12]$，电极位置主效应显著 $[F_{(11,275)} = 7.25, p = 0.00 < 0.05]$，启动类型 × 电极交互作用亦不显著 $[F_{(11,275)} = 0.50, p = 0.90]$。

P200 潜伏期：启动类型的主效应不显著 $[F_{(1,25)} = 2.39, p = 0.14]$，电极位置主效应显著 $[F_{(11,275)} = 47.30, p = 0.00 < 0.05]$，启动类型电极交互作用不显著 $[F_{(11,275)} = 0.98, p = 0.47]$。

P100 波幅：启动类型的主效应不显著 $[F_{(1,25)} = 0.29, p = 0.60]$，电极位置主效应显著 $[F_{(11,275)} = 11.90, p = 0.00 < 0.05]$，启动类型 × 电极交互作用不显著 $[F_{(11,275)} = 0.40, p = 0.96]$。

P100 潜伏期：启动类型的主效应不显著 $[F_{(1,25)} = 0.00, p = 0.96]$，

电极位置主效应显著 $[F (11, 275) = 17.41, p = 0.00 < 0.05]$，启动类型×电极交互作用不显著 $[F (11, 275) = 0.74, p = 0.70]$。

N100 波幅：启动类型的主效应不显著 $[F (1, 25) = 0.01, p = 0.94]$，电极位置主效应显著 $[F (11, 275) = 9.70, p = 0.00 < 0.05]$，启动类型×电极交互作用亦不显著 $[F (11, 275) = 1.16, p = 0.32]$。

N100 潜伏期：启动类型的主效应不显著 $[F (1, 25) = 0.54, p = 0.47]$，电极主效应显著 $[F (11, 275) = 58.89, p = 0.00 < 0.05]$，启动类型×电极交互作用边缘显著 $[F (11, 275) = 1.57, p = 0.10]$。简单效应检验发现在顶区出现了 NP 效应（见图 5 – 11）。

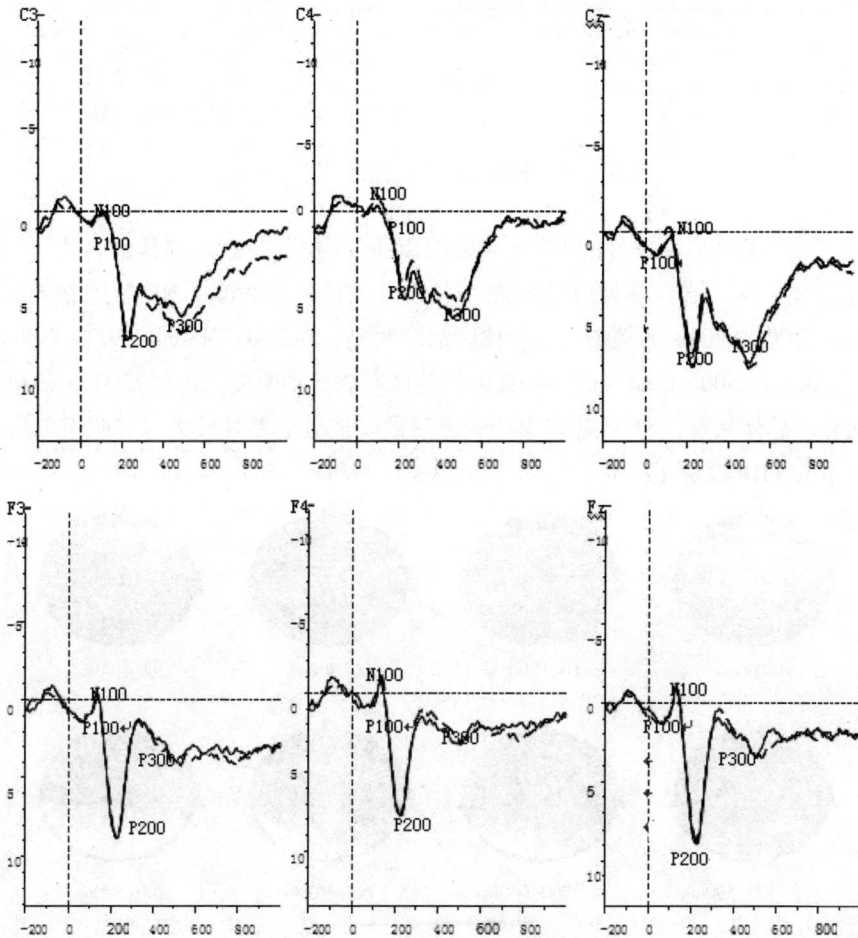

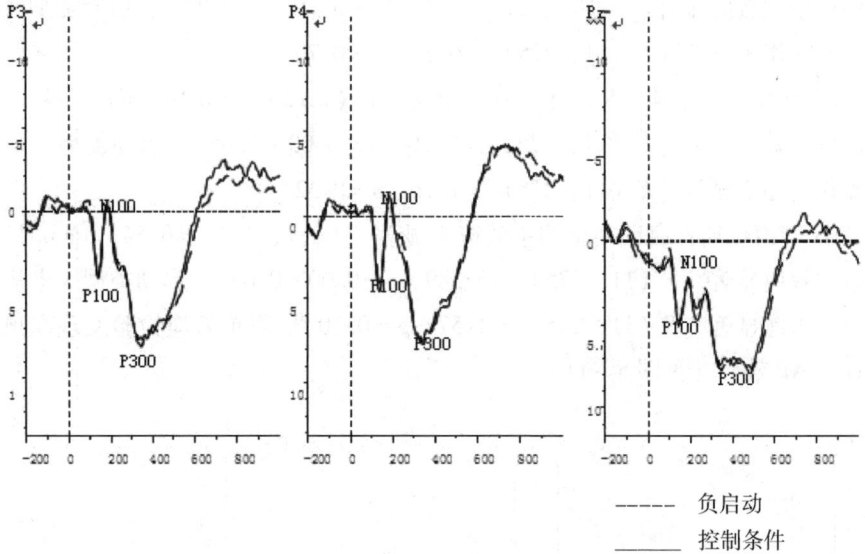

図 5 - 11　不同启动条件下的 ERP 波形图

　　将对照组负启动条件的 ERPs 减去控制条件的 ERPs 就得到其负启动（NP）效应的差异波，结合差异波地形图（见图 5 - 12）还发现，NP 效应在 600 ~ 700ms，700 ~ 800ms 的额中央区和枕区活动明显，在 200 ~ 300ms，300 ~ 400ms，400 ~ 500ms，500 ~ 600ms 的顶—枕区，额区右侧活动明显，在 0 ~ 200ms 的活动不明显。总体来看，NP 效应在 300ms 之后的晚成分上差异较大，对照组负启动条件下的 ERP 波更正。

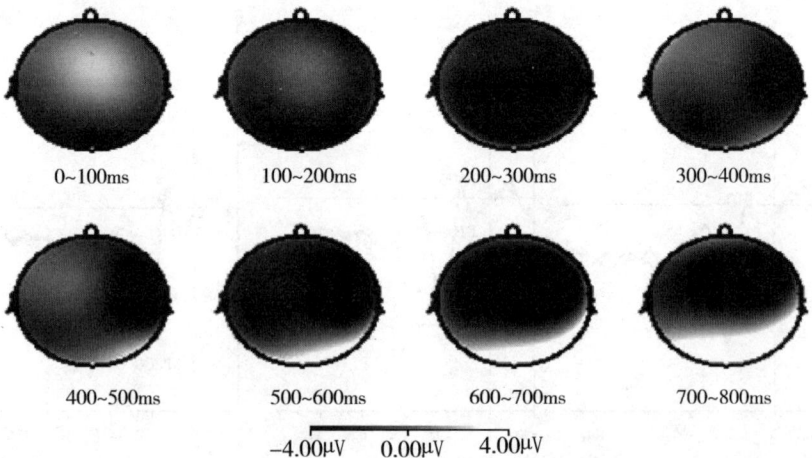

図 5 - 12　不同启动条件下对照组 ERP 差异波地形图

4. 负启动条件下不同能力组的脑机制特点比较

分别对四个主要 ERP 成分（P300，P200，P100，N100）进行特性负启动条件下的不同能力组 2（学习困难组与对照组）×电极位置 12（F3，F4，C3，C4，P3，P4，O1，O2，Fz，Cz，Pz，Oz）二因素重复测量方差分析。

P300 潜伏期：电极位置主效应显著 $[F_{(11, 528)} = 2.42, p = 0.01 < 0.05]$，组别主效应不显著 $[F_{(1, 48)} = 0.01, p = 0.93]$，电极×组别交互作用显著 $[F_{(11, 528)} = 2.91, p = 0.00 < 0.05]$。简单效应检验发现在 P4，O1，O2，Pz，Oz，Cz 电极上组间差异边缘显著，学习困难组 P300 平均潜伏期晚于对照组。

P300 波幅：组别主效应不显著 $[F_{(1, 48)} = 0.66, p = 0.42]$，电极位置主效应显著 $[F_{(11, 528)} = 20.28, p = 0.00 < 0.05]$，电极×组别交互作用不显著 $[F_{(11, 528)} = 0.51, p = 0.90]$。

P200 潜伏期：组别主效应不显著 $[F_{(1, 48)} = 0.48, p = 0.49]$，电极位置主效应显著 $[F_{(11, 528)} = 87.02, p = 0.00 < 0.05]$，电极×组别交互作用不显著 $[F_{(11, 528)} = 0.65, p = 0.79]$。

P200 波幅：组别主效应不显著 $[F_{(1, 48)} = 1.14, p = 0.29]$，电极位置主效应显著 $[F_{(11, 528)} = 13.21, p = 0.00 < 0.05]$，电极×组别交互作用不显著 $[F_{(11, 528)} = 0.59, p = 0.84]$。

P100 潜伏期：组别主效应不显著 $[F_{(1, 48)} = 1.74, p = 0.19]$，电极位置主效应显著 $[F_{(11, 528)} = 16.53, p = 0.00 < 0.05]$，电极×组别交互作用不显著 $[F_{(11, 528)} = 0.53, p = 0.89]$。

P100 波幅：组别主效应不显著 $[F_{(1, 48)} = 0.09, p = 0.76]$，电极位置主效应显著 $[F_{(11, 528)} = 15.76, p = 0.00 < 0.05]$，电极×组别交互作用不显著 $[F_{(11, 528)} = 0.88, p = 0.56]$。

N100 潜伏期：组别主效应不显著 $[F_{(1, 48)} = 1.33, p = 0.26]$，电极位置主效应显著 $[F_{(11, 528)} = 40.20, p = 0.00 < 0.05]$，电极×组别交互作用不显著 $[F_{(11, 528)} = 1.36, p = 0.19]$。

N100 波幅：组别主效应不显著 $[F_{(1, 48)} = 1.03, p = 0.31]$，电极位置主效应显著 $[F_{(11, 528)} = 16.62, p = 0.00 < 0.05]$，电极×组别交互作用不显著 $[F_{(11, 528)} = 0.65, p = 0.78]$（见图 5－13）。

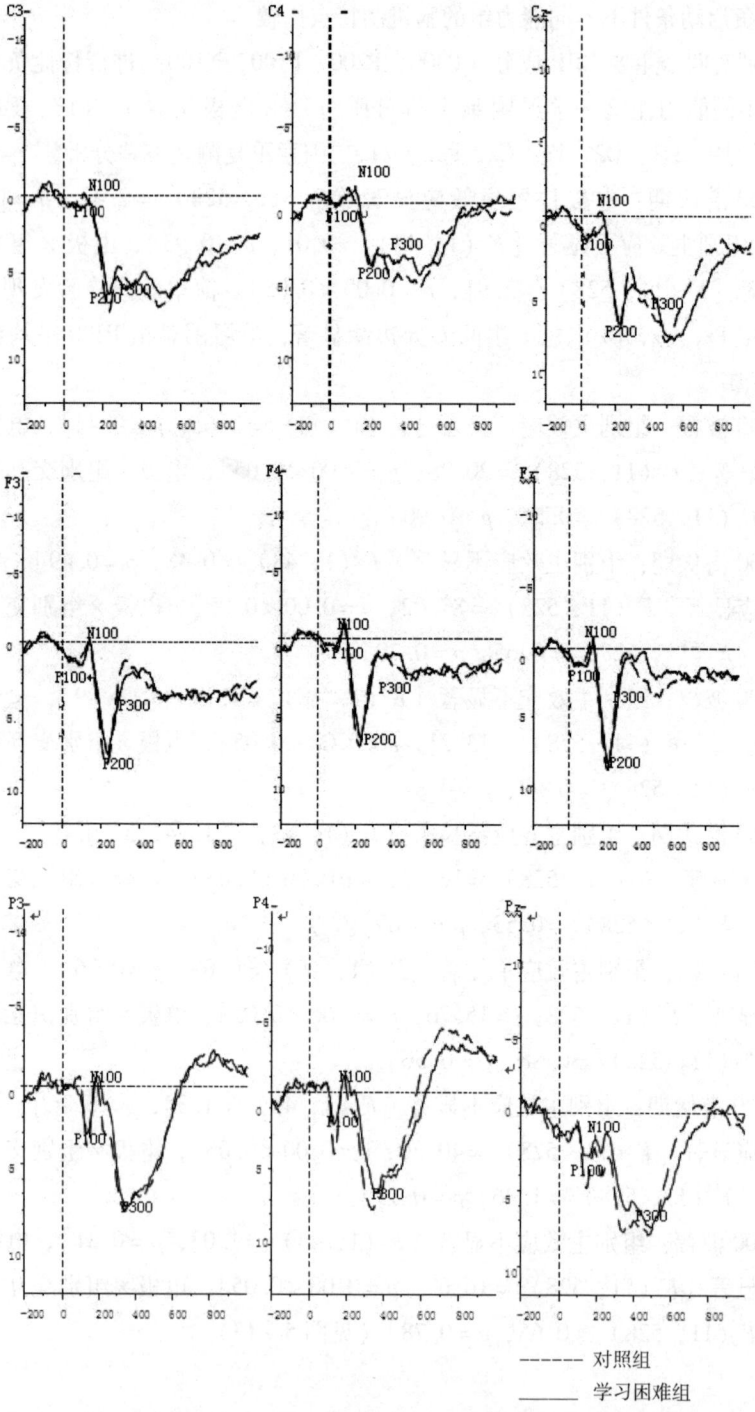

图 5-13　学习困难组与对照组负启动条件的 ERP 波形图

　　结合差异波地形图（见图 5 - 14）发现，学习困难组和对照组之间的差异主要集中在顶—枕区和额中央区的晚成分 P300 上，学习困难组比对照组有更正的晚成分，学习困难组的 P300 平均潜伏期晚于对照组。

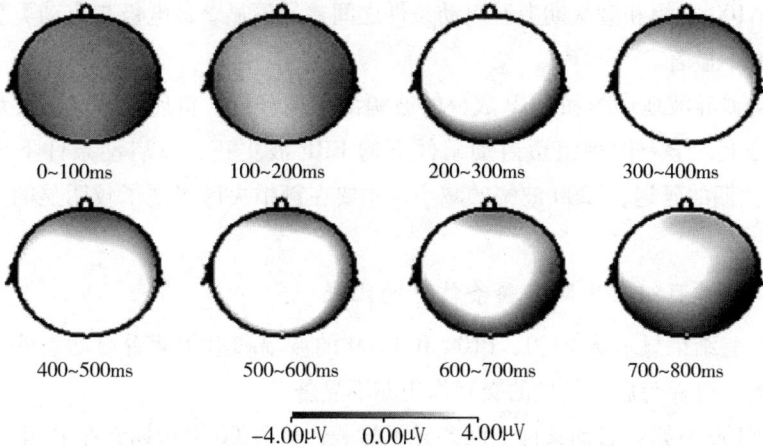

| 0~100ms | 100~200ms | 200~300ms | 300~400ms |

| 400~500ms | 500~600ms | 600~700ms | 700~800ms |

-4.00μV　　0.00μV　　4.00μV

图 5 - 14　学习困难组与对照组负启动条件的 ERP 差异波地形图

三、小结

　　本实验结果表明，学习困难组和对照组均产生了特性负启动效应，对照组的特性负启动效应比学习困难组较明显，同时对照组的特性负启动量显著高于学习困难组，因此，对照组和学习困难组的特性抑制能力存在着显著的差异，学习困难组的特性抑制能力不如对照组。

　　负启动效应是内隐的，是不受意识控制的，换句话说就是分心抑制是一种无意识的内部加工过程，它需要严格的实验控制，所以如果实验程序出现问题，无关变量和干扰没有控制好，就不能有效地显示出这种负启动效应。结合本次实验中发现了对照组产生了明显的特性负启动效应这个结果来看，本次实验设计和控制是可靠的有效的。

（一）学习困难组在不同实验条件下的比较

　　本书结果显示从 P300 的波幅看不同实验条件下的差异不显著；从 P300 潜伏期看，在 Cz 电极上两种启动条件之间存在显著差异，负启动条件的平均潜伏期（378.97ms）晚于控制条件（372.72ms），即在中央区出现了显著的负启动效应。

　　从 P200 波幅看出，在 Fz 电极上两种启动条件的差异显著，负启动条件的平均波幅（6.54μV）低于控制条件（6.74μV）即在额区出现了显著的负启动效应。从 P200 潜伏期看启动条件之间的差异并不显著。

从 P100 波幅和潜伏期上看启动条件之间差异不显著，电极与启动类型的交互作用亦不显著。

从 N100 波幅和潜伏期上看启动条件之间差异不显著，电极与启动类型的交互作用亦不显著。

结合差异波地形图和 ERP 成分的波幅潜伏期分析，负启动效应主要是出现在晚成分上，学习困难组负启动条件下的 ERP 波更正，负启动条件下出现了 P300 潜伏期的延迟，P200 波幅的减小，主要在额中央区出现了较明显的负启动效应。

（二）对照组在不同实验条件下的比较

本实验结果显示从 P300、P100 和 P200 的波幅和潜伏期看启动条件之间差异不显著，电极与启动类型的交互作用亦不显著。

从 N100 波幅看启动条件之间差异不显著；从 N100 潜伏期看在 Pz 电极启动条件之间有显著差异，负启动条件的平均潜伏期（161.03ms）晚于控制条件（160.33ms），即在顶区出现了显著的 NP 效应。

结合差异波地形图和 ERP 成分的波幅潜伏期分析，负启动效应主要出现在晚成分上，对照组负启动条件下的 ERP 波更正，负启动条件下出现了 N100 潜伏期的延迟，主要集中在顶区出现了负启动效应。

（三）负启动条件下不同能力组的脑机制特点比较

从 P300 波幅看，组别之间的差异不显著；从 P300 潜伏期看，在 P4，O1，O2，Oz，Pz，Cz 电极上组别之间的差异为边缘显著，负启动条件下学习困难组的平均潜伏期（372.72ms）晚于对照组（372.06ms），即在顶—枕区两组之间存在显著差异。

从 P200，P100，N100 波幅和潜伏期看，组别之间差异不显著，电极与组别交互作用亦不显著。

结合差异波地形图发现，学习困难组和对照组之间的差异主要集中在顶—枕区和中央区的晚成分 P300 上，学习困难组比对照组有更正的晚成分。负启动条件下学习困难组 P300 潜伏期的延迟，主要在顶—枕区两组之间差异显著。

四、讨论与结论

（一）讨论

本书运用负启动范式以及相应的 ERP 波形分析考察了学习困难学生分心抑制能力的特点。ERP 波形常从波幅和潜伏期两个方面来分析，一般认为波幅反映的是大脑兴奋性的高低，即对刺激进行信息加工时所占用的注意资源，潜伏期反映的是神经活动与加工过程的时间，即个体对刺激进行信息加工所需要的时间。波峰向上的波为负波，波峰向下的波为正波（魏景汉，罗跃嘉，2002）。在负启动任务中，研究表明：P1 反映的是对刺激的早期、快速的加工和选择性注意；N1 反映的是对目标刺激的注意集中，对处于注意中心的刺激进行辨别的操作过程；P3 反映的是对干扰刺激进行加工时所做的认知努力。负启动量是分心抑制能力的主要指标，负启动条件下探测显示的目标项与启动显示的分心项位置或类别相同，所以在负启动条件下会出现反应时间的延长，负启动量是被试在负启动条件下对探测目标的平均反应时间减去控制条件下对探测目标的平均反应时间所得的差值。

在位置负启动任务中，行为数据显示学习困难组和对照组均产生了位置负启动效应，对照组的位置负启动效应较明显。同时两组被试在负启动条件和控制条件下平均反应时间变化趋势也是一致的，均表现出负启动条件下反应时间的延长；行为数据显示对照组和学习困难组的位置负启动量的差异不显著，对照组高于学习困难组，也就是说对照组的位置抑制能力优于学习困难组，可以看出位置抑制能力对学生的学习能力有一定的影响。ERP 数据显示：（1）在位置负启动任务中，学习困难组在负启动条件下的 ERP 波更正，P300 潜伏期延迟，P200 和 N100 波幅减弱，主要在顶—枕区，额中央区出现了明显的负启动效应。（2）在位置负启动任务中，对照组在负启动条件下的 ERP 波更正，P300 潜伏期延迟，P300 波幅增强，N100 波幅减弱，主要在顶区，额中央区出现了明显的负启动效应。（3）在位置负启动条件下，学习困难组比对照组的 P300 和 N100 波幅增强，P100 和 P200 潜伏期提前，差异主要体现在顶—枕区，额中央区。

在特性负启动任务中，行为数据显示对照组和学习困难组均有特性负启动效应产生，对照组的特性负启动效应比学习困难组较明显，同时对照组的特性负启动量显著高于学习困难组，显示两组被试的特性抑制能力存在着显著的差异，且对照组的特性抑制能力明显优于学习困难组。ERP 数据显示：（1）在特性负启动任务中，学习困难组负启动条件下的 ERP 波更正，P300 潜伏期延迟，P200 波幅减弱，主要在额中央区出现了明显的负启动效应；（2）在特性负启动任务中，对照组在负启动条件下的 ERP 波更正，N100 延迟，主要在顶区出现了负启动效应；（3）在特性负启动条件下，学习困难组比对照组的 P300 有延迟，差异主要体现在顶—枕区。

近来对负启动的 ERP 相关研究显示，不同的启动任务实验和刺激属性都会影响到负启动效应的 ERP 指标（Kathmann, N., 2006）。Kathmann 等研究发现在位置负启动实验中，负启动条件下的目标词在顶枕区的 P100，N100 波幅减弱，P300 潜伏期延迟，而在特性负启动任务中，额中央区的 P200 减弱。Connelly 和 Hasher 研究表明，位置抑制和特性抑制在大脑中存在着不同的视觉通路，特性抑制与从枕叶到颞叶的腹侧通路有关，其主要功能涉及记忆和对物体的辨认；位置抑制与从枕叶到顶叶的背部通路有关，空间能力是顶区的一大功能。同样有研究指出，抑制还与额叶有关。Dochin 的工作记忆更新理论指出，P300 的潜伏期反应对刺激物的评价或分类所需要的时间，与认知的加工速度有关。P300 波幅表示大脑能量资源的分配，所以说在一定程度上 P300 波幅是与所投入的心理资源量成正比的，潜伏期随任务难度的增加而增加。

基于以往的研究有以下的解释，位置负启动任务中，负启动条件下学习困难组比对照组的 P300 和 N100 波幅增强，P100 和 P200 潜伏期提前，差异主要体现在顶—枕区，额中央区。这就说明学习困难组比对照组在抑制分心信息的时候要投入更多的注意资源，要有效地抑制无关信息对于学习困难组来说难度较大，也就是说学习困难组的位置抑制能力不如对照组，这也就与行为数据相吻合。已有研究表示位置抑制与顶枕区和额区的通路有关，这里得出组间在负启动条件下的差异主要体现在顶枕区和额区也与此研究结果不谋而合；特性负启动任务中，负启动条件下学习困难组比对照组的 P300 潜伏期的延迟，差异主要体现在顶—枕区。这也表示学习困难组在抑制分心信息的时候要投入更多的认知努力和时间，但 Kathmann 研究说明特性负启动中会出现额中央区 P200 的减弱，与这点不太吻合。本书认为负启动中 ERP 研究的结果差异是有很多原因造成，这可能与实验刺激的材料类型、数量、被试任务的难度以及被试群体性质有关；现在的 ERP 研究中由于实验任务的不同，ERP 成分的选取还没有一个明确的标准，所以这个差异也可能是由于实验材料和被试性质等方面的不同而选择的 ERP 成分不合适造成的，这点在今后的研究中有待进一步探讨。

实验结果启示，分心抑制能力对学习能力有一定的影响，学习困难组和对照组在分心抑制上的确存在差异，因此在今后的学校教育中我们不仅要注重培养学生的目标激活的能力，也要注意加强学生分心抑制能力的培养，在日常的课堂学习中常常发现学生开小差，不注意听讲，不专心学习的现象，所以提高学生的分心抑制能力势在必行。

（二）结论

第一，在位置负启动任务中，无论是学习困难组还是对照组，负启动条件的平均反应时间均显著长于控制条件，显示学习困难组和对照组均产生了明显的位置负启动效应；学习困难组的位置负启动量小于对照组，显示学习困难组的位置抑制能力低于对照组。

第二，在位置负启动任务中，与控制条件比，学习困难组在负启动条件出现了 P300 潜伏期的延迟，P200 和 N100 波幅的减弱，显示学习困难组在顶—枕区，额中央区出现了明显的位置负启动效应；对照组在负启动条件下出现了 P300 潜伏期的延迟，P300 波幅增强，N100 波幅减弱，显示对照组在顶区、额中央区出现了明显的位置负启动效应。

第三，在位置负启动任务中，与对照组比，学习困难组的 P300 和 N100 波幅增强，P100 和 P200 潜伏期提前，显示学习困难组位置抑制能力不如对照组。

第四，在特性负启动任务中，学习困难组和对照组负启动条件的平均反应时间均显著长于控制条件，显示学习困难组和对照组均产生了特性负启动效应，对照组的特性负启动量显著小于对照组，显示学习困难组的特性抑制能力显著低于对照组。

第五，在特性负启动任务中，与控制条件比，学习困难组在负启动条件下出现了 P300 潜伏期延迟，P200 波幅减弱，显示学习困难组在额中央区出现了明显的特性负启动效应；对照组在负启动条件下出现了 N100 潜伏期的延迟，显示对照组在顶区产生了特性负启动效应。

第六，在特性负启动任务中，与对照组比，学习困难组出现了 P300 的延迟，显示学习困难组特性抑制过程需要投入更多的时间，说明学习困难组的特性抑制能力不如对照组。

五、展望

本书主要采用黑白色的汉字，字母和数字组合作为实验材料，未来可以试着用彩色或者动态的图片，图片和文字组合等其他的材料做类似的研究；对于认知神经机制的研究，除了使用 ERP 之外，还可以运用眼动仪或功能性核磁共振（FMRI）等仪器从不同的层次对相关的信息加工过程做出解释。

　　本书选取了 11－13 岁的初中生作为研究对象，涉及层面还比较窄，而且未对不同性别的个体做出考察，分心抑制广泛存在于各个年龄层的学习生活中，不同年龄段学习困难组和对照组在分心抑制方面的差异有哪些不同？据王敬欣、沈德立的研究知道，特性抑制随年龄增长会有一个从上升到衰退的过程，而位置抑制却没有显著差异，所以在对其他年龄的群体做研究时要注意这一问题，这些问题都需要在以后的研究中加以进一步说明。

　　本书的指导语同时要求被试又快又准地做出按键反应，没有进一步考察变换指导语，没有考察负启动反转现象的出现，有研究表明在对被试的反应准确性要求不严时，负启动效应会消失并发生负启动的反转，有些被试可能会主观地对指导语做出不同的解释，这样对实验结果也会有一定的影响，所以可以尝试通过指导语的不同的限制来做相关研究，让实验结果更加精确。

第六章

学习困难儿童记忆编码与提取的脑机制

记忆可区分为编码、储存和提取三个独立而又相互作用的过程，在这三个过程中，编码和提取是非常活跃的过程。编码是指对信息最初的加工，它产生记忆痕迹。而提取指对过去编码信息的重复激活或印迹激活。大量研究发现，记忆在编码或提取上都存在着分离现象（孟迎芳和郭春彦，2006）。编码和提取是记忆的两个重要加工阶段，二者之间的关系必然也是记忆研究的重要内容。早期研究多集中于编码和提取加工之间的共同性，认为这种共同性是记忆成功的必要条件。如编码特异性原则，迁移合适加工观点等都强调编码和提取加工之间的重叠。神经科学家也提出相同的神经通路调节着刺激的知觉加工以及它们的储存和恢复。根据这些观点，提取加工应该是编码加工的复原，它们有着相同的神经操作。但近年来许多研究结果对上述观点提出了挑战，发现编码与提取加工之间实际上存在着本质的差异。这些研究大多使用 FMRI，发现在情节记忆中，编码与提取过程所依赖的神经机制是不同的。编码与提取的大脑两半球不对称性模型：皮层前额叶在编码与提取中的作用是不对等的，左侧前额叶在把信息特征编码进记忆时比对侧前额叶有较多激活；相反，右侧前额叶在提取时比对侧前额叶有较多的激活。可见，提取虽然是编码信息的激活，但又不是编码的简单复原。那么编码与提取加工对记忆行为的贡献是否有所不同？在二者关系上，不同材料的信息加工是否也存在着分离现象？以往对记忆编码与提取的研究所使用的被试都是成年人，儿童的记忆编码与提取与成年人有何不同？另外，许多研究是以言语和图片作为刺激材料，以数字为刺激材料的研究尚未发现，数字与言语和图片材料的记忆编码与提取是否相同？所有这些问题都是本书更为关注的。

第一节 记忆编码与提取神经机制的相关研究

对记忆的研究已有很长的历史，随着认知心理学信息加工理论的兴起，记忆研究有了长足的进展。20世纪60~70年代研究者们将记忆研究的重点放在编码过程对其他记忆过程（如存储和提取）的影响上并提出一些理论假设，如适当迁移加工观点和操作重复观点等。80年代之后研究者们发现记忆提取并不受编码的制约而是一种自动化过程。90年代以来随着认知神经科学研究的进展以及认知抑制机制、工作记忆等方面的研究深入，研究者们发现记忆提取过程与这些方面有着广泛联系。

一、记住和熟悉

（一）双重加工理论

双重加工理论（dual – process theory）认为，再认记忆受到两种不同记忆加工过程的影响，即记住（recollection）和熟悉（familiarity）。有关两种记忆形式分离的讨论早在亚里士多德（Aristotle）时代就开始了，双重加工理论的提出则始于认知心理学兴起的20世纪70年代。

大量行为和神经生理研究证明了两种记忆加工的分离。行为研究发现，在反应速度上，熟悉判断快于记住判断。在注意的分配、语义编码、年龄效应和镇静剂（benzodiazepines）对遗忘症的影响上记住比熟悉都更加敏感；反过来，熟悉比记住在反应标准的变化、操作的流畅性、短时记忆保持与遗忘和一些知觉操作上更加敏感。神经生理学方面，大量ERPs研究表明，再认测验中，由"记住"项目或者与学习项目更多的细节信息相关联的正确记忆引出的ERPs，在时间和空间分布上，不同于基于"熟悉"的项目引出的ERPs。对脑损伤病人的研究也发现，对于特定脑区的损伤，记住比熟悉有更严重的缺陷。此外，对额叶损伤病人的研究发现，背外侧PFC（前额皮层）损伤导致记住判断减少，而对熟悉判断产生的影响较小。对MTL（内侧额叶），包括几个解剖上分离的几个子区域，它们是海马和周边的旁海马灰质，海马特异性地与记住有关，而周边旁侧海马灰质则与记住和熟悉都有关。

（二）双重加工模型

双重加工理论的提出推动了双重加工记忆模型的建构，研究者在实验的基础上建立了大量的双重加工记忆模型，尽管这些模型在功能特性和神经机制上进行研究所采用的许多关键方法或途径上存在差异，但这些模型的核心假设是相似的。记住和熟悉性被提供的信息种类和加工影响置信度不同，对于一些项目被试从时间背景、空间背景、项目不同成分之间的联系等方面提取了更多的学习事件，而对于另一些项目，被试却不能提取任何学习项目性质上相关的信息（这些项目是在有意识回忆阈限之下），对于后者，被试更多地依赖于熟悉性。

（三）测量方法

用来验证记住和熟悉的测量方法大致分为两类：第一类是任务分离法，主要包括反应速度法、回忆/再认法和项目/联系再认法，这些方法的共同点在于辨别一种任务或者测验条件，以此来分离两种加工过程。如果测验结果发现任务判断同标准的再认测验条件下的成绩（即预期的记住和熟悉的操作成绩）相分离，那么就可以用来解释不同的变量对记住和熟悉的影响。然而，这种方法的缺陷在于由任务分离方法产生的特定形式的结果在本质解释上的模糊性。第二类是加工估计法，主要包括加工分离法、记得/知道（remember/know）程序和 ROC 程序。此类测验使用一系列模型理论，考察被测量到的测验成绩，从而得出表征所有测验记住和熟悉分布的估计参数。上述所有的测量方法都有自己的关键假设，详细分析每一种测量方法的研究假设尤为重要。

相对于其他方法而言，Tulving 在 1985 年的"记得/知道"（remember/know）范式是一个使用内省判断对再认记忆进行研究的方法。在这个程序中，被试要内省地对他们的记忆进行判断，即对他们再认出的项目做出基于记得的判断（回忆学习项目的背景信息）和基于知道的判断（项目在缺少记住的条件下是知道的）。相对于知道判断，记得判断更强调被试对测验项目初始呈现时背景或者情节信息的提取。具体来看，研究者采用"记得/知道"范式在按键上主要采用两种测验范式：一种是序列范式（sequential task），例如 Friedman 和 Trott 在 2000 年的研究中，在学习阶段让被试学习一系列句子，每个句子包含两个不相关的名词，测验阶段向被试呈现新、旧混合的名词，首先要求被试在保证速度和准确性的前提下尽快作出旧、新判断（学习阶段见过的就反应为"旧"，未见过的反应为"新"），如果名词被判断为旧，该名词就被再次呈现，要求被试尽量准确地进行"记得/知道"判断。序列任务是"两键"范式，这种方法的优点在于被试按键比较容易，而且左右手容易平衡。其缺点是记得/知道判断相对滞后，如果使用 ERP 等神经生理测试手段进行研究，得到的大脑活动可能不能完全反映适时的真实情况。

　　针对上述研究范式的不足，随后，研究者（Duarte 等，2004）采用多键范式（multiple - button task），结合记得/知道判断就是三键范式。三键任务能够克服序列任务的缺陷，实验设计是让被试在学习阶段学习几种项目，在测试阶段同样采取新、旧项目混合项目呈现，被试的任务是对项目的旧、新进行判断的同时进行记得/知道判断，这样，相对应的反应包括："旧—记得"（见过且能够回忆与学习阶段项目相联系的特定背景信息）、"旧—知道"（见过但不能回忆与学习阶段项目相联系的特定背景信息）和"新"（没见过）三种。与序列任务不同的是，在三键任务中，项目学习时的背景信息与项目是同时提取的，这样在 ERP 研究中使用该范式，就能保证背景信息的提取与大脑记录同步进行，但这种方法最明显的缺点是对所得结果的解释存在一定困难。

　　上述经过改进的实验设计的优点在于它是一种包容性测验，不要求被试回忆出学习阶段的背景信息，包括了被试能回忆的所有学习情景。但这一基于内省的报告也存在明显问题，对记得/知道研究范式批评最多的是，认为它是基于被试内省判断的一种测验，被试的报告是否真的准确无误，是一个最大的问题，因为它毕竟不同于客观的判断，而是基于被试意识的一种报告。综合记得/知道的研究结果和其他研究范式相比，被试对记住和熟悉的意识能够准确可靠地反映出这些加工。来自另一方面的批评则认为，记得和知道不能反映两种分离的记忆形式，而是简单地反映了熟悉或者置信度的差异。他们认为，记住仅仅反映记忆熟悉性的高置信度判断。同时，其他的研究表明准确性的测量不等价于记住反应和全部的记忆，单一的置信度判断不能解释记得/知道反应。另外一些研究直接比较了置信度和记得/知道反应，证明两者在功能上是分离的，为记得/知道反应不是简单的反映高、低置信度的再认反应提供了有力证据。总的来看，对于判断为记得的项目，被试通常能够作出更加精确的、联系性的记忆判断，例如判断出学习项目是在学习阶段哪一个学习系列或位置出现的，而对于判断为知道的项目，被试通常不能提取这些精确的、联系性的信息。由此可见，记得和知道的差异是基于记忆信息的类别而不是仅仅依靠记忆的置信度。

　　随着 PET（正电子发射层扫描技术）、ERPs（事件相关脑电位）、FMRI（功能磁共振）和 MEG（脑磁图）等功能成像技术的出现以及深入发展，记忆心理学家把关注的焦点放在记住和熟悉在编码和提取过程中的神经机制上。Duarte 等人于 2004 年提出，记住和熟悉在很大程度上是重叠的，二者依赖于相同的神经机制，但在提取过程中记住需要额外的策略加工。不同的实验条件能够在提取过程中产生记住和熟悉的分离，而相似的实验条件在编码过程中仅仅产生了单一的分离。也就是说，当控制性加工是完全以再认为基础时，记住和熟悉似乎在编码过程中依赖一个相似的神经系统，而在提取过程中出现了分离。与上述观点不同的假设认为，记住和熟悉依赖于不同的神经机制。支持该假设的是一些对内侧颞叶损伤病人的研究，发现海马对于记住是特别关键的，但是，鼻侧（rhinal）皮层周围的区域更多的与熟悉有关。同时，研究还发现，编码过程中海马和后（posterior）海马旁回皮层的激活支持了相继记得，而外鼻侧（perirhinal）的激活支持了相继知道。记住和熟悉如果依赖于不同的神经机制，那么这些过程不仅在提取阶段出现分离，在早期的编码过程中也应该出现分离。

二、编码的 ERP 研究

人类记忆研究的基本问题就是探索人的经验是如何被编码而形成记忆的。借助功能成像技术，记忆理论学家们开始探索影响人们记忆过程的认知神经过程，以及影响这些事件被记住还是被忘记的认知神经过程。探索这些问题的一项重要手段就是去观察编码过程以及它们对相继记忆能力的影响。虽然人类记忆的能力受到很多因素的影响，但是对于记住来说，有一个因素是至关重要的，就是这一事件是否与有效滞留于大脑中该事件的记忆痕迹相一致，这是洞察有效记忆的形成，心理学家通过监控一个事件形成过程的脑活动，这样就可以把记忆形成的行为证据和神经测量联系起来。对编码时期的神经激活和相继记住之间关系的研究，构成了人类相关事件转化为记忆的理论。

研究编码神经机制的一个有效方法是记录学习阶段的神经活动，然后根据随后的记忆测验成绩来分类这些记录。已经有许多的研究在大量行为和神经心理研究的基础上，探讨了学习阶段的大脑电活动与记忆编码过程之间的关系。Sanquist 等人最早进行了记忆编码过程相继记忆效应的研究，该研究将学习阶段所诱发的，根据随后的测验成绩分成两类，分别对应于被再认的单词和未被再认的单词，结果表明随后记忆正确被再认的单词比随后记忆不正确未被记忆的单词有更大的晚正成分。他们将这两类的差异称为相继记忆效应（Subsequent Memory Effects）。Paller 也进行了同类的研究，也发现了同样的结果，他们称之为 Dm 效应（ERP Differences based on later Memory perfonwance），它是基于相继记忆操作的 ERP 差异。由此可见，相继记忆效应与 Dm 具有同样的意义。

（一）言语材料相继记忆效应研究

在许多的相继记忆效应的研究中常用单词作为刺激材料（Friedman 等，1999），记忆观察到了言语刺激材料初期的神经加工和刺激项目的相继测验之间的关系。随后记住的项目比随后没有记住的项目表现出更大的正波，它常常与 P300 有关，但有时也会超出 P300，沿中央区，顶区和（或）额区分布。在编码加工过程中，不同的加工方式对刺激将产生相当大的影响，主要包括对特定刺激意义加工的程度，特定刺激的意义与个人原有的知识相关。相关研究主要包括有意（intentional）编码水平和伴随（incidental）编码水平。

1. 外显编码任务

外显（intentional）编码任务又称有意编码任务，指直接操纵被试有意识的、积极主动识记刺激任务的编码过程，随后考察这种编码操纵条件对相继记忆效应（Dm）的影响。Paller 等于 1990 年研究了自由回忆、线索回忆和启动三种编码方式条件下的相继记忆效应。要求被试注意随机出现的靶词，并对靶词进行颜色命名。实验结果表明，自由回忆、线索回忆、启动三种提取条件对应的编码任务其 Dm 效应出现明显差异。线索回忆的 Dm 效应不仅比自由回忆的 Dm 效应小、并且在时间上晚，随后记住了的单词比没有记住的单词诱发出更大的正波。两者相比，自由回忆的 Dm 效应在 200～400ms 和 400～600ms 时间段都达到了统计显著水平，而线索回忆的 Dm 效应仅在 400～600ms 时间段有显著差异。而随后的启动测验上的 Dm 效应在这两个时间段都没有达到统计显著水平。如果按编码时对应条件，对于线索回忆和自由回忆的 Dm 效应比 R 词的 Dm 效应要小（可能是由于 F 类词回忆数量较少，变异性较大）；而对于词干补笔启动的 Dm 效应，F 词的 Dm 效应与 R 词的 Dm 效应有很高的相似性。据此，Paller 等人认为，外显提取和内隐提取的 Dm 效应具有不同的神经机制。

Fernandez 等人（1998）通过使用高低字频单字词的学习和随后的自由回忆测验，研究情景记忆和特异性特征的 ERP。结果发现，在刺激呈现后的 250ms，出现一个负波，波峰出现在刺激呈现后的 400ms，尤其在中央区位置显著，低频词比高频词振幅更大，接着出现一个较大区域的晚正成分（LPC），波峰出现在刺激呈现后约 750ms，低频词比高频词振幅更大，词频主效应出现在 300～500ms、700～900ms 和 900～1100ms。在 300～500ms 和 500～700ms 两个时间段，相继记忆效应有统计学显著性。由此可见，高、低频词具有不同的相继记忆效应，低频词比高频词的起始潜伏期更长，而且低频词的相继记忆效应比高频词大约晚出现 150ms。

2. 内隐编码任务

内隐编码任务又称伴随（incidental）编码任务，指并不直接指向刺激材料的记忆任务，而是在完成指向任务的过程中，伴随着对这些刺激材料的记忆。在 Sanquist 等人（1980）的研究中，通过使用对单词词对进行语音判断或语义判断的编码任务来研究相继记忆效应。该任务中，被试的注意被直接引导到每一刺激项目的外部具体特征上。Paller 等通过该方式研究了两种加工条件下的自由回忆和再认的 Dm 效应。要求被试进行两种伴随编码任务，一种是判断呈现的词"有兴趣"或"没兴趣"，另一种是判断呈现的词"可食用"或"不可食用"。结果发现，自由回忆所对应编码任务的单词有显著的 Dm 效应。

Petten（1996）通过正性项目和负性项目研究两种加工条件下再认的相继记忆效应，在学习阶段，能成功回忆的项目比未成功回忆的项目产生更大的正走向波幅，起始于刺激呈现后的300ms。把所有词进行平均，则相继记忆效应的幅度很小。而且这种效应值仅局限于正性项目如"有生命的"和"可食的"，对于负性项目所引起的与记忆有关的差异却很小，没有发现相继记忆效应。Petten 据此认为，只有正性词引起相继记忆效应，该结果可能与 Craik 和 Tulving 提出的"学习任务和目标词之间的正性关系将会加强与认知和回忆有关的记忆痕迹"的观点相符。随后 Petten（1996）采用视觉模式图形（线形图，分为"可画的"和"不可画的"），却没有发现相继记忆效应。这种电生理学和行为结果之间的差异可能与学习任务决策是否加入了关于该项目的新知识或是否作为先前知识的线索有关。尽管"可食的"词和视觉模式图形"可画的"二者均可产生正性联系，但是只有语义决策才会把实验时和实验前的知识经验联系起来。提取先前知识是产生这种正性联系的方式之一，也许就此产生了相继记忆效应，但是，仅据此还不能排除其他正性联系有可能支持后来的再认。正性项目和负性项目的相继记忆效应不同。

Munte（1988）等人通过同一组被试直接比较了伴随编码和有意编码的相继记忆效应，结果发现，被试执行伴随编码任务比有意编码有更强的相继记忆效应，而且伴随编码总是先于有意编码。通过比较有意和伴随编码期间的认知操作中的细微差异时发现，伴随编码任务减少了被试间和被试内最初对刺激项目认知过程中（如何被知觉、注意、判断等额外加工）产生的变异，有利于探测影响相继记忆效应的相关因素。同时还发现，在伴随编码指导语条件下，被试对给定刺激的加工一般仅限于项目出现的窗口，而有意编码则更多的是在刺激消失后还对其进行继续加工。相比之下，有意编码条件下相继记忆效应比伴随编码条件下的最大值出现稍晚一些，且以额区为主（在 Fz 最大）。这种不一致的空间和时间模式，基本与其他研究一致。由此可见，刺激消失后的继续加工可能对相继记忆效应产生消极作用。

郭春彦等人通过事件相关电位探讨了在"学习—再认"模式条件下的记忆编码与特异性效应之间的关系。该研究选择首要特异性特征为深、浅加工，次要特异性特征为高、低词频。行为数据支持了低频词的再认比高频词更精确，深加工的再认比浅加工更精确，并且深加工存在着显著的字频效应，浅加工则没有显著的字频效应。低频词比高频词有更大的 ERP 晚正成分（LPC），在低频词条件下，存在着显著的相继记忆效应，随后再认正确的 ERP 比随后再认不正确的 ERP 更正；在深、浅两种加工条件下，首次使用汉字材料，获得了 ERP 相继记忆效应，随后再认正确的 ERP 比随后再认不正确的 ERP 有更大的晚正成分；深加工的 Dm 效应始于 N2 波的前支（230～280ms）和 N2 波之后（395～800ms），而浅加工的 Dm 效应发生在 345～490ms。深、浅加工的 Dm 效应涉及不同的脑区，这一结果支持深、浅两种加工的 Dm 效应出现分离的结论。因此，加工方式和词频间接地影响着记忆编码的形成。

（二）非言语材料相继记忆效应

非言语材料和言语材料的 Dm 效应存在差异。Elger 等（1997）使用日常物品的线条画图片和单词的连续再认任务，发现在"连续再认任务"范式中存在相继记忆效应。该研究还发现，相继记忆效应与被试后来的正确再认有关，出现单侧化倾向：仅限于左侧的 AMTL－N400 的大小与单词的相继再认有关，而右侧的 AMTL－N400 的大小与图片的相继再认有关，这一结果再次证明大脑左右半球的加工分离。采用图片作为刺激材料研究图片记忆编码与提取的相继记忆效应和新旧效应，结果发现，从 400～500ms 在额区和中央区观察到明显的 Dm 效应，且中央区在 500～700ms 也出现 Dm 效应，该结果跟前人的结果基本一致。言语材料的 Dm 效应大约在 230ms 开始，与言语材料相比，图片稍稍晚于这个时段。而且图片在刺激材料的 Dm 在额区显著，但在顶区不显著，出现了稍微的前移，尤以中央区显著。图片的 Dm 效应比言语材料的 Dm 效应出现的时间要晚一些，对于这样结果的解释可能是由于编码模式的差异造成的。单词是自上而下（top－down）的编码，而图片是自下而上（bottotm－up）的加工。因此，单词的编码要快于图片的编码速度。另外，材料的特异性也是影响 Dm 效应时间和空间分布不一致的一个重要原因。由此可见，相继记忆效应具有材料特异性。另外，该研究没有让被试有意识记忆图片，也没有告诉他们随后要测试这些图片，学习时只是让他们判断动物与非动物。而其他的一些研究中是让被试有意识地记忆图片，且告诉他们随后要测试这些项目。尤为重要的是他们研究中图片的呈现时间很短，只有 200ms，而其他的一些研究中要长得多，其他研究中的呈现时间是 400ms。这种差异可能延长编码程度，也将导致不同的提取效应。他们的实验研究表明了图片的编码和提取具有不同的神经机制。

（三）记住的 Dm 效应、知道的 Dm 效应和相继记住效应

Dm 效应对应两类 ERPs，根据编码过程记住和熟悉分离的结论，结合 Tulving 的记得/知道范式，依据编码过程的测验成绩可以将 ERPs 分成三类：相继记得的项目（R，即提取阶段正确判断为"记得"的编码项目）、相继知道的项目（K，即提取阶段正确判断为"知道"的编码项目）和相继漏报的项目（M，提取阶段被错误认为是新项目的编码项目，即忘记的）。三类项目两两比较，形成三类效应，几项类似的 ERP 研究将它们分别称为记住的 Dm 效应（相继记得和相继漏报之间）、知道的 Dm 效应（相继知道和相继漏报之间，又称作相继熟悉效应和相继记住效应（subsequent recollection effect，相继记得和相继知道之间）。

Smith（1993）的研究使用 Thlving 的记得/知道（R/K）范式，探讨了编码过程中两种加工的 Dm 差异。该研究采用年轻被试，以 3 个字母到 7 个字母的名词（经 Rubin & Friendly 标准化）作为刺激材料，在学习阶段让被试判断名词在意义上是有兴趣的（interesting）或是没兴趣的（non interesting），在测验阶段指导被试进行新（学习阶段没有出现的）、记得（记住学习阶段出现过，并且能够回忆出项目在学习阶段出现时的一些背景信息）、知道（记住学习阶段出现过，但不能回忆项目在学习阶段出现时的任何背景信息）判断。另外，测验阶段与通常使用的 R/K 程序所不同，而是采用新旧单词混合，以视觉方式呈现在屏幕的中央，单词的左右两边分别呈现字母 R 和 K，左右顺序在实验中随机呈现。该程序的目的主要是为鼓励被试尽力在 R 和 K 两类反应中对学习刺激进行区分，该指导语在每一个学习—测验之间都会提醒被试。Smith 的研究发现了可靠的 Dm 效应（在相继测验击中的项目，包括记住和知道的项目；相继测验漏报的项目，即学习阶段见过的项目被判断为新的），即记住的 Dm 效应和知道的 Dm 效应，表现为更大的晚正成分。但是在相继被判断为记得的学习项目（记忆项目起初的背景）和相继被判断为知道的学习项目（基于熟悉）的 Dm 效应（R−K）的振幅没有明显差异。但是，在提取过程中，ERP 的 old/new 效应判断为记得的项目比判断为知道的项目更大。Smith 据此认为，记住和熟悉性的分离没有在编码中出现，而仅仅出现在提取中。

Smith 的研究结论让许多研究者们产生怀疑，记得和知道判断（记住和熟悉）是否反映了认知和神经活动上统一的记忆加工过程。为解决这个问题，Friedman 和 Trott（2000）使用年轻被试和老年被试，采用学习—测验实验范式，在学习阶段让被试学习两列句子，每一个句子包括两个不相关联的名词。指导被试在学习阶段记忆名词和它们所呈现的系列（系列 1 或者系列 2）。在测验阶

段，要求被试既快又准确地进行新/旧判断，对判断为旧的项目，接着进行二选一的非速度判断（两键范式）：该事件是记得的还是知道的判断和对起初呈现背景的客观判断，判断名词是系列 1 呈现的或是系列 2 呈现的。为考察 Dm 效应，相继被正确判断为旧的学习项目，包括作出记得和知道判断的，引出的 ERPs 减去相继漏报（旧项目被判断为"新"）的学习项目引出的 ERPs；以及相继被判断为旧的学习项目，包括正确和不正确的序列判断引出的 ERPs 减去由相继漏报（旧项目被判断为"新"）的学习项目引出的 ERPs。为比较记得/知道在编码过程的差异，除上述比较外，还用相继作出记得判断的学习项目引出的 ERPs 减去相继被判断为知道的学习项目。结果观察到了可靠的 Dm 效应，相继记得的比相继漏报（R－M）和相继知道比相继漏报（K－M），前者都比后者的 ERPs 波幅更正；更为重要的发现是，在相继记得和相继知道的学习项目的 ERPs 的比较中（R－K），也发现了可靠的 Dm 效应，即相继记得的学习项目比相继知道的学习项目在编码过程中的 ERPs 更正。这种差异主要发生在年轻被试身上，而老年被试没有发现。

对于上述不同的研究结果，Friedman 等人认为，记得和知道的判断在认知和生理上反映了两个加工过程，把"记得"/"知道"的一个渐进的统一体分成两个部分是比较合理的。至于 Smith（1993）的研究结果，Friedman 等人认为是 Smith 实验设计中同以往 R/K 范式的不同程序，导致被试仅仅集中在 R 和 K 两种判断上，趋向于把学习阶段的 Dm 活动和相继测验阶段记录的行为结果分解开来，最终导致了 Smith 的研究中没有在编码阶段观察到两种差异。

在 Friedman 的研究的基础上，Mangels 等（2001）和 Duarte 等（2004）的研究进一步证明记得和知道的判断对应的编码阶段在认知和生理上反映了两个独立分离的加工过程。Mangels 等人（2001）研究不同注意水平（集中、简单的分散注意和难的分散注意）对 Dm 效应和相继记住效应的影响。他们也使用了记得/知道范式。结果发现在所有不同的注意水平上，相继记得（R）和相继知道（K）的项目都比相继漏报（M）的项目，在颞叶和额叶有更大的 N340，Mangels 将其解释为依赖注意水平的知觉加工。更重要的是，该研究同时发现在刺激出现后 500~1000ms，在额叶和颞枕联结处（junction），相继记得（R）比相继知道（K）有更正的稳定的慢电位（sustained potentials），这种效应在简单分散注意的条件下更大。但未发现相继知道项目同相继漏报项目之间的差异（知道的 Dm 效应）。

Duarte 等人（2004）采用年轻被试为研究对象，使用 500 张 grayscale 实物照片，采用学习—测验范式，学习阶段分为两类任务：一类任务要求被试进行有生命的或是没有生命的（animacy）判断（按 2 键），另一类任务要求被试进行是否可以操作的（manipulability）判断（按 2 键）。学习阶段，物体或者呈现在屏幕的左侧或者在右侧，要求被试既快又准确地进行判断，并告知被试之后将有测验。在测验阶段，将一系列学习过的（旧）和没有学习过的（新）照片混合呈现给被试，被试要对每一个物体进行"记得/知道/新"判断（三键）。对于作出记得或者知道判断的项目，被试要接着进行来源判断，即要求被试判断学习阶段该项目所操作的任务是什么（animacy 或 manipulability 任务）。并告诉被试，如果他们确定见过该物体并且能够回忆出项目呈现过程中特定的背景信息时，就作出"记得"反应；如果被试不能确定学习阶段是否见过该物体且不能回忆出相联系的情景时，就作出"知道"反应；如果被试确定在学习阶段从来没有见过该物体，就作出"新"的反应。刺激呈现在屏幕中央，三键设置：1 – 记得（R），2 – 知道（K），3 – 新（N）。如果被试反应为新，屏幕中央呈现" +"500ms，然后呈现下一个刺激。如果被试作出"记得"或者"知道"的反应，一个新的反应线索就出现在屏幕中央，要求被试判断该项目在学习阶段进行了怎样的任务判断，当被试完成反应后，屏幕中央呈现" +"500ms，然后呈现下一个刺激。ERPs 分析结果显示，差异主要集中在 300 ~ 450ms 和 450 ~ 600ms 两个时段。在 300 ~ 450ms，显示出更大的左侧相继熟悉效应（K – M），更大的右侧相继记住效应（R – K）。在脑区分布上，前者包括左前额区、额区、中央区，以及额极的两侧；后者主要包括右额极、右前额和右额区以及中央区的两侧。在 450 ~ 600ms 只发现显著的 R – K 效应，主要集中在双侧额极，前额区和额区。该研究发现一个是左侧的相继熟悉效应，出现的时程是 300 ~ 450ms，且在前部脑区最大。此外，另一个是右侧的相继记住效应，在 300 ~ 450ms 是前部脑区最大，在 450 ~ 600ms 双侧脑区都有激活。

对于上述实验结果，Duarte 等人（2004）认为，虽然相继记住效应和熟悉效应有相似的时间启动，并且都出现在额区，但这两种效应反映的是两个有质的区别的不同激活形式。在 300 ~ 450ms，两种效应都达到了显著水平，但在重新调节之后（after rescaling）的头皮分布存在显著差异，表明记住和知道在编码过程中是两种不同的神经加工过程。

三、提取的 ERP 研究

（一）提取与旧新效应（odd/new effect）

编码和提取是记忆过程中最活跃的两个环节。编码指对信息的最初加工，它产生记忆痕迹；而提取指对过去编码信息的重新激活。行为研究的结果表明编码和成功提取之间存在密切关系，例如深加工的研究显示深度编码比浅度编码有更好的记忆成绩。随着认知神经科学研究的深入，有研究表明编码和提取所依赖的神经机制不同，提取虽然是编码信息的激活，但并不是编码的简单复原（聂爱情等，2004）。最初，记住和熟悉神经机制的分离是在提取过程中发现的，提取研究最有效的范式是 old/new 范式。

提取研究的一个有效方式是"旧新"范式（old/new paradigm），在测验阶段混合呈现学过与未学过的项目，要求被试判断项目是否学过，学过的项目为旧项目，未学过的项目为新项目，研究发现在测验阶段正确再认旧项目比正确判断新项目的正波波幅更大，这种差异被称为旧新效应（old/new effect）。old/new 效应通常在刺激呈现后 400ms 左右开始，一般持续 300～400ms，主要集中在后部脑区，使用单词、图片、面孔等其他视觉刺激都观察到了可靠的 old/new 效应。old/new 效应被解释为提取加工的一种表征形式，这些提取加工涉及被试有意识的区分新、旧项目的能力。有关 old/new 效应的研究很多，近年来研究者开始关注视、听通道呈现刺激对 old/new 效应的影响。

罗跃嘉等（2001）使用汉字材料探讨视、听两通路 old/new 效应的差异，该实验采用经典的"学习—再认"范式，学习阶段让被试尽量记忆所有的汉字，再认阶段进行"旧/新"判断，视觉和听觉分开进行，视、听顺序在被试间进行平衡。该实验在听觉通路观察到一个明显的中央负成分 SCN，且位于头皮中央部（Cz）出现较早，在刺激后 200ms 左右开始出现，持续时间较长，跨度约 600ms；而在视觉通路观察到明显的正波（P180 和 LPC）。听觉 SCN 主要分布于额区和中央区，视觉 LPC 最大峰在后顶区和中央区，它们皆不在各自的初级感觉区；同时听觉 old/new 效应有右半球优势，视觉 old/new 效应则出现在左侧顶叶、颞叶后部与右侧枕叶，半球优势因视、听通路不同而异。

Wilding 等人（1995）采用在学习任务相同的条件下，测试不同通道（视觉与听觉）提取效应。该研究分两个实验，学习阶段，一半项目以听觉的形式学习，另一半则以视觉的形式学习。在测试阶段，混合呈现听过的、看过的以及一些新项目，只是实验阶段项目呈现的通道不同，实验 1 中，项目以视觉形式测试，实验 2 中，项目以听觉形式测试。在实验 1 中，发现相对于那些在学习阶段是听觉呈现的项目来说，学习阶段视觉呈现项目的 old/new 效应更加明显，但在实验 2 中，却没有发现这种差异，这可能反映了迁移适当认知加工的观点，也可能是由于被试仅依据通道的熟悉性就可以对视觉项目作出判断，因而导致与听觉项目的效应差异。

Kayser 等人（2003）的一项 ERPs 研究直接比较了视、听双通道呈现单词的 old/new 效应。该研究采用连续再认研究范式，结果发现，两种通道都观察到了明显的 old/new 效应，时程分布相似，潜伏期都在 560ms 左右，但是，视觉项目在头皮分布上更靠前。不仅两个通道的 old/new 效应的时程分布相似，而且两者 ERP 的成分也有交叉，N2 的头皮分布和 P3 的潜伏期有明显不同。这表明从记忆中成功地提取信息分别与每一个通道的神经发生器有关。总体而言，视觉单词再认记忆加工的 ERP 研究比听觉单词再认记忆加工的 ERP 研究多。

（二）记住的 old/new 效应、知道的 old/new 效应和记住效应

经典的 old/new 效应最早出现在刺激呈现后 200ms 且持续几百毫秒左右。对于 old/new 效应目前仍存在争议。一些研究者认为 old/new 效应同熟悉有关，而另一些研究者认为它仅仅反映一种努力程度的记忆过程。记得/知道范式在记忆加工的区分性研究中应用相当广泛，但这种判断是否客观地反映不同的认知区分度仍存在争论，一些研究者认为记得和知道反映了认知上和生理上不同的加工过程，直接对应了熟悉与当前再认记忆判断相关的背景信息成分。另一些研究者认为记得和知道仅仅是被记得/知道标准分离的一个分层的连续体的两部分。如果记得/知道判断确实反映了一个分层的连续体，那么在经典的实验范式（Smith，1993）记录的与记得/知道判断相联系的 old/new 效应就不会存在地形图分布上的差异。

Tulving 使用记得/知道范式探讨提取过程记住和熟悉分离的 ERP 现象，将测验阶段的项目分成三类，旧项目正确判断为"记得"的项目（击中的记得，H＋R），旧项目正确判断为"知道"的项目（击中的知道，H＋K），和新项目正确为"新"的项目（CR，正确拒绝的新项目或漏报的旧项目将旧项目判断为"新"），三类项目两两比较，形成三类效应，将它们分别称为记住的 old/new 效应、知道的 old/new 效应（又称作熟悉效应，familiarity effect）和记住效应（recollection effect）。

在 Smith（1993）的研究中要求被试作出旧/新再认判断，紧接着对判断为"旧"的项目，继续判断他们是"记得"（有相关背景信息的提取）的项目还是"知道"的（仅仅是熟悉）项目。结果发现，对于击中的项目与记得判断相联系的 old/new 效应（击中的记得项目比正确拒绝的新项目，称为记住的 old/new 效应）比与知道判断相联系的 old/new 效应（击中的知道项目比正确拒绝的新项目，称为知道的 old/new 效应）更大。据此 Smith 得出结论：old/new 效应能够反映同记住相联系的加工。

Wilding 和 Rugg（1996）采用来源正确、来源错误判断任务，在测验过程中让被试判断学习过程中项目呈现时精确的背景信息。实验中要求被试在学习阶段听由男性或者女性读的单词并进行词汇判断任务。在测验阶段，通过视觉方式向被试呈现单词，让其作出旧/新再认判断，对于判断为"旧"的项目，继续进行相继的声音（来源）判断。被试在进行旧项目判断之后大概 300ms，再对判断为旧的项目继续辨别它起初呈现时是哪一种声音（男性或女性）。结果观察到两种时程上和地形图上不同的 old/new 效应，并且同正确声音判断相联系的 ERPs 更大。前一种效应在左侧后部脑区最大，且潜伏期在 400ms 左右而持续时间是 500ms 左右。后一种效应同早期效应重叠，在右侧额区电极位置最大，持续时间很长，在记录期末（1434ms）仍没有衰减的迹象。他们认为后部顶区和额区效应反映了再认记忆神经解剖上和认知上不同的分布，可能与有或无提取项目信息的背景信息相关。而且项目提取和背景信息提取可能分别得到内侧颞叶和右侧前额皮层机制的激活。

Trott 等（1999）使用英文句子和英文词作为实验材料，研究年轻人和老年人提取过程记住和熟悉神经机制的差异。学习阶段让被试学习两列句子，根据呈现的顺序分别标记为序列 1 和序列 2。在学习两个系列之后，立即向被试连续呈现成对的名词，要求被试判断：old/new 判断，对于被试判断为旧的项目，接着让被试进行记得/知道判断，如果被试判断为旧的项目，则接着让被试判断该项目在学习阶段是呈现在哪个序列中。学习阶段句子中每个单词的呈现时间是 300ms，ISI 是 1200ms，测验阶段每一个单词的呈现时间是 300ms，ISI 是 2000ms。ERP 结果分为：旧项目判断为记得的（H + R）或旧项目来源判断正确的；旧项目判断为知道的（H + K）或者旧项目来源判断错误的；新项目正确判断为新的（CR）。根据潜伏期在时段上分为早期时段（年轻人在 260～480ms、老年人在 280～490ms）、中间时段（年轻人在 490～800ms、老年人在 500～869ms）和晚期时段（年轻人在 830～1450ms、老年人在 870～1490ms）。在早期时段，年轻被试的 H + R 和 H + K 同 CR 项目有显著差异，这种效应仅仅在额区、中央区和后部电极位置上显著，且 H + R 和 H + K 之间没有显著差异；而年老被试仅仅发现 H + R 同 CR 有显著差异。而在中间时段，老年被试发现了 H + R、H + K 和 CR 三者之间有显著地差异；年轻被试发现 H + R 显著地更正于 H + K 和CR 项目，这些差异在额区、中央区和后部电极位置都达到了显著水平，但是在前额区没有。在晚期时段，年轻被试在前额区 H + R 和 H + K 没有显著差异，但两者都比新项目显著更正。在额区、中央区和后部电极位置，H + R 显著更正于 H + K 和新项目，但 H + K 和新项目之间没有显著差异。总的来看，在早期阶段，仅仅在年轻被试身上发现了 H + K 判断和正确拒绝的新项目之间的可靠差异，显示出这种差异可能反映了熟悉效应；然而，地形图的分析显示，记得和知道判断的 old/new 效应并没有显著的差异。在中间时段年轻人和老人显示出相似的反应。然而，仅仅是年轻人显示出后期的记得和知道 old/new 效应。对于年轻被试该时段的地形图也不同于中间时段，显示出独特的记忆加工。

随后 Tendolkar 等人（2002）采用正常人和精神分裂症病人为被试，学习阶段向被试呈现单词，测验阶段让被试对单词进行旧/新判断（旧新项目比例相同），对于辨认出的旧单词，要求被试进一步判断再认是同记住（"记得"）还是同熟悉（"知道"）相联系的。结果发现，对于正常人"记得"反应同"新"反应的 ERPs 始终在左侧颞—区和右侧额区电极有显著的差异（记住的 old/new 效应）。尽管精神分裂症病人的这种记住的 old/new 效应的地形图显示出同正常人相似，但其潜伏期明显延迟，仅仅在刺激呈现后 800ms 时在颞—顶区显著以及在1100ms 时在右侧额区显著。对于正常人，知道的 old/new 效应在500 ~ 800ms 在颞—顶区显著；对于病人，显示出该效应在 500 ~ 1100ms 的额区分布更广且更显著。Tendolkar 等人据此认为，左侧颞－顶区记住的 old/new 效应更短的时程显示出病人受到 NTTL 区域功能失调的影响而造成情节记忆损伤。病人更广泛的额区知道 old/new 效应可能与同语义记忆提取有关的前额调控加工补偿性的增强有关。

Duarte 等人（2004）进一步研究提取阶段记住和熟悉神经机制的差异。该研究将提取阶段的项目分成正确判断为"记得"（H + R）、正确判断为"知道"（H + K）和旧项目判断为"新"（漏报，M），分析三类项目之间 ERPs 的差异。结果发现，在150 ~ 300ms，仅仅在两侧额极发现显著的熟悉效应（H + K 项目显著的更正于 M 项目）；在 300 ~ 450ms 的额极发现了显著的记住效应（H + R 项目显著更正于 M 项目）和熟悉效应；在450 ~ 600ms 的所有电极位置都发现了显著的记住效应，但没有发现熟悉效应；在 600 ~ 800ms 最后时段的额区、中央区和顶区都发现了显著的记住效应，但额极未发现，同时没有发现显著的熟悉效应。Duarte 等人认为提取过程的 ERPs 对成功提取的编码是敏感的，并且同记住和熟悉相关联。

（三）影响记忆提取的因素

1. 编码任务

加工水平作为学习阶段编码的重要变量对记忆提取有较大的影响。Brooks 等（2001）要求被试在学习阶段对名人的姓名进行深或浅加工，深加工要求被试在 5 点量表上评估他们对这个名字知道多少，浅加工要求被试评估这个姓名是否容易读。然后进行名字产生的记忆测验。结果表明，记忆测验成绩表现出显著的加工水平效应。通过神经成像研究，Rugg 等（1998）在学习阶段让被试完成"浅"（判断词的第一个和最后一个字母是否符合字母表的顺序）和"深"（把呈现的词适当地安排到一个句子中）的学习任务，然后进行再认判断，结果发现，ERP 效应位于 500~800ms 的顶区位置上，对加工水平非常敏感。

　　Wilding 等（1997）使用低频单词作为实验材料，学习阶段，单词或由男音读出，或以视觉的形式呈现在屏幕上，共有 5 组实验材料，每组材料中一半是听觉的，另一半是视觉的，在材料呈现前，屏幕上出现不同线索以提示被试单词将以听觉或视觉的方式呈现。在相应的测验中，每组共有 60 个单词（新、旧单词各半），被试的任务首先是辨认单词是否学过，接着，屏幕上出现一个提示符号，提醒被试如果该单词被判断为学过的，就要辨别这一单词在学习阶段的通道（听觉或视觉）。研究结果表明，听觉 hit/hit 与视觉 hit/hit 项目二者之间存在一定的差异，前者更正于后者，且存在不同的旧/新效应，对听觉 hit/hit 与视觉 hit/hit 项目的 ERPs 比较发现，在 500~800ms，前者比后者的 ERPs 更正，并且在前额皮层这两种来源判断的 ERPs 呈不对称性分布。

　　Marcia 等（1997）使用图形或单词作为实验材料，编码任务包括两种：一是艺术情形（artist condition），要求被试评定艺术家绘画这一项目时的难易程度；二是功能情形（function condition），要求被试评定项目的功能数目。短暂休息后，呈现一定的单词（旧单词、新单词、学习阶段图形所对应的名称）进行测验，任务有两个：一是辨别项目是否是学过的；二是要求被试做出三种反应"单词""图形""新"。ERPs 分析结果表明，艺术编码比功能编码的反应时间短，并且艺术情形小组在大约 450ms 的前额区出现了一个负偏斜，功能小组则在大约 375ms 的枕叶出现了一个负偏斜。Marcia 等认为产生这种差异的原因，可能与提取时可通达的材料信息有关，也可能与功能小组在提取时利用了更多的知觉信息有关，由于他们很可能把图形信息储存在后部的视觉皮层，因而产生了枕叶负电位；另外一种可能是，艺术小组更可能对材料形成更多的想象，而想象与前额皮层功能的关联非常密切，导致不同编码任务引起不同的 ERPs。

　　Wilding 等（1999）发现，编码任务不同会导致提取时不同脑区的激活。学习阶段由男性或女性读出一定的单词，同时在每一单词呈现前，都有不同的线索提示，被试对即将读出的目标任务进行辨别：积极或消极、愉快或不愉快（喜好）。提取阶段采用视觉呈现项目，测验任务包括两个方面：一是判断项目的声音来源（voice condition），即进行"新""旧 + 女音""旧 + 男音"选择；

二是判断项目在编码阶段的任务（task condition），即进行"新""旧＋动作""旧＋喜好"选择。结果表明，两种任务的前额皮层效应存在一定的差异，这反映出编码任务的不同会激活不同的脑区。

Ava 等（2002）研究不同的操作编码任务对提取的影响。在学习阶段，被试获得真实物体或是真实物体的卡通图片，被试对这些图片连续地进行不同的操作，他们或是对物体操作一个真实的动作（performed），或是想象自己在操作一个动作（imaged），或是观察别人操作一个具体的动作（watched），或是对物体的价格进行口头估价（cost）。在测验阶段，呈现物体的图形，要求被试辨别学习阶段与物体相应的任务。行为结果发现，四种编码任务的成绩呈梯度变化：performed > watched > imaged > cost，更为重要的是编码任务辨别的 ERPs 也呈现出类似的梯度变化，通过比较可以发现前三种编码与后一种编码的 ERPs 存在显著的差异，且主要集中在前额皮层。前三种编码任务之间的差异主要集中在顶叶、后侧颞叶以及枕叶。有趣的是，研究还发现想象任务比执行动作在前额皮层有一较大的负电位，另外，枕叶视觉区域在 performed 和 watched 任务提取中与在 imaged 和 cost 任务提取中的 ERPs 存在显著差异。

但也有不同的研究结果，Boehm 等（2005）采用一个目标检测范式，对非目标的重复面孔进行了不同的深、浅加工水平研究，发现编码水平对非目标词或面孔引起的 ERP 成分没有产生影响。

2. 年龄

由于前额叶在记忆提取中起着重要作用，而前额叶的功能会随年龄增加而发生变化，随年龄的发展儿童前额叶由不成熟到成熟，到老年时期，前额叶功能又出现相对减弱。与年轻成年被试相比，儿童、老人的记忆提取成绩较低。Anna 等（2002）认为，年幼儿童的前额皮层仍处于发育阶段，与这一区域有关的活动，如目标定向、计划、兴奋和抑制随年龄的增加而增强，而这些功能都在记忆提取中起着重要作用。

许多研究表明，3 岁儿童经常不能正确地判断记忆的来源。Anna 等（2002）使用来源遗忘对 4、6、8 岁的三个年龄段儿童分别进行研究，即在学习与测验阶段通过误导引起儿童产生一定的错误来源判断。结果表明，儿童对事实的记忆随年龄的增长而稳定提高，但他们对事实来源的记忆则在 4~6 岁表现出一种陡然增长的趋势，即 4 岁儿童的来源遗忘较多，但 6 岁、8 岁儿童的这种错误则相对较少，且 6 岁与 8 岁儿童的成绩不存在差异。表明 4~6 岁可能是来源记忆发展的一个转折时期。

Cycowicz 等（2001）用 7~9 岁的儿童和大学生作为被试，以图形作为实验材料，其中一半图形是动物，另一半图形是非动物。学习阶段，被试对以红色或绿色呈现的图形进行语义判断（有生命/无生命），在测验阶段，图形以黑色呈现，同时增加了一些新图形，要求被试判断图形是否是学过的。研究发现，大学生的记忆提取成绩显著高于儿童。儿童记忆提取成绩较低的一个可能原因是图形颜色信息的编码需要更多注意的参与，但儿童的注意分配能力相对较差，由此导致儿童记忆提取成绩相对较低。

Elisabeth 等（2002）为了比较正常儿童与异常儿童的提取记忆是否存在一定的差异，对自闭症儿童进行了研究，测验任务是让儿童判断动作在学习阶段是由自己还是由他人做出的，结果发现，自闭症儿童与正常儿童记忆提取不存在显著差异。

在 Cabeza 等（2000）以年轻和老年被试为对象的研究中，学习系列单词后，或进行项目再认或判断项目在学习阶段的时间顺序，同时对他们进行 PET 技术扫描。结果发现：腹内侧颞叶在项目提取中的激活不受年龄的影响；年轻人在时间顺序提取中右侧前额区的激活比在项目记忆中的激活多，老年被试则没有出现这一现象，且年轻人的时间信息提取成绩明显高于老年被试；时间顺序提取中，老年被试虽然在右侧 PFC 的激活少，但左侧 PFC 的激活相对较多，这可能是对右侧前额功能的弥补所造成的。

Elizabeth 等（2001）对老年被试与匹配的年轻被试进行研究。实验由男性或女性读出两组由 12 个项目组成的不同句子，同时要求被试在四点量表上对声音进行喜好评定。测验 1 以同样的声音读出相同或不同的句子或是没有听过的声音读出不同的新句子，要求被试判断句子是否是学过的。测验 2 在呈现句子的同时，要求被试回忆它在学习阶段是由哪种声音读出的。结果发现，老年被试与年轻被试的记忆提取成绩存在显著差异，年轻被试成绩明显优于老年被试。

为分析老年被试在记忆提取中的缺陷原因，Wegesin 等（2002）通过延长学习项目的呈现时间、整体呈现项目以及使用一定的精细编码策略等措施来提高老年被试的记忆提取成绩。结果发现，老年被试与年轻被试的记忆提取准确性不存在差异，表明这些措施提高了老年人的记忆提取成绩。随后对 ERPs 分析的结果却发现，老年与年轻被试的记忆提取效应除早期的后部最大效应一致外，老年被试没有出现像年轻人那样的晚期右侧额叶效应，相反，他们有一个年轻被试所没有的中央负成分，表明有效编码虽然能提高老年人的来源记忆成绩，但他们没有像年轻人那样产生前额皮层旧/新效应，他们可依赖于前额皮层以外的其他区域提取来源信息。

3. 测验方式

测验项目的呈现通道是影响记忆提取的一个重要因素，Edward 等（1995）发现，虽然学习任务相同，但测验时视觉或听觉呈现项目会产生不同的提取效应。在 Edward 等的研究中有 2 个实验，其中一半项目以听觉形式学习，另一半则以视觉形式学习。测验阶段听过的、看过的以及一些新项目混合，但项目的呈现通道不同，在实验 1 中，项目以视觉形式测验，实验 2 中，项目以听觉形式测验。在实验 1 中，相对于那些在学习阶段是听觉呈现的项目来说，视觉呈现项目的旧/新效应更加明显，这可能与被试仅依据通道的熟悉性就可以对视觉项目做出判断有关，最终导致与听觉项目的效应差异，但实验 2 却没有发现这种差异。可见，测验时的刺激呈现通道不同，记忆提取效应也不尽相同。

另外，测验时问题的不同引导也是造成提取差异的重要原因，不同的引导能对被试产生不同的导向，导致被试对相同的材料产生不同的反应。Andrew（2002）的研究证实了这一观点，他的研究包括一个学习任务与两个测验任务，学习阶段，被试学习 240 个单词，其中一半以视觉形式呈现，另一半则以听觉形式呈现，且听到与看到的单词交替进行学习，同时要求被试在九点量表上进行喜好评定。测验阶段，把单词匹配后分成对等的两组，各包含 60 个听过的、60 个看过的以及 60 个新单词，分别进行不同的测验：一是视觉测验任务，判断项目在学习阶段是否是看到的；二是听觉测验任务，判断项目在学习阶段是否是听到的。实验结果发现，虽然材料性质相同，但由于引导问题不同，导致两种任务的反应时间存在一定的差异，ERPs 波形也存在很大差异，虽然听到的项目在两个任务中都比新项目以及看到项目的 ERPs 在前额皮层更正，但在听觉测验任务中，其差异主要在右侧前额皮层，而视觉测验任务中的相应差异在两侧都明显。产生这种差异的一个可能原因是，不同的引导问题导致被试使用了不同的决策策略。

此外，测验的不同要求也能引起不同的记忆提取效应。bobbins 等人（2003）采用 FMRI 研究发现，不同的提取要求能产生不同大脑激活区域，研究发现，虽然编码任务相同，但不同任务要求对提取活动的影响不同。bobbins 等人的学习任务是要求被试对项目进行不同的语义判断（愉快/不愉快，或具体/抽象），接着是两个再认测验：第一个任务是判断两个旧的配对项目哪个是最近呈现的；另一个任务是判断项目的编码来源，即判断项目是愉快或不愉快、具体或抽象的。结果发现，两种任务激活的大脑区域不同，前一种任务激活的大脑区域是左侧前额皮层、顶—枕区、间脑，以及包括左下侧额回在内的内侧颞叶组织，后一种任务激活的区域是左上侧额回以及包括边缘回、角回、后扣带回、左侧丘脑、对侧尾核、海马和海马旁回在内的左侧顶叶。可见，不同任务要求导致记忆提取时需要参与的大脑区域不同。

4. 实验材料

Cyma 等（2000）使用线条图形为实验材料，学习阶段，图形在 3×3 的 9 点栅格屏幕的不同位置呈现，要求被试记忆图形呈现的位置。测验任务是判断图形在学习阶段的呈现位置。与 Senkfor 等（1998）的单词声音材料研究相比，Cyma 等虽然也得出两个典型的旧/新效应，但前额皮层旧/新效应的潜伏期明显提前了（约在 250ms 出现），几乎与顶叶旧/新效应同时出现，而在前人的声音辨别研究中，声音辨别比单词辨别几乎晚 300～400ms。Cyma 等认为产生这种差异的原因可能与使用的实验材料有关，即材料不同，记忆提取的旧/新效应也不同。

随后，CyCowicz 等（2001）首次对图形进行排除范式研究，学习阶段图形或红色或绿色呈现，要求被试判断相应的颜色，在提取测验任务中，图形以白色呈现，要求被试对学习阶段是红色的图形做出肯定判断，而对绿色图形与新图形进行否定判断。结果发现，这一任务没有得出像 Senkfor 等（1998）那样的额叶旧/新效应，而是在 900ms 出现了一个峰值最大的晚期后部旧/新效应，可见图形材料的颜色特性与声音来源研究的结论不一致。在此之后，Cycowicz 等（2003）又做了一个图形颜色的研究，学习任务同样是判断图形的颜色，测验阶段有两种来源任务：序列任务与排除任务，研究结果表明，两种任务都没有产生像前人那样的额叶旧/新效应，而是在顶—枕区发现了来源记忆效应，可见，记忆提取效应与使用的材料以及材料的颜色这种来源性质有关，也即材料的知觉特性不同，记忆提取效应也不同。

5. 注意状态

通过控制学习编码阶段的注意状态考察注意对记忆测验成绩的影响，以往研究大都发现，编码阶段的注意状态对直接测验（包括自由回忆、线索回忆、再认）有重要影响，即分散注意将降低成绩，而集中注意提高成绩，但对间接测验中的成绩不会产生太大的影响。

第二节　学习困难儿童数字编码与提取的 ERP 研究

一、研究目的

以数字为实验材料，不同能力组是否也存在 Dm 效应和 old/new 效应，不同能力组在加工方面存在哪些异同，这是本书研究的主要目的。

二、研究方法

（一）被试的选取

在两所小学选取学习困难儿童和正常儿童各 19 名（男 21，女 17），身体健康，无严重疾病史记录，右利手，视力和矫正视力在 1.0 以上，年龄为 11.5 ~ 13.5 岁（平均 12.5 岁），实验前均得到学生监护人的同意，实验结束后给予一定报酬。

（二）实验材料

数字信息记忆编码和提取。每个学习组 44 个长度相近的数字，其中 4 个靶数字（大写数字），每个再认组 80 个长度相近的数字，测验时靶数字不再呈现（新数字 40 个，在学习组学过的数字 40 个），被试的任务是看到大写数字（如五）就用一只手的拇指按键，罗马数字不按键，按键的手在被试间平衡。数字呈现的时间为 250ms，ISI 为（1400 ± 200）ms（从一个刺激结束到下一个刺激开始），共有 4 个学习组 4 个再认组。

（三）实验程序

本实验采用"学习—再认"研究范式，整个实验序列包括 3 个阶段。

（1）学习阶段：被试对每个呈现在屏幕中央的数字进行认真学习，被试的任务是看到大写数字（如四）就用一只手的拇指按键，阿拉伯数字不按键，按键的手在被试间平衡。每个数字和数字的呈现时间为 200ms，呈现间隔（ISI）为（1600 ± 200）ms。

（2）分心作业：每组学习任务结束后，屏幕上呈现一个 3 位数，要求被试进行 1 分钟的连减 3 运算，以阻止被试对刚学过项目的复述。

（3）再认测验：要求被试既快又准确地以左、右手分别按建，用以判断呈现的一个数字在学习阶段是否见过。左、右手所对应的反应键在被试之间进行平衡。每个数字的呈现时间为 600ms，ISI 为（2200 ± 200）ms。

（四）ERPs 的记录与获得

采用德国 Brain products 公司生产的 17 导脑电记录系统和 Ag/AgCI 电极帽（德国 BP 公司），连续记录学习阶段 17 个单极导联的脑电（EEG）。电极位置采用 10 - 20 扩展电极系统。两个双极导联用于垂直和水平眼电（EOG）记录。以双侧乳突连线的平均值作为参考。接地点在 Fpz 和 Fz 连线的中点。滤波带通为 0.05 ~ 40Hz，A/D 采样频率为 250Hz。电极与头皮接触电阻均小于 5KΩ。连续记录原始脑电，然后离线进行叠加。ERPs 的观察窗是 -200 ~ 1000ms，用 -200 ~ 0ms 的平均振幅对基线进行矫正。伴有眨眼、眼动、肌电等伪迹的数据均被排除。学习阶段（不按键）诱发的 ERPs 根据能否再认进行分类叠加，从而获得记住和没记住两种条件的 ERPs 曲线；再认阶段根据正确再认的旧数字和正确再认的新数字进行分类叠加，从而获得提取阶段两种条件的 ERPs 曲线（见图 6 - 1）。

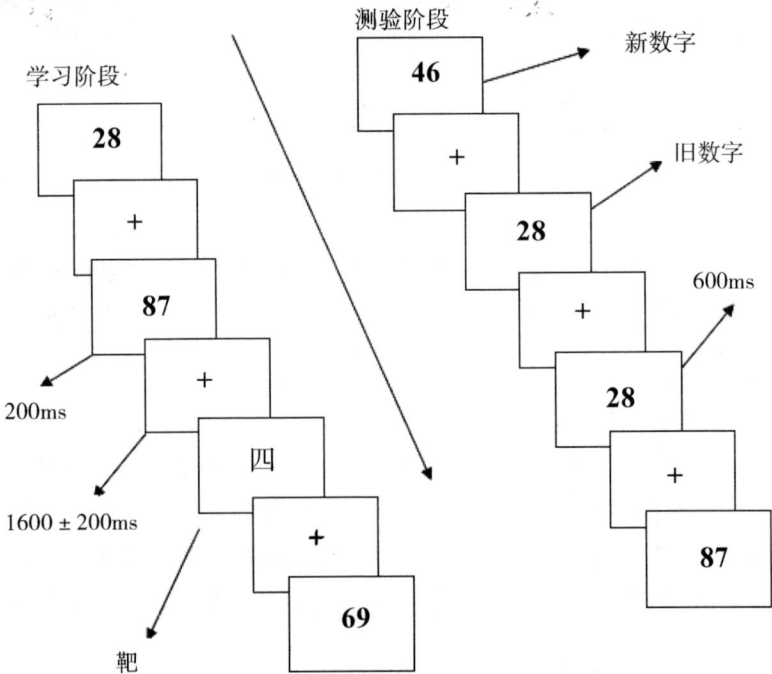

图 6 - 1 实验流程图

（五）数据分析

结合波形、地形图以及各种实验条件，并参照前人研究，确定四个主要测量分析时段：300～400ms，400～500ms，500～600ms，600～700ms，采用平均振幅测量法。

根据头皮分布与电极之间的关系以及前人的研究，选取少数具有代表性的脑区和电极进行分析，对于测量结果主要采用3因素和4因素重复测量方差分析（Repeated – Measure ANOVA）。分析因素包括：组别（2水平：学习困难组和正常组）、记忆（2水平：记住与未记住数字）、脑区（4水平：额区、中央区、顶区和枕区）、电极位置（3水平：左半球中线内侧、中线、右半球中线内侧）。电极位置的脑区划分为：额区（F3、Fz、F4），中央区（C3、Cz、C4），顶区（P3、Pz、P4），枕区（O1、Oz、O2）。

本书分别分析编码过程中记住的 Dm 效应以及提取过程中记住的 old/new 效应和与之相关联的神经特征。

对于测量结果采用3因素或4因素的重复测量方差分析（Repeated — Measure ANOVA）。具体包括以下两个过程：

编码过程：记住的 Dm 效应，三因素为记忆判断（2水平：正确再认与错误再认）、前一后位置（4水平：额区、中央区、顶区、枕区）和电极位置（3水平：左、中、右）。

提取过程：记住的 old/new 效应，三因素为记忆判断（2水平：击中的记得、正确拒绝）、前一后位置（4水平：额区、中央区、顶区、枕区）和电极位置（3水平：左、中、右）。

上述分析使用 SPSS 软件包进行，同时使用 Greenhouse – Geisser 矫正法。

三、结果

（一）行为结果

在正确率方面，编码阶段，只要求被试对大写数字（如五）按键，对靶词的正确判断率为97.3%。根据信号检测理论，如果被试的 P（A）值大于0.5［P（A）=（击中数+正确否定数）/刺激总数］，本实验中，40名被试的 P（A）值均大于0.5，平均 P（A）值为0.66。

在反应时间方面，学习阶段靶数字的平均反应时间为549.3ms。测验阶段正确判断为旧数字的平均反应时间为749.3ms，正确判断为新数字的平均反应时间为820.1ms，二者存在显著差异［t（35）=8.14，P<0.001］，说明旧数字再认

快于新数字的正确判断。这一结果与前人许多研究一致。

学习阶段，学习困难组与正常组对靶词的判断正确率分别为 97.91% 和 96.32%，没有显著差异；但对照组对靶词的反应时间比学习困难组长约 76ms，具有统计学显著性意义。再认阶段，对照组平均再认正确率比学习困难组高约 12%，也具有统计学显著性（见表 6-1）。

表 6-1　不同能力组数字编码反应时与提取正确率的比较

加工任务	编码反应时（ms）		提取正确率（%）	
	困难组	控制组	困难组	控制组
均值	562.81	638.76	44.36	56.39
标准误	13.98	15.87	2.23	2.46
P 值	<0.01		<0.001	

（二）ERP 波形的基本特征

初步波形分析发现，4 名被试眨眼次数过多，数据被剔除，有效被试共 36 人，学习困难儿童和正常儿童各 18 名（男 19，女 17）。

对编码阶段相继成功回忆和未成功回忆数字的 ERP 进行分类叠加（不包括靶项目，以排除按键动作的干扰），平均叠加次数分别是 58 和 54；对编码相继正确再认和错误再认数字的 ERP 进行分类叠加，平均叠加次数分别是 61 和 55。

总体上看，编码阶段，学习困难组和对照组的正确再认与错误再认两种条件下的 ERPs 在基本特征上十分相似，且记住比未记住的波幅更正。首先，可以观察到一般的视觉诱发电位，最初是以顶—枕区为代表的早期正波 P1（平均潜伏期为 96ms），接着出现的是一个早期负波 N1（平均潜伏期 130ms），随后出现的是一个稍晚的正波 P2（平均潜伏期为 230ms）；其次，在中央区（以 CZ 为代表），从 351ms 开始一直到记录结束，出现一个振幅较大且持续时间较长的晚期正成分 LPC（late positive component）。提取阶段，正确判断旧词的 ERPs 与正确判断新词的 ERPs 亦具有相似性，且正确判断旧词的 ERPs 比正确判断新词的 ERPs 更正。在中央区，从 360ms 开始一直到记录结束可以观察到一个波幅较大的 LPC，且在约 730ms 以后，记住与未记住的波形趋向于重合。

（三）相继记忆效应（Dm）的 ERPs

1. 学习困难儿童的 Dm 效应

分别对编码过程的四个时段（300～400ms，400～500ms，500～600ms，

600～700ms）进行记住判断（正确再认与错误再认）×脑区（4 水平：额区、中央区、顶区和枕区）×电极位置（3 水平：左半球中线内侧、中线、右半球中线内侧）3 因素重复测量方差分析。

在 300～400ms，记忆判断的主效应不显著，电极位置×记忆判断的交互作用亦不显著。

在 400～500ms，记忆判断的主效应显著 $[F(1, 17) = 11.39, P < 0.001]$，脑区×记忆判断的交互作用显著 $[F(2, 34) = 4.34, P < 0.05]$，简单效应检验发现，在枕区和顶区发现显著的 Dm 效应 $[F(1, 17) = 12.23, P < 0.001, F(1, 17) = 10.12, P < 0.001]$。

在 500～600ms，记忆判断的主效应显著 $[F(1, 17) = 4.39, P < 0.05]$，脑区×记忆判断的交互作用显著 $[F(2, 34) = 4.09, P < 0.05]$，简单效应检验发现，在枕区、顶区和中央区出现显著的 Dm 效应。

在 600～700ms，记忆判断的主效应显著 $[F(1, 17) = 4.26, P < 0.05]$，脑区×记忆判断的交互作用显著 $[F(2, 34) = 4.09, P < 0.05]$，简单效应检验发现，在顶区和中央区出现显著的 Dm 效应（见图 6-2）。

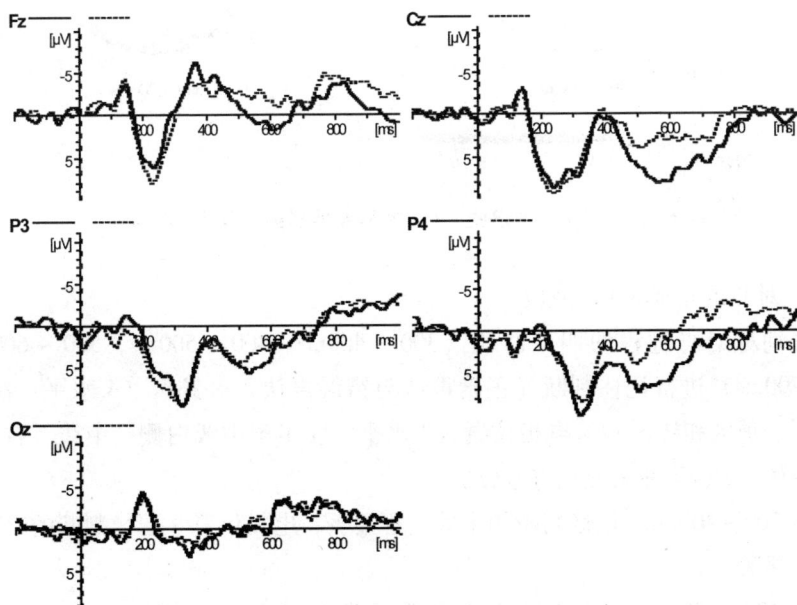

图 6-2 正确再认与错误再认记忆编码 ERPs（学习困难组的 Dm 效应）

结合差异波地形图（见图 6-3）还发现，记住的 Dm 效应只在 400～500ms

内的枕区和顶区活动显著，在 500～600ms 在枕区、顶区和中央区活动明显，在 600～700ms 在顶区和中央区活动明显。总体来看，记住的 Dm 效应在 400～500ms 活动最明显，从波形图上能发现此段正确再认与错误再认的 ERPs 差异最大。综合上述结果可以看出，学习困难儿童编码过程中正确再认数字的 ERPs 更正，得到了明显的 Dm 效应。

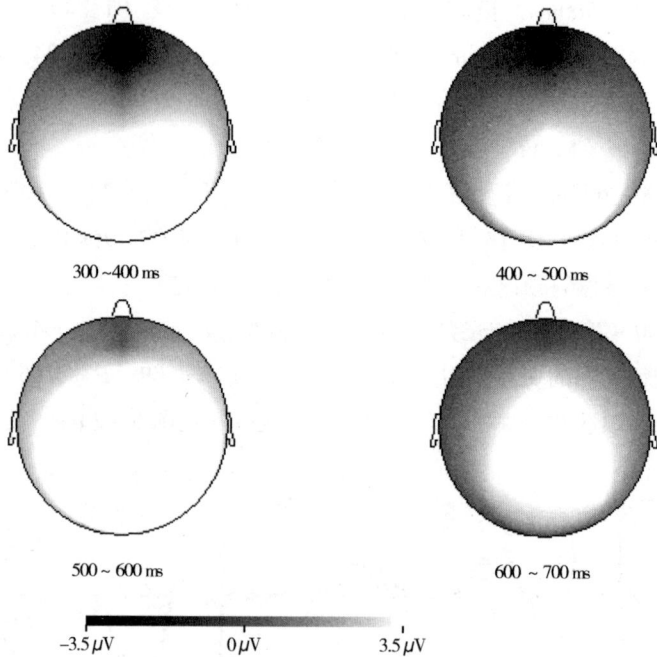

图 6-3　记住-未记住 ERPs 差异波地形图（学习困难组）

2. 对照组儿童的 Dm 效应

分别对编码过程的四个时段（300～400ms，400～500ms，500～600ms，600～700ms）进行记住判断（正确再认与错误再认）×脑区（4 水平：额区、中央区、顶区和枕区）×电极位置（3 水平：左半球中线内侧、中线、右半球中线内侧）3 因素重复测量方差分析。

在 300～400ms，记忆判断的主效应不显著，电极位置×记忆判断的交互作用亦不显著。

在 400～500ms，记忆判断的主效应显著 $[F(1, 17) = 10.46, P < 0.001]$，脑区×记忆判断的交互作用显著 $[F(2, 35) = 4.29, P < 0.05]$，简单效应检验发现，在枕区、中央区、顶区均发现显著的 Dm 效应 $[F(1, 17) = 12.38, P < 0.001; F(1, 17) = 11.16, P < 0.001; F(1, 17) = 9.03, P <$

0.01〕。

在 500~600ms，记忆判断的主效应显著〔$F_{(1, 17)} = 4.39$，$P < 0.05$〕，脑区×记忆判断的交互作用显著〔$F_{(2, 35)} = 4.09$，$P < 0.05$〕，简单效应检验发现，在枕区、中央区、顶区均发现显著的 Dm 效应〔$F_{(1, 17)} = 12.68$，$P < 0.001$；$F_{(1, 17)} = 12.03$，$P < 0.001$；$F_{(1, 17)} = 9.03$，$P < 0.01$〕。

在 600~700ms，记忆判断的主效应显著〔$F_{(1, 17)} = 4.58$，$P < 0.05$〕，脑区×记忆判断的交互作用显著〔$F_{(2, 35)} = 4.36$，$P < 0.05$〕，简单效应检验发现，在额区、中央区、顶区和枕区均发现显著的 Dm 效应〔$F_{(1, 17)} = 13.18$，$P < 0.001$；$F_{(1, 17)} = 12.38$，$P < 0.001$；$F_{(1, 17)} = 10.23$，$P < 0.001$；$F_{(1, 17)} = 8.23$，$P < 0.05$〕（见图 6-4）。

结合差异波地形图（见图 6-5）还发现，记住的 Dm 效应除在 300~400ms 不显著外，在 400~500ms、500~600ms 内的枕区、中央区、顶区活动显著，在 600~700ms 额区、中央区、顶区和枕区均发现显著的 Dm 效应，正确再认的 ERPs 比错误再认的 ERPs 更正。综合上述结果可以看出，对照组儿童编码过程中正确再认数字的 ERPs 更正，得到了明显的 Dm 效应。

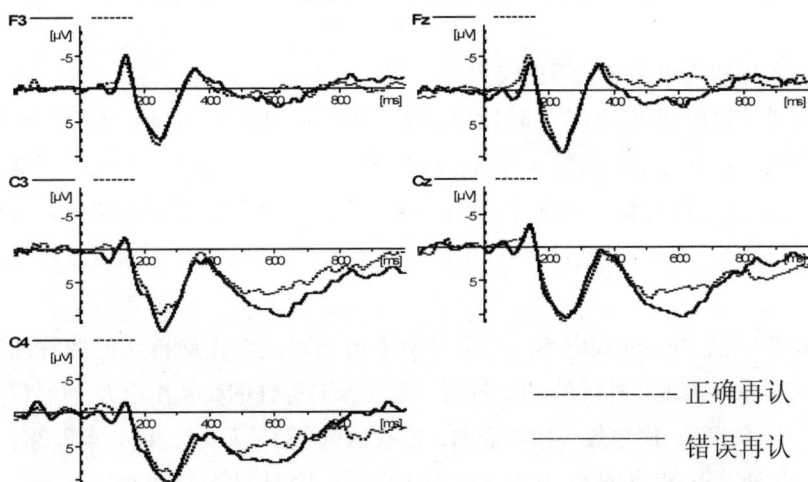

图 6-4　正确再认与错误再认记忆编码 ERPs（对照组的 Dm 效应）

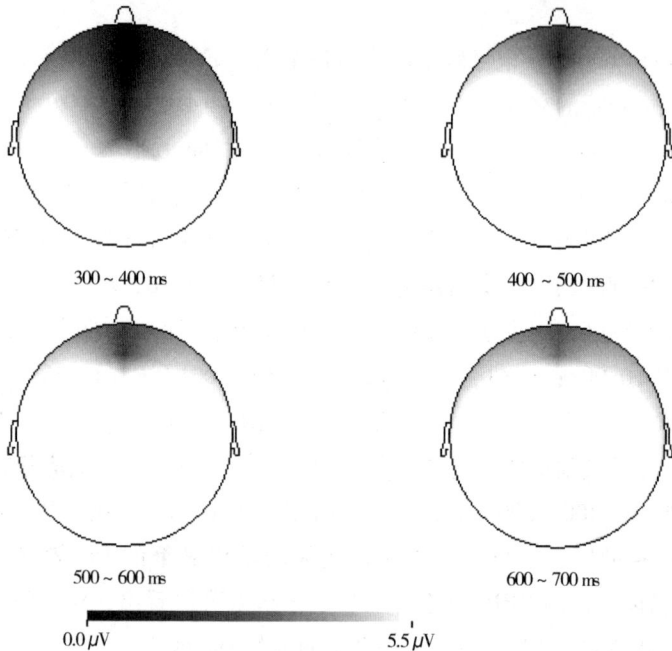

300 ~ 400 ms

400 ~ 500 ms

500 ~ 600 ms

600 ~ 700 ms

0.0 μV　　　　　　　　　　　　5.5 μV

图 6 – 5　记住 – 未记住 ERPs 差异波地形图（对照组）

3. 不同能力组记忆编码比较

分别对编码过程的四个时段（300 ~ 400ms, 400 ~ 500ms, 500 ~ 600ms, 600 ~ 700ms）进行记忆判断（再认正确与再认错误）两种条件下的不同能力组（学习困难组与对照组）× 脑区（4 水平：额区、中央区、顶区和枕区）× 电极位置（3 水平：左半球中线内侧、中线、右半球中线内侧）3 因素重复测量方差分析。

由图可见，与 Dm 效应不同，学习困难组与对照组正确再认的两种加工的 ERPs 差异最早出现于枕区的 P1，同时，加工 × 对称性的交互作用 F（1，17）= 3.13，$P = 0.055$，简单效应检验表明，右枕区（O2），F（1，17）= 7.28，$P <$ 0.01。此外，P1 潜伏期学习困难组（102ms）明显早于对照组（131ms），F（1，17）= 9.05，$P < 0.01$。由此可见，加工差异主要开始于右枕区的 P1，远远早于 Dm 效应，总体上看，对照组加工比学习困难组更正。

在 Dm 效应出现以前，不同类型组加工的枕区 P2 差异与 P1 相似，亦主要表现在右枕区，而且，对照组比学习困难组更正，加工的主效应和加工 × 对称性的交互作用分别为：F（1，17）= 5.58，$P < 0.02$；F（1，17）= 4.36，$P <$ 0.04。简单效应检验表明，右枕区 P2 的加工差异 F（1，17）= 7.08，

$P < 0.01$。

在 Dm 效应出现前，不同能力组加工的突出差异表现在，学习困难组加工的 P2 潜伏期（318ms），显著晚于对照组（284ms），加工的主效应为 $F (1, 17) = 14.06$，$P < 0.001$。同时还发现，不同能力组加工的 N2 和 LPC 差异与 Dm 效应十分相似，对照组比学习困难组更正，其主效应分别为：$F (1, 17) = 28.16$，$P < 0.001$；$F (1, 17) = 48.19$，$P < 0.001$。但是，与 Dm 效应不同的是，不同能力组加工的分离明显大于 Dm 效应的分离，而且，持续时间更长，一直持续到 1000ms 之后，远远晚于 Dm 效应的分离时间。且对照组比学习困难组有一个更正的晚正成分。

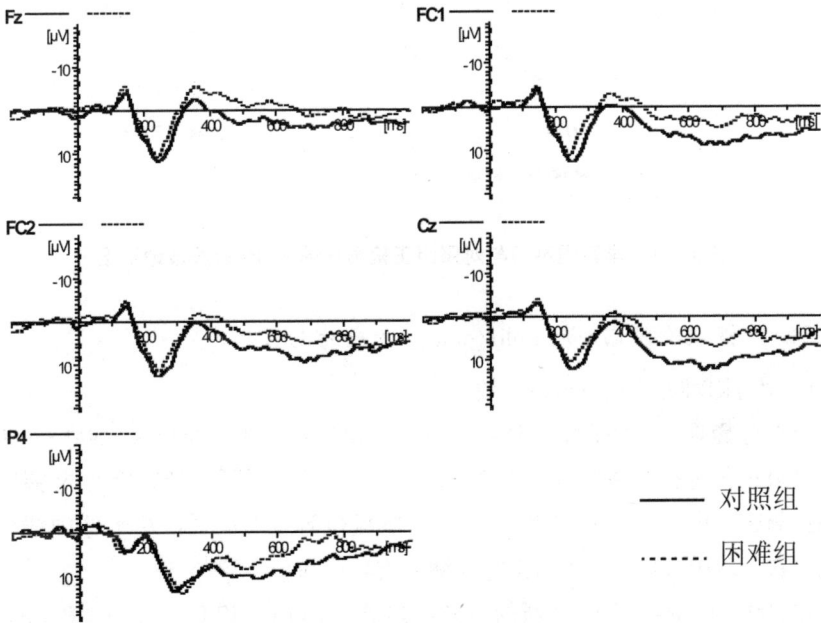

图 6 - 6 学习困难组与对照组正确再认的 ERPs

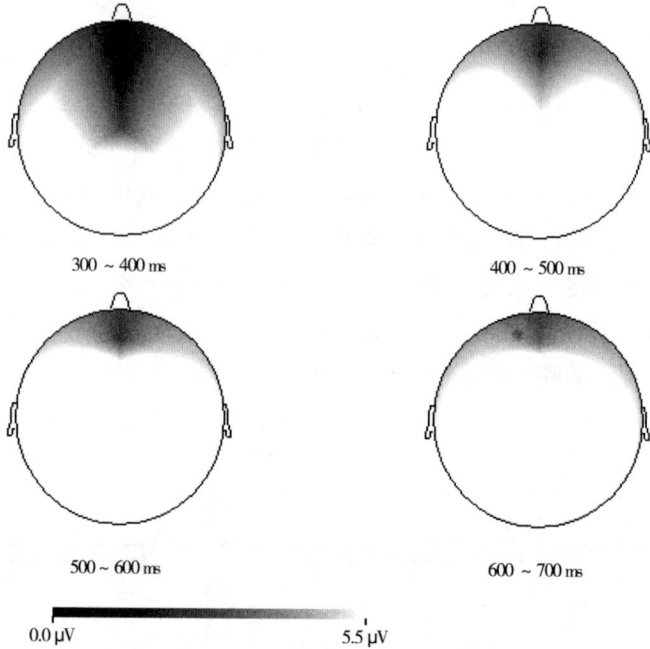

300 ~ 400 ms

400 ~ 500 ms

500 ~ 600 ms

600 ~ 700 ms

0.0 μV   5.5 μV

图 6-7　学习困难组与对照组正确再认的 ERPs 差异波地形图

（四）提取阶段旧/新（old/new）效应的 ERPs

1. 学习困难儿童的 old/new 效应

分别对提取过程的四个时段（300 ~ 400ms，400 ~ 500ms，500 ~ 600ms，600 ~ 700ms）进行记住判断（记住的旧数字与正确判断的新数字）×脑区（4水平：额区、中央区、顶区和枕区）×电极位置（3 水平：左半球中线内侧、中线、右半球中线内侧）3 因素重复测量方差分析。

在 300 ~ 400ms，记忆判断的主效应显著 $[F (1, 17) = 7.23, P < 0.01]$，正确判断旧数字的 ERPs 比正确判断新数字的 ERPs 更正，记忆判断×脑区的交互作用显著 $[F (3, 51) = 4.36, P = 0.03]$，进一步简单效应分析表明，记住的旧数字与判断正确的新数字，这两个记忆水平在枕区、顶区和中央区显著 $[F (1, 17) = 19.18, P < 0.001; F (1, 17) = 5.21, P < 0.05; F (1, 17) = 8.33, P < 0.01]$。

在 400 ~ 500ms，记忆判断的主效应显著 $[F (1, 17) = 9.34, P < 0.01]$，正确判断旧数字的 ERPs 比正确判断新数字的 ERPs 更正，记忆判断×脑区的交互作用显著 $[F (3, 51) = 4.55, P = 0.03]$，进一步简单效应分析表明，记住的旧数字与判断正确的新数字，这两个记忆水平在顶区和中央区显著 $[F (1,$

17）＝20.36，$P < 0.001$，F（1，17）＝5.69，$P < 0.05$]。由此可见，在顶区和中央区，正确判断旧数字的 ERPs 比正确判断新数字的 ERPs 更正。

在 500～600ms，记忆判断的主效应显著 [F（1，17）＝18.63，$P < 0.001$]，正确判断旧数字的 ERPs 比正确判断新数字的 ERPs 更正，记忆判断×脑区的交互作用显著 [F（3，51）＝4.37，$P = 0.03$]，简单效应检验表明，记住的旧数字与判断正确的新数字，这两个记忆水平在枕区、顶区和中央区差异显著 [F（1，17）＝12.24，$P = 0.002$；F（1，17）＝13.11，$P < 0.001$；F（1，17）＝11.35，$P < 0.001$]。由此可见，在枕区、顶区和中央区，正确判断旧数字的 ERPs 比正确判断新数字的 ERPs 更正。

在 600～700ms，记忆判断的主效应显著 [F（1，17）＝18.36，$P < 0.001$]，正确判断旧数字的 ERPs 比正确判断新数字的 ERPs 更正，记忆判断×脑区的交互作用显著 [F（3，51）＝4.39，$P < 0.05$]，简单效应检验表明，记住的旧数字与判断正确的新数字，这两个记忆水平在顶区和中央区差异显著 [F（1，17）＝14.35，$P < 0.001$，F（1，17）＝12.11，$P < 0.001$]。由此可见，在顶区和中央区，正确判断旧数字的 ERPs 比正确判断新数字的 ERPs 更正。其他脑区未发现显著的记忆判断的主效应（见图6-8）。

结合差异波地形图（见图6-9）还发现，记住的旧数字与判断正确的新数字的旧/新效应主要在顶区和中央区活动最明显。综合上述结果可以看出，学习困难儿童提取过程中的 old/new 效应主要表现在顶区和中央区。

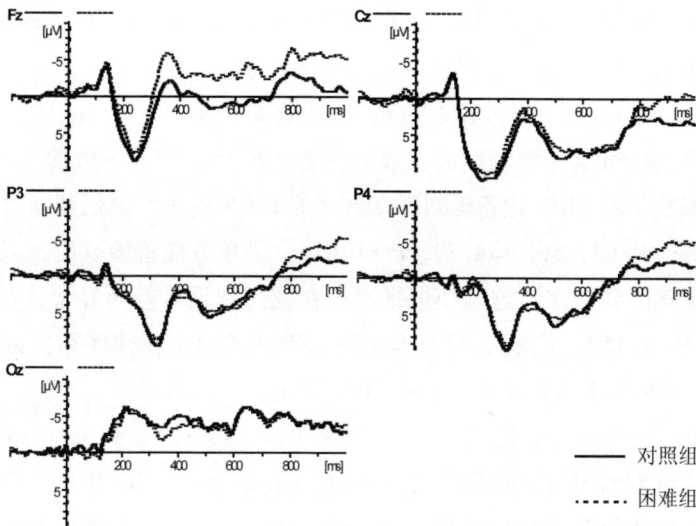

图6-8 正确判断的旧词与正确判断的新词记忆提取的 ERPs（学习困难组）

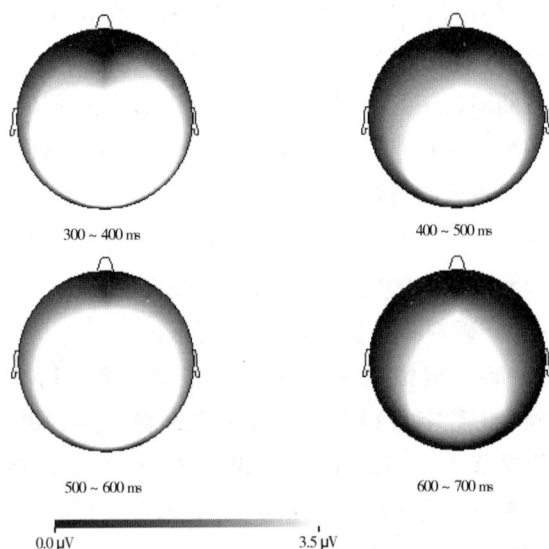

300 ~ 400 ms

400 ~ 500 ms

500 ~ 600 ms

600 ~ 700 ms

0.0 μV   3.5 μV

图 6 - 9　正确判断的旧词与正确判断的新词记忆提取的 ERPs 地形图
（学习困难组）

2. 对照组儿童的 old/new 效应

分别对提取过程的四个时段（300 ~ 400ms，400 ~ 500ms，500 ~ 600ms，600 ~ 700ms）进行记住判断（记住的旧数字与正确判断的新数字）×脑区（4水平：额区、中央区、顶区和枕区）×电极位置（3 水平：左半球中线内侧、中线、右半球中线内侧）3 因素重复测量方差分析。

在 300 ~ 400ms 没有发现显著的 old/new 效应。

在 400 ~ 500ms，记忆判断的主效应显著 $[F(1, 17) = 9.89, P < 0.01]$，正确判断旧数字的 ERPs 比正确判断新数字的 ERPs 更正，记忆判断×脑区的交互作用显著 $[F(3, 51) = 4.79, P = 0.01]$，简单效应检验表明，记住的旧数字与判断正确的新数字，这两个记忆水平在枕区和顶区差异显著 $[F(1, 17) = 16.46, P < 0.001; F(1, 17) = 8.34, P < 0.01]$。在枕区和顶区正确判断旧数字的 ERPs 比正确判断新数字的 ERPs 更正。

在 500 ~ 600ms，记忆判断的主效应显著 $[F(1, 17) = 13.06, P < 0.001]$，正确判断旧数字的 ERPs 比正确判断新数字的 ERPs 更正，记忆判断×脑区的交互作用显著 $[F(3, 51) = 4.63, P < 0.01]$，简单效应检验表明，记住的旧数字与判断正确的新数字，这两个记忆水平除额区外的所有脑区均显著：

枕区 F (1, 17) =6.41, $P<0.01$; 顶区 F (1, 17) =11.23, $P<0.001$; 中央区 F (1, 17) =15.21, $P<0.001$。由此可见，在枕区、顶区和中央区，正确判断旧数字的 ERPs 比正确判断新数字的 ERPs 更正。

在 600~700ms, 记忆判断的主效应显著 $[F$ (1, 17) =10.82, $P<0.01]$, 正确判断旧数字的 ERPs 比正确判断新数字的 ERPs 更正，记忆判断×脑区的交互作用显著 $[F$ (3, 51) =4.29, $P<0.05]$, 简单效应检验表明，记住的旧数字与判断正确的新数字，这两个记忆水平在顶区和中央区显著：顶区 F (1, 17) =9.87, $P<0.01$; 中央区 F (1, 17) =14.72, $P<0.001$。由此可见，在顶区和中央区，正确判断旧数字的 ERPs 比正确判断新数字的 ERPs 更正（见图 6-10）。

结合差异波地形图（见图 6-11）还发现，记住的旧数字与判断正确的新数字 500~600ms 和 600~700ms 内的顶区和中央区十分明显，记住的旧数字与判断正确的新数字的旧/新效应只在 500~600ms 和 600~700ms 内最明显。综合上述结果可以看出，对照组儿童提取过程中记住的旧数字的 ERPs 更正，得到了明显的 old/new 效应。

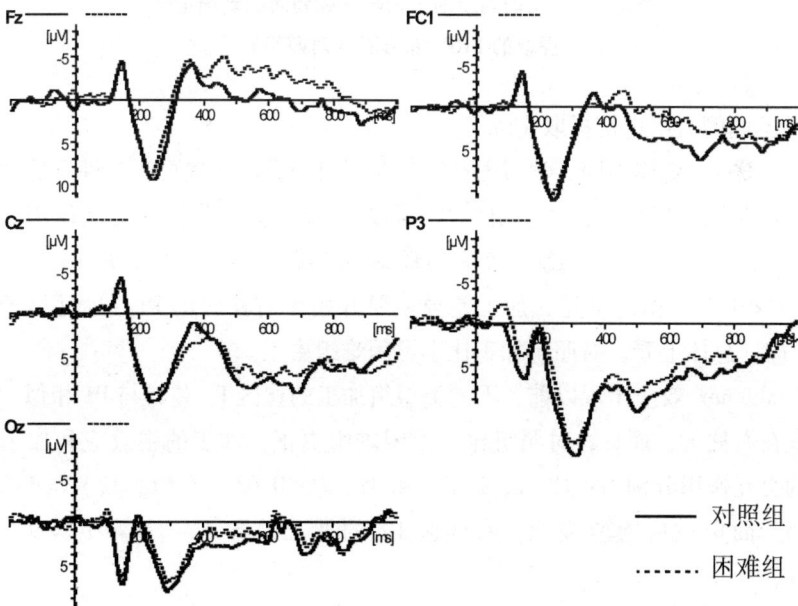

图 6-10　正确判断的旧词与正确判断的新词记忆提取的 ERPs（对照组）

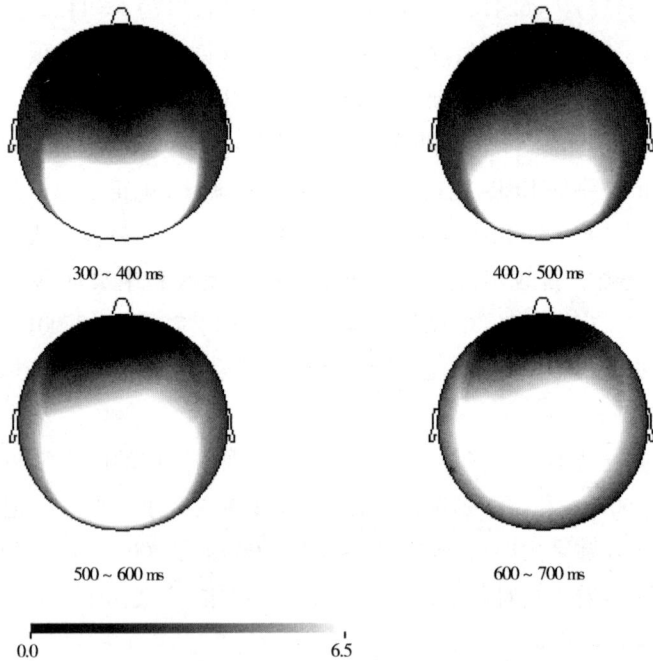

300 ~ 400 ms

400 ~ 500 ms

500 ~ 600 ms

600 ~ 700 ms

0.0   6.5

**图 6 - 11　正确判断的旧词与正确判断的新词记忆
提取的 ERPs 地形图（对照组）**

3. 不同能力组记忆提取比较

与 old/new 效应不同，学习困难组与对照组旧数字正确再认条件下的两种加工的 ERPs 差异最早出现于枕区的 P1，同时，加工 × 对称性的交互作用 F (1, 17) = 3.34，$P = 0.051$，简单效应检验表明，右枕区（O2），F (1, 17) = 8.32，$P < 0.01$。由此可见，加工差异主要开始于右枕区的 P1，远远早于 old/new 效应，总体上看，对照组加工比学习困难组更正。

在 old/new 效应出现以前，不同类型组加工的枕区 P2 差异与 P1 相似，亦主要表现在右枕区，而且，对照组比学习困难组更正，加工的主效应和加工 × 对称性的交互作用分别为：F (1, 17) = 4.38，$P < 0.03$；F (1, 17) = 3.71，$P < 0.05$。简单效应检验表明，右枕区 P2 的加工差异 F (1, 17) = 9.21，$P < 0.01$。

同时，在 old/new 效应出现前，不同能力组加工的突出差异表现在，学习困难组加工的 P2 潜伏期（312ms），显著晚于对照组（272ms），加工的主效应为 F (1, 17) = 12.43，$P < 0.001$。同时还发现，不同能力组加工的 N2 和 LPC 差异与 old/new 效应十分相似，对照组比学习困难组更正，其主效应分别为 F (1,

17）=21.05，$P < 0.001$；$F (1, 17) = 38.64$，$P < 0.001$。但是，与 old/new 效应不同的是，不同能力组加工的分离明显大于 old/new 效应的分离，而且，持续时间更长，一直持续到 1000ms 之后，远远晚于 old/new 效应的分离时间。且对照组比学习困难组有一个更正的晚正成分。

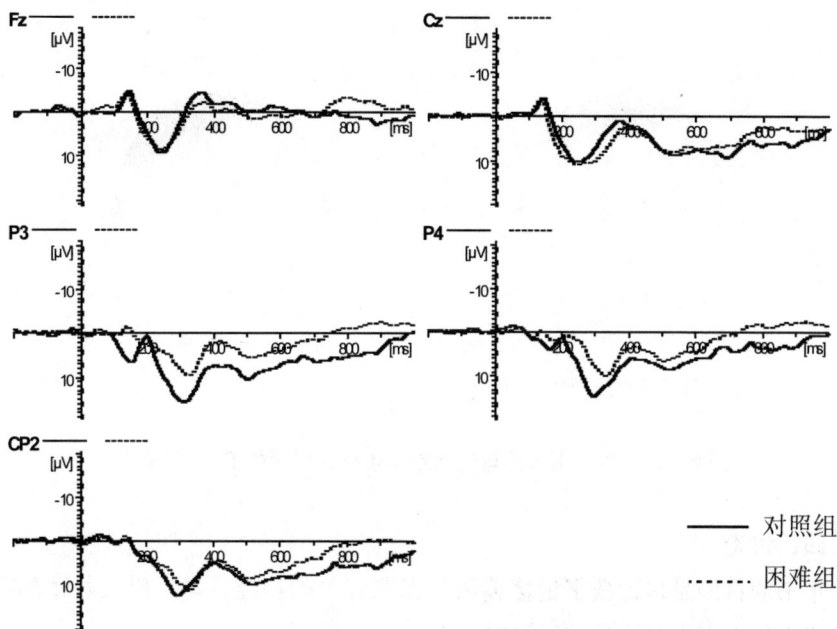

图 6－12　学习困难组与对照组正确再认旧词的 ERPs

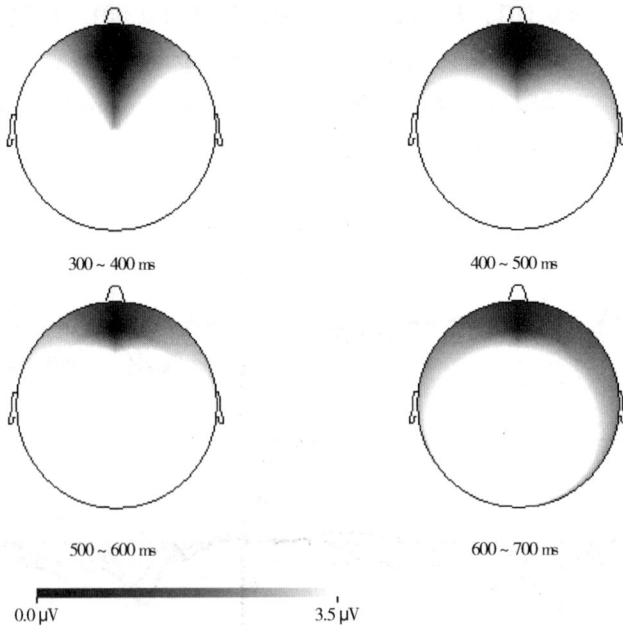

300 ~ 400 ms

400 ~ 500 ms

500 ~ 600 ms

600 ~ 700 ms

0.0 μV　　3.5 μV

图 6 - 13　学习困难组与对照组正确再认旧词的 ERPs 地形图

四、讨论

本书的目的是讨论数字记忆编码与提取有关的神经机制。ERP 技术的高时间分辨率使本书得到这种神经机制时程上的特征。

(一) 编码过程

本实验既观察到了学习困难组和对照组存在的 ERPs 差异，也比较了不同能力组加工所对应的两种 Dm 效应。同时，还进一步比较探讨了加工差异与 Dm 之间的关系。

总体上看，编码阶段，学习困难组和对照组的正确再认与错误再认两种条件下的 ERPs 在基本特征上十分相似，且记住比未记住的波幅更正。首先，可以观察到一般的视觉诱发电位，最初是以顶—枕区为代表的早期正波 P1（平均潜伏期为 96ms），接着出现的是一个早期负波 N1（平均潜伏期 130ms），随后出现的是一个稍晚的正波 P2（平均潜伏期为 230ms）；其次，在中央区（以 CZ 为代表），从 351ms 开始一直到记录结束，出现一个振幅较大且持续时间较长的晚期正成分 LPC。提取阶段，正确判断旧数字的 ERPs 与正确判断新数字的 ERPs 亦具有相似性，且正确判断旧数字的 ERPs 比正确判断新数字的 ERPs 更正。在中央区，从 360ms 开始一直到记录结束可以观察到一个波幅较大的 LPC，且在约

730ms 以后，记住与未记住的波形趋向于重合。

本书发现数字编码过程在 400～700ms 存在显著的相继记忆效应，以往研究多使用英文或德文等拼音材料，被试主要是大学生，虽然本书以儿童为被试，使用数字材料，但没有在视觉通道发现任何文字依赖的效应，学习困难组和对照组均发现明显的 Dm 效应。同时，与大多数研究一样，在不同能力组两种条件下，均获得了明显的 Dm 效应。

与此同时，本书所获得的 Dm 效应也与以往研究有很大不同。时程上，本书发现，学习困难组的 Dm 效应主要集中在 400～600ms，对照组的 Dm 效应主要集中在 400～700ms。郭春彦等（2003）关于不同加工与记忆编码关系的 ERP 研究发现，Dm 效应与 N2 波有关，出现在 230～280ms，作者将 Dm 效应划分为三个时段，除 LPC1 与 LPC2 外，还有一个 fbN2，而且，Dm 效应在 fbN2 与 LPC1 之间是不连续的，处在 N2 峰的两侧。Friedman & Trott（2000）的 ERP 研究使用英文句子，研究两组被试（年轻人和老年人）记住和熟悉编码过程的分离，结果发现对于年轻被试，在 210～1000ms 都发现显著记住 Dm 效应。

在脑区分布上，本书发现，相对右侧电极来说左侧电极记住的 Dm 效应相对更大。结合差异波地形图还发现，记住的 Dm 效应在 400～500ms 内额区、中央区、顶区电极位置活动更加显著，学习困难组在 500～600ms 内只在额区活动均明显，对照组在 500～600ms 内的额区、中央区、顶区活动显著，在 600～700ms 内学习困难组活动不显著，对照组在 600～700ms 内的额区、中央区、顶区活动显著。总体来看，记住的 Dm 效应在 500～600ms 活动最明显，从波形图上能发现此段正确再认与错误再认的 ERPs 差异最大。这一结果同 Duarte（2004）的 ERP 研究也有不同之处，该研究使用灰色实物图片，在刺激呈现后 300～450ms 发现双侧额极、左侧前额、左侧额区和左侧中央区的相继熟悉效应，而在该时段发现右额极、右前额、右额区和双侧中央区的相继记住效应。

在此之前，Friedman 等人（2000）研究发现在刺激呈现后 810～1000ms，老年被试知道的 Dm 效应在右侧脑区更显著。实验材料的不同可能是导致上述结果不一致的原因，大量研究发现言语材料和非言语材料的神经机制不同，Elger 等人（1997）的一项使用颅内安置电极技术比较言语材料和非言语材料的 Dm 效应的研究时发现，同一群体被试的图片和单词 Dm 效应的偏向不同。该研究以诊断额叶癫痫的病人为被试，在手术前检测期间，直接从 13 位有右额叶癫痫和 13 位有左额叶癫痫的病人（所有病人都显示有左半球语言优势）的内侧和外侧额叶获得记录结果（皮层电图和立体脑电图）。不同组被试分别呈现图片或单词：每一情形中，一半的项目仅呈现一次，一半项目呈现两次。在图片和单的初次（"新异的"）呈现期间，所有病人都显示在左右前内侧额叶有负波，大约400ms达到峰值，并且项目重复呈现时的波与第一次呈现时比，强度有所减小。至关重要的一点是从目前的观点出发，这一效应与被试的相继正确再认有显著相关，但受材料类型影响，偏向于左侧与单词的相继再认有关，偏向于右侧与图片的相继再认有关。

本实验根据差异波的地形图发现 Dm 效应在前部脑区活动更显著。以往研究曾根据 ERPs 头皮分布，将 Dm 效应分为两类：一类是额叶最大，一类是中央顶区最大。前者主要由前额皮层神经活动的所引发，后者一定程度上与内侧颜叶区域的神经活动有关。研究者据此认为，基于头皮分布不同的两类 Dm 效应是由不同脑区和不同认知加工引发的。Paller 等人（1987）和 Petten 等人（1996）的研究发现，当学习任务的指导语强调精细编码策略如语义联系、语义辨认和想象时，额区正波通常会更好地预测哪些单词将会被记住。Weyerts 等人（1997）研究非联想编码（对每一个单词单独进行语义判断）和联想编码（建立两个单词之间的语义联系）的 Dm 效应，在后一种条件下观察到可靠的 Dm 效应，且在右额区最大。Paller 等人（1988）提出 Dm 反映的编码加工类似于被称作"精细编码"的加工，外显的提取方式依赖被记住事件同其他信息之间通过精细编码建立起来的联系。总的来看，额叶 Dm 效应来自精细编码策略与机械编码策略、深加工与浅加工、联想与非联想编码任务之间的对比调节加工，它同编码过程中被试对项目的精细加工有关。结合本书发现的 Dm 效应在所分析时段的晚期在大脑前部更显著，一种可能性就是精细编码策略对记忆编码的影响。

本书中，学习困难组与对照组两种加工条件下的 Dm 效应存在着显著的时间与空间上的差异。加工差异主要开始于右枕区的 P1，远远早于 Dm 效应，总体上看，对照组加工比学习困难组更正。在 Dm 效应出现以前，不同类型组加工的枕区 P2 差异与 P1 相似，亦主要表现在右枕区，而且，对照组比学习困难组更正。不同能力组加工的突出差异还表现在，学习困难组加工的 P2 潜伏期，显著晚于对照组。同时还发现，不同能力组加工的 N2 和 LPC 差异与 Dm 效应十分相似，对照组比学习困难组更正。但是，与 Dm 效应不同的是，不同能力组加工的分离明显大于 Dm 效应的分离，而且，持续时间更长，一直持续到1000ms 之后，远远晚于 Dm 效应的分离时间。且对照组比学习困难组有一个更正的晚正成分。这些结果提示，Dm 效应反映了加工的变化，学习困难组与对照组在加工程度上存在差异，使编码项目的记忆痕迹呈现强弱特点。

（二）提取过程

大量研究发现，提取阶段的新旧效应一般在 300～400ms 开始出现，同时，这一效应一般在 700～800ms 结束，是从长时记忆系统中提取信息的一种反映。根据双加工理论，该时间段的新旧效应反映了两个不同的加工时程：一个是早期的（300～500ms）负 ERPs 效应，一般在额中央区分布，与熟悉性有关，有研究者把它称为"N400 新旧效应"；另一个是稍晚一些的顶区正 ERPs 效应，与回忆加工有关，一般称它为"顶区新旧效应"或"P600 新旧效应"。熟悉性反映了测验项目与学习信息之间类似性的匹配加工过程，而回忆包括对单个项目特定信息的提取。在本实验中，这两个时间段的 ERP 新旧效应都能够观察到，但在前一个时间段中，新旧差异范围更广，不仅在额区的差异显著，在头皮后部位置的新旧差异也是明显的。

old/new 效应是在与记忆提取过程中获取的 ERPs 差异，也就是正确记住的旧数字与正确记住的新词的 ERPs 的差异，所以，它被看作记忆提取过程的反映。本实验既观察到了学习困难组和对照组存在的 old/new 差异，也比较了不同能力组加工所对应的两种 old/new 效应。同时，还进一步比较探讨了加工差异与old/new 之间的关系。

以往研究多使用英文或德文等拼音材料，被试主要是大学生，虽然本书以儿童为被试，使用数字材料，但没有在视觉通道发现任何文字依赖的效应，学习困难组和对照组均发现明显的 old/new 效应。同时，与大多数研究一样，在不同能力组两种条件下，均获得了明显的 old/new 效应。

在记忆提取阶段，许多的研究已发现：在再认测试阶段，在刺激后 300～400ms 开始，判断正确的旧数字比判断正确的新词或者判断错误的旧数字诱发出更正的波幅。本实验结果显示，判断正确的旧数字比判断正确的新词诱发出更正的波幅，观察到了显著的 old/new 效应。该结果与前人 ERP 研究结果是一致的，本书结果显示提取过程中 ERPs 对成功提取的变化程度是敏感的。

本书 old/new 效应在脑区激活的分布上与以往研究也有不同，结合差异波地形图发现，本书发现，对于学习困难组来说，记住的旧数字与判断正确的新数字在 300～400ms 和 400～500ms 内在额区和中央区活动显著，在 500～600ms 和600～700ms 只在额区内活动明显。而从对照组来看，在 300～400ms 内未发现明显的脑活动，记住的旧数字与判断正确的新数字在 400～500ms 内额区和枕区活动均明显，记住的旧数字与判断正确的新数字的旧/新效应在 500～600ms 和600～700ms 内整个脑区活动均明显。从以上结果来看，对照组要比学习困难组

激活的区域更多。而且，从两者的 old‐new 效应差异波的比较也可得出，在
400～700ms，对照组的 old/new 效应都要显著大于学习困难组的 old/new 效应。
Wilding 等人（1996）的一个实验是在学习阶段采用不同性别的声音读出单词，
在测试阶段首先判断单词在学习阶段是否出现过，接着对判断为旧的单词在学
习阶段的声音来源进行判断，结果显示在 500～800ms 相继来源判断正确、相继
来源判断错误项目的 ERPs 都显著地更正于正确拒绝的新项目，且在顶区更显
著。不管是正确的来源判断还是记得判断，都涉及被试对学习阶段项目背景信
息的提取，该结果说明顶区显著的 old/new 效应更明显。

　　与 old/new 效应不同，学习困难组与对照组旧数字正确再认条件下的两种加
工的 ERPs 差异主要开始于右枕区的 P1，远远早于 old/new 效应，总体上看，对
照组加工比学习困难组更正。

　　在 old/new 效应出现以前，不同类型组加工的枕区 P2 差异与 P1 相似，亦主
要表现在右枕区，而且，对照组比学习困难组更正，远远早于 old/new 效应，总
体上看，对照组加工比学习困难组更正。

　　不同能力组加工的突出差异还表现在，学习困难组加工的 P2 潜伏期，显著
晚于对照组。同时还发现，不同能力组加工的 N2 和 LPC 差异与 old/new 效应十
分相似，对照组比学习困难组更正。但是，与 old/new 效应不同的是，不同能力
组加工的分离明显大于 old/new 效应的分离，而且，持续时间更长，一直持续到
1000ms 之后，远远晚于 old/new 效应的分离时间。且对照组比学习困难组有一
个更正的晚正成分。这些结果提示，old/new 效应反映了加工的变化，学习困难
组与对照组在加工程度上存在差异，对照组记忆痕迹激活强度明显高于学习困
难组。Tulving 认为，记忆的关键阶段是提取。

五、结论

　　学习困难组和对照组都存在显著的 Dm 效应。对照组记忆编码的 Dm 效应要
大于学习困难组记忆编码的 Dm 效应；学习困难组和对照组都存在显著的 old/
new 效应。学习困难组与对照组在加工程度上存在差异，对照组记忆痕迹激活
强度明显高于学习困难组。

第三节　学习困难儿童汉字编码与提取的 ERP 研究

一、研究目的

本实验以汉字为刺激材料，考察学习困难儿童组和对照组在汉字加工方面是否存在 Dm 效应，对照组记忆编码的 Dm 效应与学习困难儿童组记忆编码的 Dm 效应有何异同，学习困难儿童组和对照组是否存在 old/new 效应，学习困难儿童组与对照组在加工程度上是否存在差异。

二、研究方法

（一）被试的选取

被试选取同第二节研究。

（二）实验材料

汉字信息记忆编码和提取。每个学习组 44 个词频相同的汉字，其中 4 个靶词（动物），每个再认组 80 个词频相同的汉字，测验时靶词不再呈现（新汉字 40 个，在学习组学过的汉字 40 个），被试的任务是看到表示动物的汉字就用一只手的拇指按键，非动物词不按键，按键的手在被试间平衡。汉字呈现的时间为 250ms，ISI 为（1400 ± 200）ms（从一个刺激结束到下一个刺激开始），共有 4 个学习组和 4 个再认组。

（三）实验程序

本实验采用"学习—再认"研究范式，整个实验序列包括 3 个阶段。

（1）学习阶段：被试对每个呈现在屏幕中央的数字进行认真学习，被试的任务是看到表示动物的汉字就用一只手的拇指按键，非动物汉字不按键，按键的手在被试间平衡。每个汉字的呈现时间为 200ms，呈现间隔（ISI）为（1600 ± 200）ms。

（2）分心作业：每组学习任务结束后，屏幕上呈现一个 3 位数，要求被试进行 1 分钟的倒减 3 运算，以阻止被试对刚学过项目的复述。

（3）再认测验：要求被试既快又准确的以左、右手分别按建，用以判断呈现的一个汉字在学习阶段是否见过，见过的按 1 键，没见过的按 9 键。左、右手所对应的反应键在被试之间进行平衡。每个汉字的呈现时间为 600ms，ISI 为

（2200 ± 200）ms（见图 6 - 14）。

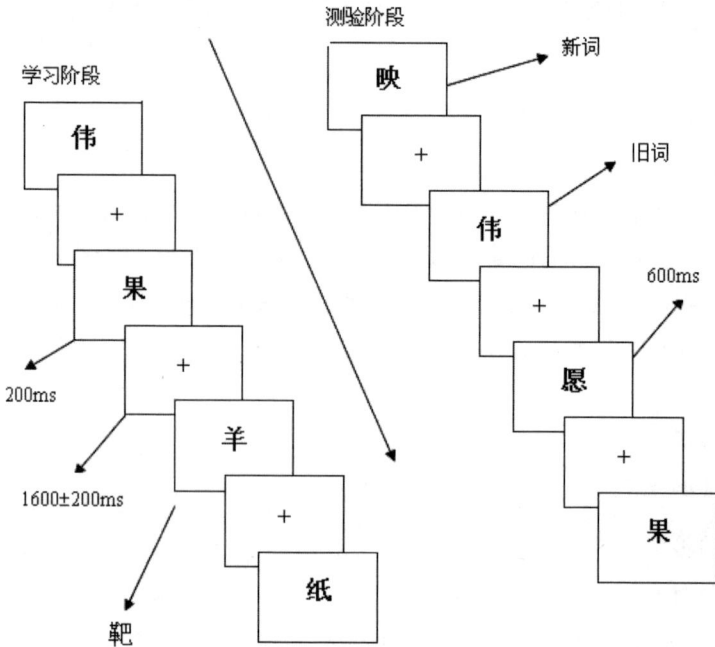

图 6 - 14　实验流程图

（四）ERPs 的记录

采用德国 Brainproducts 公司生产的 17 导脑电记录系统和 Ag/AgCI 电极帽（德国 BP 公司），连续记录学习阶段 17 个单极导联的脑电（EEG）。电极位置采用 10 - 20 扩展电极系统。两个双极导联用于垂直和水平眼电（EOG）记录。以双侧乳突连线的平均作为参考。接地点在 Fpz 和 Fz 连线的中点。滤波带通为 0.05 ~ 40Hz，A/D 采样频率为 250Hz。电极与头皮接触电阻均小于 5KΩ。连续记录原始脑电，然后离线进行叠加分析。ERPs 的观察窗是 - 200 ~ 1000ms，用 - 200 ~ 0ms 的平均振幅对基线进行矫正。伴有眨眼、眼动、肌电等伪迹的数据均被排除。学习阶段（不按键）诱发的 ERPs 根据能否再认进行分类叠加，从而获得记住和没记住两种条件的 ERPs 曲线，再认阶段根据正确再认的旧汉字和正确再认的新汉字进行分类叠加，从而获得提取阶段两种条件的 ERPs 曲线。

（五）数据分析

结合波形、地形图以及各种实验条件，并参照前人研究，确定四个主要测量分析时段：300～400ms，400～500ms，500～600ms，600～700ms，采用平均振幅测量法。

根据头皮分布与电极之间的关系，以及前人的研究选取少数具有代表性的脑区和电极进行分析，对于测量结果主要采用 3 因素和 4 因素重复测量方差分析（Repeated－Measure ANOVA）。分析因素包括：组别（2 水平：学习困难组和正常组）、记忆（2 水平：记住与未记住汉字）、脑区（4 水平：额区、中央区、顶区和枕区）、电极位置（3 水平：左半球中线内侧、中线、右半球中线内侧）。电极位置的脑区划分为：额区（F3、Fz、F4），中央区（C3、Cz、C4），顶区（P3、Pz、P4），枕区（O1、Oz、O2）。

本书分别分析编码过程中记住的 Dm 效应以及提取过程中记住的 old/new 效应的关联神经差异的特征。

对于测量结果采用 3 因素或 4 因素的重复测量方差分析（Repeated — Measure ANOVA）。具体包括两个过程：

编码过程：记住的 Dm 效应，三因素为：记忆判断（2 水平：正确再认与错误再认）、前—后位置（4 水平：额区、中央区、顶区、枕区）和电极位置（3 水平：左、中、右）。

提取过程：记住的 old/new 效应，三因素为：记忆判断（2 水平：击中的记得、正确拒绝）、前—后位置（4 水平：额区、中央区、顶区、枕区）和电极位置（3 水平：左、中、右）。

上述分析使用 SPSS 软件包进行，同时使用 Greenhouse－Geisser 矫正法。

三、结果

（一）行为结果

在正确率方面，编码阶段，只要求被试对动物词按键，对靶词的正确判断率为 96.8%。根据信号检测理论，如果被试的 P（A）值大于 0.5 [P（A）＝（击中数＋正确否定数）/刺激总数]，本实验中，40 名被试的 P（A）值均大于 0.5，平均 P（A）值为 0.65。

在反应时间方面，学习阶段靶词的平均反应时间为 436.8ms。测验阶段正确判断为旧词的平均反应时间为 728.5ms，正确判断为新词的平均反应时间为 807.3ms，二者存在显著差异（t（35）＝7.25，$P < 0.001$），说明旧词再认快于新词的正确判断。这一结果与前人的许多研究一致。

学习阶段，学习困难组与正常组对靶词的判断正确率分别为 97.62% 和

95.88%，没有显著差异；但对照组对靶词的反应时间比学习困难组长约64ms，具有统计学显著性意义。再认阶段，对照组平均再认正确率比学习困难组高约9%，也具有统计学显著性（见表6－2）。

表6－2　不同能力组汉字编码反应时与提取正确率的比较

加工任务	编码反应时（ms）		提取正确率（%）	
	困难组	控制组	困难组	控制组
均值	548.37	612.36	48.33	60.16
标准误	13.36	15.11	2.18	2.31
P 值	< 0.01		< 0.001	

（二）ERP波形的基本特征

初步波形分析发现，4名被试眨眼次数过多，数据被剔除，有效被试共36人，学习困难儿童和正常儿童各18名（男19，女17）。

对编码阶段相继成功回忆和未成功回忆汉字的ERP进行分类叠加（不包括靶项目，以排除按键动作的干扰），平均叠加次数分别是63和56；对编码相继正确再认和错误再认汉字的ERP进行分类叠加，平均叠加次数分别是63和57。

总体上看，编码阶段，学习困难组和对照组的正确再认与错误再认两种条件下的ERPs在基本特征上十分相似，且记住比未记住的波幅更正。首先，可以观察到一般的视觉诱发电位，最初是以顶—枕区为代表的早期正波P1（平均潜伏期为109ms），接着出现的是一个早期负波N1（平均潜伏期146ms），随后出现的是一个稍晚的正波P2（平均潜伏期为232ms）；其次，在中央区（以CZ为代表），从352ms开始一直到记录结束，出现一个振幅较大且持续时间较长的晚期正成分LPC（late positive component）。提取阶段，正确判断旧词的ERPs与正确判断新词的ERPs亦具有相似性，且正确判断旧词的ERPs比正确判断新词的ERPs更正。在顶区和中央区，从361ms开始一直到记录结束可以观察到一个波幅较大的LPC，且在约730ms以后，记住与未记住的波形趋向于重合。

（三）相继记忆效应（Dm）的ERPs

1. 学习困难儿童的Dm效应

分别对编码过程的四个时段（300~400ms，400~500ms，500~600ms，600~700ms）进行记住判断（正确再认与错误再认）×脑区（4水平：额区、中央区、顶区和枕区）×电极位置（3水平：左半球中线内侧、中线、右半球中线内侧) 3 因素重复测量方差分析。

在 300~400ms、400~500ms、500~600ms 和 600~700ms 都发现显著的记忆判断的主效应, $[F (1, 17) = 18.03, p < 0.001]$、$[F (1, 17) = 19.28, p < 0.001]$、$[F (1, 17) = 21.14, p < 0.001]$ 和 $[F (1, 17) = 20.19, p < 0.001]$。此外在 400~500ms 发现电极位置×记忆判断的交互作用达到显著水平 $[F (3, 54) = 7.28, p = 0.011]$。进一步的简单效应分析发现, 在左侧电极位置、中线电极位置和右侧电极位置均发现显著的 Dm 效应, $[F (1, 17) = 19.83, p = 0.001]$、$[F (1, 17) = 21.46, p < 0.001]$ 和 $[F (1, 17) = 16.43 p = 0.005]$ (见图 6-15)。由此说明, 相对右侧电极来说左侧电极记住的 Dm 效应相对更大。结合差异波地形图 (见图 6-16) 还发现, 记住的 Dm 效应在 400~500ms 内的左侧前部电极位置活动更加显著, 在 500~600ms 内的枕区、顶区和中央区十分明显, 在 600~700ms 内顶区和中央区活动更为明显。总体来看, 记住的 Dm 效应在 500~600ms 活动最明显, 从波形图上能发现此段正确再认与错误再认的 ERPs 差异最大。综合上述结果可以看出, 学习困难儿童编码过程中正确再认汉字的 ERPs 更正, 得到了明显的 Dm 效应。

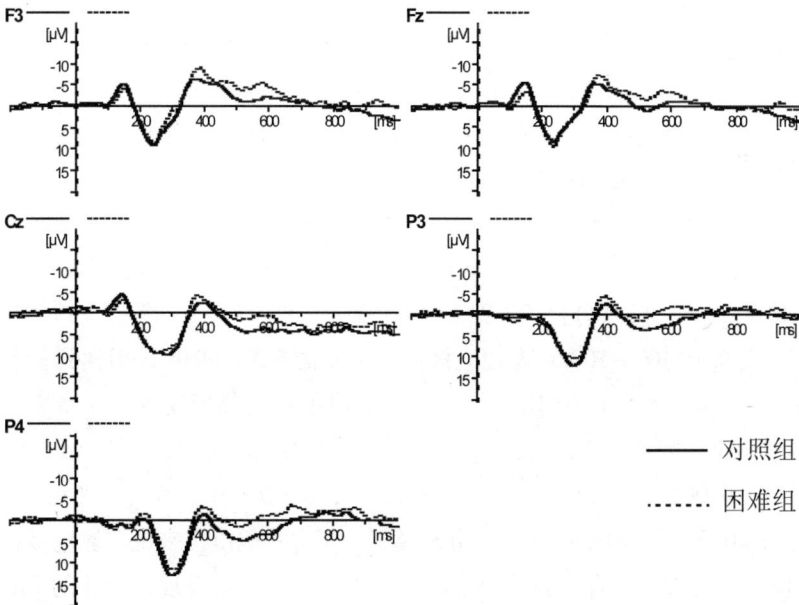

图 6-15 正确再认与错误再认记忆编码 ERPs (学习困难组的 Dm 效应)

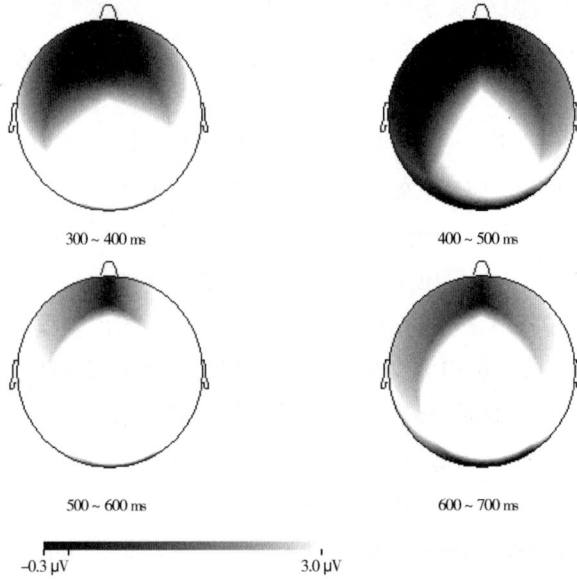

300 ~ 400 ms

400 ~ 500 ms

500 ~ 600 ms

600 ~ 700 ms

−0.3 μV　　　　3.0 μV

图 6 – 16　记住 – 未记住 ERPs 差异波地形图（学习困难组）

2. 对照组儿童的 Dm 效应

分别对编码过程的四个时段（300 ~ 400ms，400 ~ 500ms，500 ~ 600ms，600 ~ 700ms）进行记住判断（正确再认与错误再认）×脑区（4 水平：额区、中央区、顶区和枕区）×电极位置（3 水平：左半球中线内侧、中线、右半球中线内侧）3 因素重复测量方差分析。

在 300 ~ 400ms、400 ~ 500ms、500 ~ 600ms 和 600 ~ 700ms 都发现显著的记忆判断的主效应，$[F_{(1, 17)} = 17.12, p < 0.001]$、$[F_{(1, 17)} = 18.31, p < 0.001]$、$[F_{(1, 17)} = 20.25, p < 0.001]$ 和 $[F_{(1, 17)} = 19.67, p < 0.001]$。此外在 400 ~ 500ms 发现电极位置×记忆判断的交互作用达到显著水平 $[F_{(1, 17)} = 6.84, p = 0.013]$。进一步的简单效应分析发现，在左侧电极位置、中线电极位置和右侧电极位置均发现显著的 Dm 效应，$[F_{(1, 17)} = 18.22, p = 0.001]$、$[F_{(1, 17)} = 20.81, p < 0.001]$ 和 $[F_{(1, 17)} = 15.63, p = 0.01]$（见图 6 – 17）。由此说明，相对右侧电极来说左侧电极记住的 Dm 效应相对更大。结合差异波地形图（见图 6 – 18）还发现，记住的 Dm 效应在 400 ~ 500ms 内的左侧前部电极位置活动更加显著，在 500 ~ 600ms 内的顶区和中央区明显，在 600 ~ 700ms 内的顶区和中央区更为明显。总体来看，记住的 Dm 效应在 500 ~ 600ms 活动最明显，从波形图上能发现此段正确再认与错误再

认的 ERPs 差异最大。综合上述结果可以看出，对照组儿童编码过程中正确再认汉字的 ERPs 更正，得到了明显的 Dm 效应。

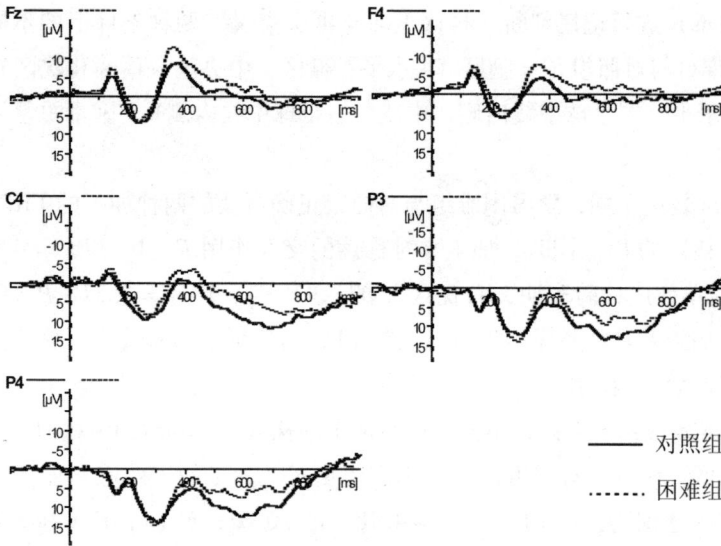

图 6-17 正确再认与错误再认记忆编码 ERPs（对照组的 Dm 效应）

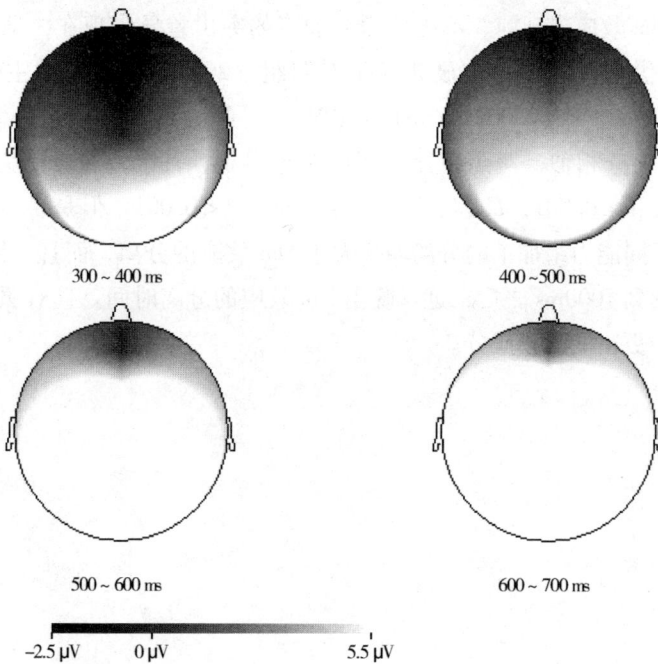

图 6-18 记住—未记住 ERPs 差异波地形图（对照组）

3. 不同能力组记忆编码比较

分别对编码过程的四个时段（300～400ms，400～500ms，500～600ms，600～700ms）进行记忆判断（再认正确与再认错误）两种条件下的不同能力组（学习困难组与对照组）×脑区（4水平：额区、中央区、顶区和枕区）×电极位置（3水平：左半球中线内侧、中线、右半球中线内侧）3因素重复测量方差分析。

与Dm效应不同，学习困难组与对照组正确再认的两种加工的ERPs差异最早出现于枕区的P1，同时，加工×对称性的交互作用$F(1, 17) = 3.09$，$P = 0.054$，简单效应检验表明，右枕区（O2），$F(1, 17) = 8.27$，$P < 0.01$。由此可见，加工差异主要开始于右枕区的P1，远远早于Dm效应，总体上看，对照组加工比学习困难组更正。

在Dm效应出现以前，不同类型组加工的枕区P2差异与P1相似，亦主要表现在右枕区，而且，对照组比学习困难组更正，加工的主效应和加工×对称性的交互作用分别为：$F(1, 17) = 4.18$，$P < 0.03$；$F(1, 17) = 3.67$，$P < 0.05$。简单效应检验表明，右枕区P2的加工差异$F(1, 17) = 6.16$，$P < 0.05$。

在Dm效应出现前，不同能力组加工的突出差异表现在，学习困难组加工的P2潜伏期（296ms），显著晚于对照组（265ms），加工的主效应为$F(1, 17) = 13.06$，$P < 0.001$。同时还发现，不同能力组加工的N2和LPC差异与Dm效应十分相似，对照组比学习困难组更正，其主效应分别为：$F(1, 17) = 20.96$，$P < 0.001$；$F(1, 17) = 43.26$，$P < 0.001$。但是，与Dm效应不同的是，不同能力组加工的分离明显大于Dm效应的分离，而且，持续时间更长，一直持续到1000ms之后，远远晚于Dm效应的分离时间。且对照组比学习困难组有一个更正的晚正成分。

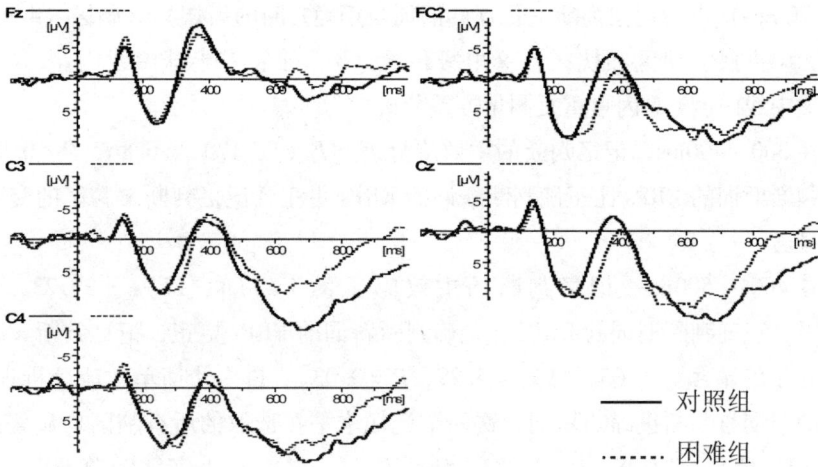

图 6 – 19　学习困难组与对照组正确再认的 ERPs

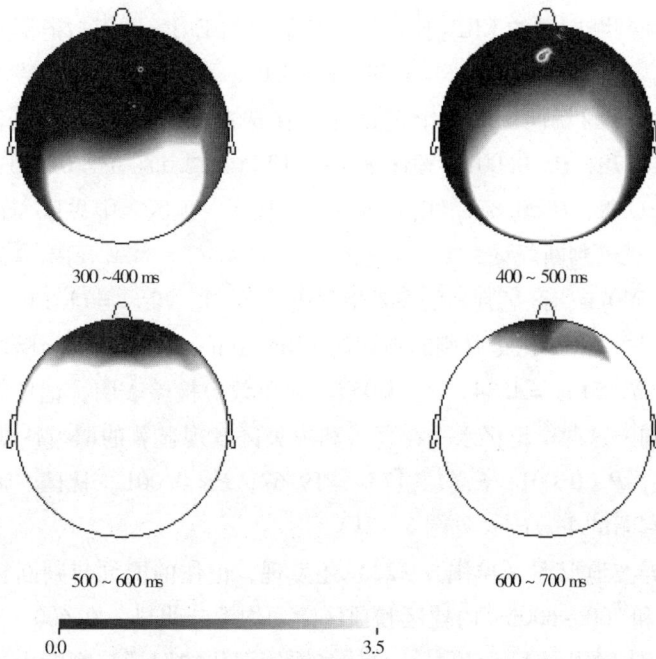

300 ~ 400 ms

400 ~ 500 ms

500 ~ 600 ms

600 ~ 700 ms

0.0　　　　　　　　　　　3.5

图 6 – 20　学习困难组与对照组正确再认的 ERPs 差异波地形图

（四）提取阶段旧/新（old/new）效应的 ERPs

1. 学习困难儿童的 old/new 效应

分别对提取过程的四个时段（300 ~ 400ms，400 ~ 500ms，500 ~ 600ms，

600~700ms）进行记住判断（记住的旧词与正确判断的新词）×脑区（4 水平：额区、中央区、顶区和枕区）×电极位置（3 水平：左半球中线内侧、中线、右半球中线内侧）3 因素重复测量方差分析。

在 300~400ms，记忆判断的主效应显著 $[F(1, 17) = 6.86, P < 0.01]$，正确判断旧词的 ERPs 比正确判断新词的 ERPs 更正，记忆判断×脑区的交互作用不显著。

在 400~500ms，记忆判断的主效应显著 $[F(1, 17) = 29.23, P < 0.001]$，正确判断旧词的 ERPs 比正确判断新词的 ERPs 更正，记忆判断×脑区的交互作用显著 $[F(3, 51) = 4.29, P = 0.03]$，进一步简单效应分析表明，记住的旧词与判断正确的新词，这两个记忆水平在选取的所有脑区均显著：枕区 $F(1, 17) = 12.38, P = 0.003$；顶区 $F(1, 17) = 14.07, P = 0.002$。由此可见，在枕区、顶区，正确判断旧词的 ERPs 比正确判断新词的 ERPs 更正。

在 500~600ms，记忆判断的主效应显著 $[F(1, 17) = 17.34, P < 0.001]$，正确判断旧词的 ERPs 比正确判断新词的 ERPs 更正，记忆判断×脑区的交互作用显著 $[F(3, 51) = 4.88, P = 0.01]$，简单效应检验表明，记住的旧词与判断正确的新词，这两个记忆水平在选取的所有脑区均显著：枕区 $F(1, 17) = 15.78, P = 0.001$；顶区 $F(1, 17) = 12.17, P = 0.003$；中央区 $F(1, 17) = 21.18, P < 0.001$。由此可见，在枕区、顶区、中央区，正确判断旧词的 ERPs 比正确判断新词的 ERPs 更正。

在 600~700ms，记忆判断的主效应显著 $[F(1, 17) = 11.18, P < 0.01]$，正确判断旧词的 ERPs 比正确判断新词的 ERPs 更正，记忆判断×脑区的交互作用显著 $[F(3, 51) = 4.34, P < 0.05]$，简单效应检验表明，记住的旧词与判断正确的新词，这两个记忆水平在顶区和中央区发现显著的旧/新效应 $[F(1, 17) = 19.36, P < 0.001; F(1, 17) = 19.67, P < 0.001]$ 枕区、额区未发现显著的记忆判断的主效应（见图 6-21）。

结合差异波地形图（见图 6-22）还发现，记住的旧词与判断正确的新词 400~500ms 和 500~600ms 内枕区和顶区活动均十分明显，在 600~700ms 内脑区活动主要表现在中央区和顶区。总体来看，记住的旧词与判断正确的新词的旧/新效应在 400~500ms 和 500~600ms 活动最明显。综合上述结果可以看出，学习困难儿童提取过程中记住的旧词的 ERPs 更正，得到了明显的 old/new 效应。

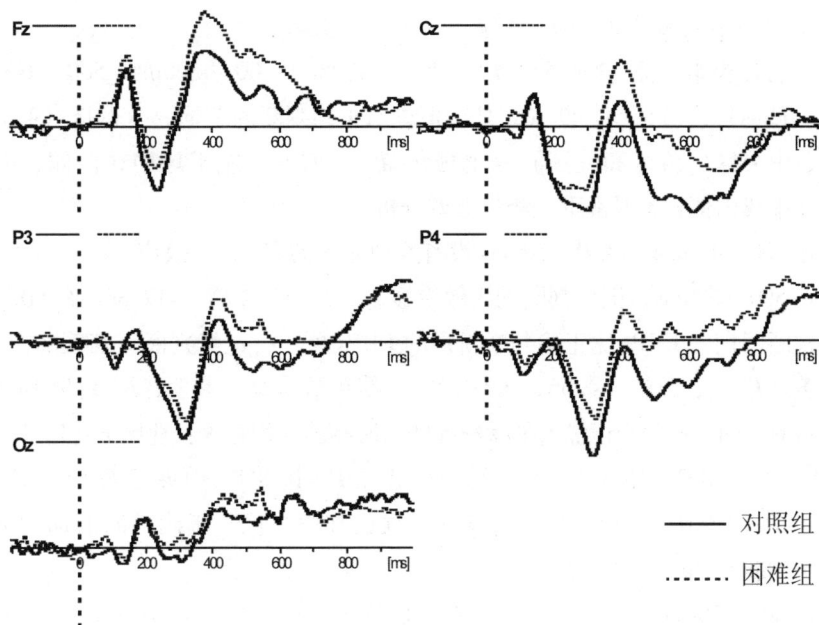

图 6 - 21 正确判断的旧词与正确判断的新词记忆提取的 ERPs（学习困难组）

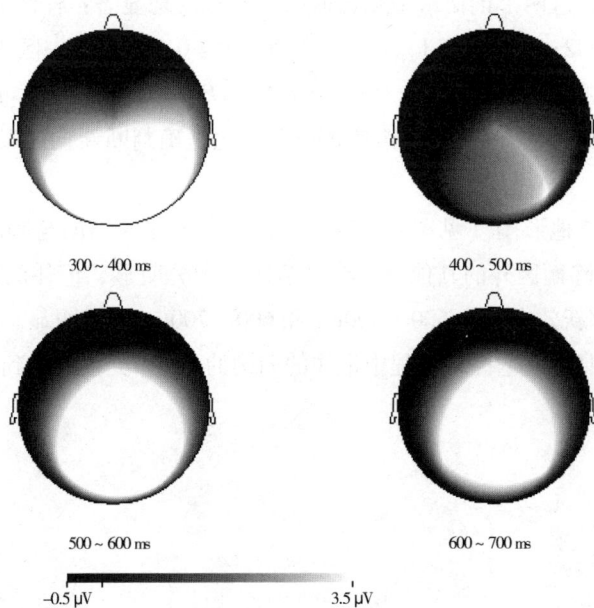

300 ~ 400 ms

400 ~ 500 ms

500 ~ 600 ms

600 ~ 700 ms

-0.5 μV

3.5 μV

图 6 - 22 正确判断的旧词与正确判断的新词记忆提取的 ERPs 地形图
（学习困难组）

2. 对照组儿童的 old/new 效应

分别对提取过程的四个时段（300～400ms，400～500ms，500～600ms，600～700ms）进行记住判断（记住的旧词与正确判断的新词）×脑区（4 水平：额区、中央区、顶区和枕区）×电极位置（3 水平：左半球中线内侧、中线、右半球中线内侧）3 因素重复测量方差分析。

在 300～400ms 和 400～500ms 没有发现显著的 old/new 效应。

在 500～600ms，记忆判断的主效应显著 $[F (1, 17) = 12.36，P < 0.01]$，正确判断旧词的 ERPs 比正确判断新词的 ERPs 更正，记忆判断×脑区的交互作用显著 $[F (3, 51) = 4.56，P < 0.01]$，简单效应检验表明，记住的旧词与判断正确的新词，这两个记忆水平除额区外的所有脑区均显著：枕区 $F (1, 17) = 10.36，P = 0.003$；顶区 $F (1, 17) = 9.19，P = 0.004$；中央区 $F (1, 17) = 18.15，P < 0.001$。由此可见，在枕区、顶区和中央区，正确判断旧词的 ERPs 比正确判断新词的 ERPs 更正。

在 600～700ms，记忆判断的主效应显著 $[F (1, 17) = 10.36，P < 0.01]$，正确判断旧词的 ERPs 比正确判断新词的 ERPs 更正，记忆判断×脑区的交互作用显著 $[F (3, 51) = 4.36，P < 0.05]$，简单效应检验表明，记住的旧词与判断正确的新词，这两个记忆水平在选取的所有脑区均显著：枕区 $F (1, 17) = 12.39，P = 0.002$；顶区 $F (1, 17) = 9.06，P = 0.005$；中央区 $F (1, 17) = 17.89，P < 0.001$；额区 $F (1, 17) = 8.89，P = 0.004$。由此可见，在枕区、顶区、中央区和额区，正确判断旧词的 ERPs 比正确判断新词的 ERPs 更正（见图 6 - 23）。

结合差异波地形图（见图 6 - 24）还发现，记住的旧词与判断正确的新词 500～600ms 内除额区外的其他所有脑区活动均十分明显，记住的旧词与判断正确的新词的旧/新效应只在 500～600ms 和 600～700ms 内最明显。综合上述结果可以看出，对照组儿童提取过程中记住的旧词的 ERPs 更正，得到了明显的 old/new 效应。

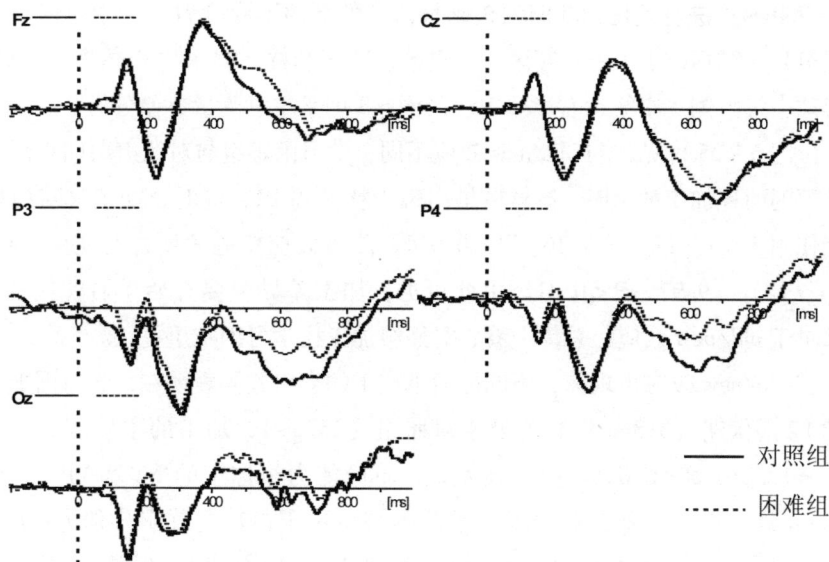

图 6 - 23　正确判断的旧词与正确判断的新词记忆提取的 ERPs （对照组）

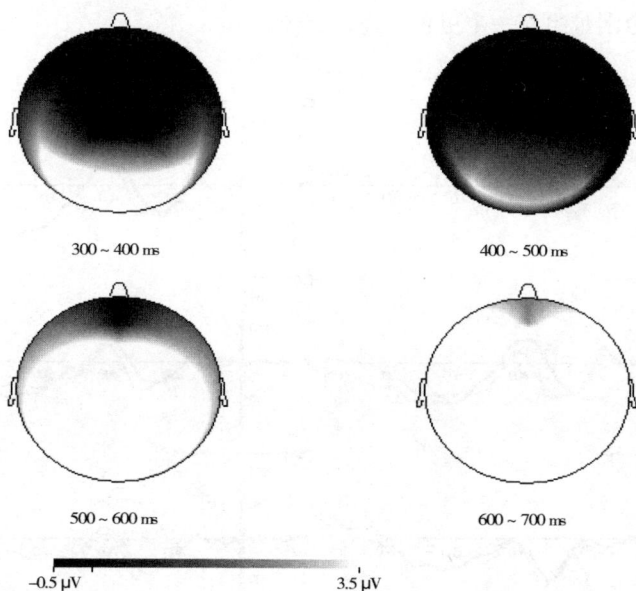

300 ~ 400 ms

400 ~ 500 ms

500 ~ 600 ms

600 ~ 700 ms

-0.5 μV　　　　3.5 μV

图 6 - 24　正确判断的旧词与正确判断的新词记忆提取的 ERPs 地形图 （对照组）

3. 不同能力组记忆提取比较

分别对提取过程的四个时段 （300 ~ 400ms， 400 ~ 500ms， 500 ~ 600ms，

600～700ms）进行记忆判断旧词正确再认条件下的不同能力组（学习困难组与对照组）×脑区（4水平：额区、中央区、顶区和枕区）×电极位置（3水平：左半球中线内侧、中线、右半球中线内侧）3因素重复测量方差分析。

由图6-25可见，与 old/new 效应不同，学习困难组与对照组旧词正确再认条件下的两种加工的 ERPs 差异最早出现于枕区的 P2，同时，加工×对称性的交互作用 $F(1, 17) = 4.36$，$P < 0.044$，简单效应检验表明，右枕区（O2），$F(1, 17) = 9.97$，$P < 0.01$。由此可见，加工差异主要开始于右枕区的 P2，远远早于 old/new 效应，总体上看，对照组加工比学习困难组更正。

在 old/new 效应出现前，不同能力组加工的突出差异表现在，学习困难组加工的 P2 潜伏期（318ms）显著晚于对照组（257ms），加工的主效应为 $F(1, 17) = 12.38$，$P < 0.001$。同时还发现，不同能力组加工的 N2 和 LPC 差异与 old/new 效应十分相似，对照组比学习困难组更正，其主效应分别为：$F(1, 17) = 28.16$，$P < 0.001$；$F(1, 17) = 39.13$，$P < 0.001$。但是，与 old/new 效应不同的是，不同能力组加工的分离明显大于 old/new 效应的分离，而且，持续时间更长，一直持续到1000ms 之后，远远晚于 old/new 效应的分离时间。且对照组比学习困难组有一个更正的晚正成分。

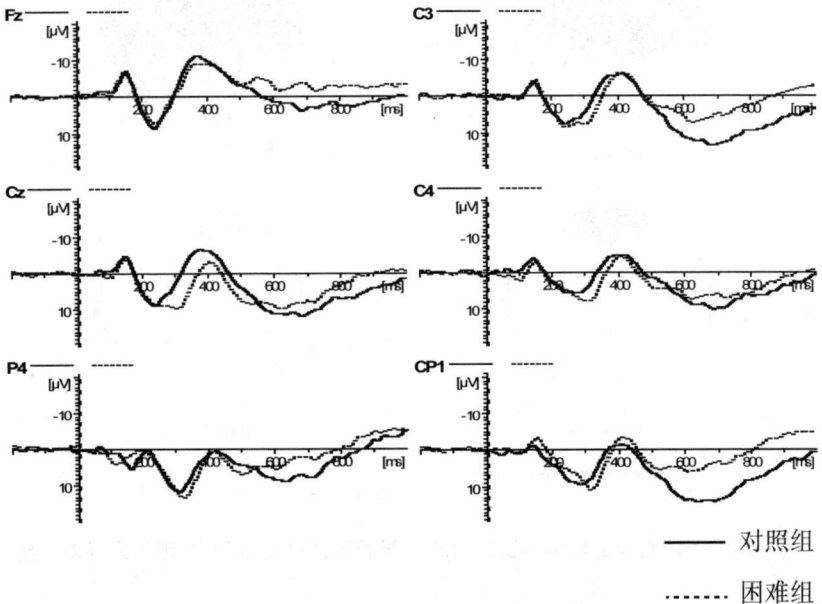

图6-25　学习困难组与对照组正确再认旧词的 ERPs

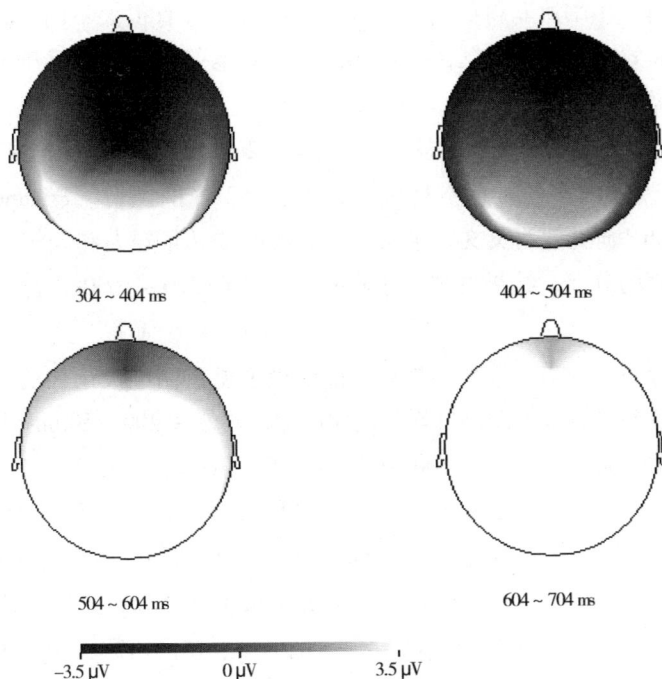

304～404 ms

404～504 ms

504～604 ms

604～704 ms

−3.5 μV　　　　0 μV　　　　3.5 μV

图 6－26　学习困难组与对照组正确再认旧词的 ERPs 地形图

四、小结

本书的目的是研究记忆编码与提取有关的神经机制。ERP 技术的高时间分辨率使本书得到这种神经机制时程上的特征。

（一）编码过程

Dm 效应是在与提取（正确与错误）有关的记忆编码过程中获取的 ERPs 差异，也就是记住与未记住的 ERPs 的差异，所以，它被看作记忆编码过程的反映。本实验既观察到了学习困难组和对照组存在的 ERPs 差异，也比较了不同能力组加工所对应的两种 Dm 效应。同时，还进一步比较探讨了加工差异与 Dm 之间的关系。

本书发现编码过程在 300～700ms 存在显著的相继记忆效应，以往研究多使用英文或德文等拼音材料，被试主要是大学生，虽然本书以儿童为被试，使用非拼音的汉语单字词材料，但没有在视觉通道发现任何文字依赖的效应，学习困难组和对照组均发现明显的 Dm 效应。同时，与大多数研究一样，在不同能力组两种条件下，均获得了明显的 Dm 效应。

　　与此同时，本书所获得的 Dm 效应也与以往研究有很大不同。时程上，本书发现的 Dm 效应主要集中在 300～700ms。郭春彦等（2003）关于不同加工与记忆编码关系的 ERP 研究发现，Dm 效应与 N2 波有关，出现在 230～280ms，作者将 Dm 效应划分为三个时段，除 LPC1 与 LPC2 外，还有一个 fbN2，而且，Dm 效应在 fbN2 与 LPC1 之间是不连续的，处在 N2 峰的两侧。Friedman & Trott（2000）的 ERP 研究使用英文句子，研究两组被试（年轻人和老年人）记住和熟悉编码过程的分离，结果发现对于年轻被试，在 210～1000ms 都发现显著记住 Dm 效应。

　　在脑区分布上，本书发现，相对右侧电极来说左侧电极记住的 Dm 效应相对更大。结合差异波地形图还发现，记住的 Dm 效应在 400～500ms 内的左侧后部电极位置活动更加显著，在 500～600ms 内后部脑区活动均十分明显，在 600～700ms 内顶区和中央区活动更为明显。总体来看，记住的 Dm 效应在 500～600ms 活动最明显，从波形图上能发现此段正确再认与错误再认的 ERPs 差异最大。这一结果同 Duarte（2004）的 ERP 研究也有不同之处，该研究使用灰色实物图片，在刺激呈现后 300～450ms 发现双侧额极、左侧前额、左侧额区和左侧中央区的相继熟悉效应，而在该时段发现右额极、右前额、右额区和双侧中央区的相继记住效应。在此之前，Friedman 等人（2000）研究发现在刺激呈现后 810～1000ms，老年被试知道的 Dm 效应在右侧脑区更显著。实验材料的不同可能是导致上述结果不一致的原因，大量研究发现言语材料和非言语材料的神经机制不同，Elger 等人（1997）的一项使用颅内安置电极技术比较言语材料和非言语材料的 Dm 效应的研究时发现，同一群体被试的图片和单词 Dm 效应的偏向不同。该研究以诊断额叶癫痫的病人为被试，在手术前检测期间，直接从 13 位有右额叶癫痫和 13 位有左额叶癫痫的病人（所有病人都显示有左半球语言优势）的内侧和外侧额叶获得记录结果（皮层电图和立体—脑电图）。不同组被试分别呈现图片或单词：每一情形中，一半的项目仅呈现一次，一半项目呈现两次。在图片和单词的初次（"新异的"）呈现期间，所有病人都显示在左右前内侧额叶有负波，大约 400ms 达到峰值，并且项目重复呈现时的波与第一次呈现时比，强度有所减小。至关重要的一点是从目前的观点出发，这一效应与被试的相继正确再认有显著相关，但受材料类型影响，偏向于左侧与单词的相继再认有关，偏向于右侧与图片的相继再认有关。

　　本实验根据差异波的地形图发现 Dm 效应在后部脑区活动更显著。以往研究曾根据 ERPs 头皮分布，将 Dm 效应分为两类：一类是额叶最大，一类是中央顶区最大。前者主要由前额皮层神经活动所引发，后者一定程度上与内侧额叶区域的神经活动有关。研究者据此认为，基于头皮分布不同的两类 Dm 效应是由不同脑区和不同认知加工引发的。Paller 等人（1987）和 Petten 等人（1996）的研究发现，当学习任务的指导语强调精细编码策略如语义联系、语义辨认和想象时，额区正波通常会更好地预测哪些单词将会被记住。Weyerts 等人（1997）研究非联想编码（对每一个单词单独进行语义判断）和联想编码（建立两个单词之间的语义联系）的 Dm 效应，在后一种条件下观察到可靠的 Dm 效应，且在右额区最大。Paller 等人（1988）提出 Dm 反映的编码加工类似于被称作"精细编码"的加工，外显的提取方式依赖被记住事件同其他信息之间通过精细编码建立起来的联系。总的来看，额叶 Dm 效应来自精细编码策略与机械编码策略、深加工与浅加工、联想与非联想编码任务之间的对比调节加工，它同编码过程中被试对项目的精细加工有关。结合本书发现的 Dm 效应在所分析时段的晚期在大脑前部更显著，一种可能性就是精细编码策略对记忆编码的影响。

本书中，学习困难组与对照组 2 种加工条件下的 Dm 效应存在着显著的时间与空间上的差异。在 Dm 效应出现前，不同能力组加工的突出差异表现在，学习困难组加工的 P2 潜伏期，显著晚于对照组。同时还发现，不同能力组加工的 N2 和 LPC 差异与 Dm 效应十分相似，对照组比学习困难组更正。但是，与 Dm 效应不同的是，不同能力组加工的分离明显大于 Dm 效应的分离，而且，持续时间更长，一直持续到 1000ms 之后，远远晚于 Dm 效应的分离时间。且对照组比学习困难组有一个更正的晚正成分。这些结果提示，Dm 效应反映了加工的变化，学习困难组与对照组在加工程度上存在差异，使编码项目的记忆痕迹呈现强弱特点。

（二）提取过程

old/new 效应是在与记忆提取过程中获取的 ERPs 差异，也就是正确记住的旧词与正确记住的新词的 ERPs 的差异，所以，它被看作记忆提取过程的反映。本实验既观察到了学习困难组和对照组存在的 old/new 差异，也比较了不同能力组加工所对应的两种 old/new 效应。同时，还进一步比较探讨了加工差异与 old/new 之间的关系。

以往研究多使用英文或德文等拼音材料，被试主要是大学生，虽然本书以儿童为被试，使用非拼音的汉语单字词材料，但没有在视觉通道发现任何文字依赖的效应，学习困难组和对照组均发现明显的 old/new 效应。同时，与大多数研究一样，在不同能力组两种条件下，均获得了明显的 old/new 效应。

在记忆提取阶段，许多的研究已发现：在再认测试阶段，在刺激后 300 ~ 400ms 开始，判断正确的旧词比判断正确的新词或者判断错误的旧词诱发出更正的波幅（Friedman, 1990; Duarte, 2004）。本实验结果显示，判断正确的旧词比判断正确的新词诱发出更正的波幅，观察到了显著的 old/new 效应。该结果与前人 ERP 研究结果是一致的，本书结果显示提取过程中 ERPs 对成功提取的变化程度是敏感的。

大量研究发现，提取阶段的新旧效应一般在 300 ~ 400ms 开始出现，同时，这一效应一般在 700 ~ 800ms 结束，是从长时记忆系统中提取信息的一种反映。根据双加工理论，该时间段的新旧效应反映了两个不同的加工时程：一个早期的（300 ~ 500ms）负 ERPs 效应，一般在额中央区分布，与熟悉性有关，有研究者把它称为 "FN400 新旧效应"；另一个是稍晚一些的顶区正 ERPs 效应，与回忆加工有关，一般称它为 "顶区新旧效应" 或 "P600 新旧效应"。熟悉性反映了测验项目与学习信息之间类似性的匹配加工过程，而回忆包括对单个项目特定信息的提取。在本实验中，这两个时间段的 ERP 新旧效应都能够观察到，但在前一个时间段中，新旧差异范围更广，不仅在额区的差异显著，在头皮后部位置的新旧差异也是明显的。

本书 old/new 效应在脑区激活的分布上与以往研究也有不同，本书发现，对于学习困难组来说，结合差异波地形图发现，记住的旧词与判断正确的新词 400 ~ 500ms 和 500 ~ 600ms 内整个脑区活动均十分明显，在 600 ~ 700ms 内脑区活动主要表现在中央区和顶区。而从对照组来看，记住的旧词与判断正确的新词 500 ~ 600ms 和 600 ~ 700ms 内整个脑区活动均十分明显，记住的旧词与判断正确的新词的旧/新效应只在 500 ~ 600ms 和 600 ~ 700ms 内最明显。从以上结果来看，对照组要比学习困难组激活的区域更多。而且，从两者的 old - new 效应差异波的比较也可得出，在 400 ~ 700ms，对照组的 old/new 效应都要显著大于学习困难组的 old/new 效应。Wilding 等人（1996）的一个实验是在学习阶段采用不同性别的声音读出单词，在测试阶段首先判断单词在学习阶段是否出现过，接着对判断为旧的单词在学习阶段的声音来源进行判断，结果显示在 500 ~ 800ms 相继来源判断正确、相继来源判断错误项目的 ERPs 都显著地更正于正确拒绝的新项目，且在顶区更显著。不管是正确的来源判断还是记得判断，都涉及被试对学习阶段项目背景信息的提取，该结果说明顶区显著的 old/new 效应更明显。

与 old/new 效应不同，学习困难组与对照组旧词正确再认条件下的两种加工的 ERPs 差异最早出现于枕区的 P2，远远早于 old/new 效应。总体上看，对照组加工比学习困难组更正。

在 old/new 效应出现前，不同能力组加工的突出差异还表现在，学习困难组加工的 P2 潜伏期（318ms），显著晚于对照组（257ms）。同时还发现，不同能力组加工的 N2 和 LPC 差异与 old/new 效应十分相似，对照组比学习困难组更正。但是，与 old/new 效应不同的是，不同能力组加工的分离明显大于 old/new 效应的分离，而且，持续时间更长，一直持续到 1000ms 之后，远远晚于 old/new 效应的分离时间。且对照组比学习困难组有一个更正的晚正成分。这些结果提示，old/new 效应反映了加工的变化，学习困难组与对照组在加工程度上存在差异，对照组记忆痕迹激活强度明显高于学习困难组。Tulving 认为，记忆的关键阶段是提取。

学习困难组和对照组都存在显著的 Dm 效应。对照组记忆编码的 Dm 效应要大于学习困难组记忆编码的 Dm 效应；学习困难组和对照组都存在显著的 old/new 效应。学习困难组与对照组在加工程度上存在差异，对照组记忆痕迹激活强度明显高于学习困难组。

五、总讨论与结论

（一）讨论

本书使用汉字和数字材料，探讨数学学习困难儿童与对照组儿童在记忆编码与提取方面的特征。汉字是一种表意文字，又是一种二维的平面型文字。不同的汉字都是由笔画按一定规则和顺序组合而成的。笔画是现代汉字成形的最小单位。部件由笔画组合而成。它是合体字的结构单位。而数字在不同的语言环境下有不同的意义。Fuson 区分出了算术意义（基本的、序数的、计量的）、顺序意义和非数字意义。一个数字的基本意义即代表了它的数量，也就是所说的算术意义。顺序意义是对于一个系统而言的，如一周里的星期几、一年里的月份或是字母表中的字母。非数字意义是指将数字当作标签等。Dehaene 等首先揭示了数字大小与两侧手反应速度的关系，并且把这种效应标明为 SNARC 效应（反应编码的空间数字联系，spatial numerical association of response codes）。让被试按键对平常数字和新奇数字加以区分。较小的数字总是左手反应得比右手快，而较大的数字却相反。实验证实 SNARC 效应起源于数字的语义数量表征，类似于在头脑中一条由左向右的数字加工途径。因此，出现了左手反应与小数字和右手反应与大数字之间的对应。

Dehaene 与 Cohen 于 1995 年提出来的三联体模型认为，数字基于三种编码

——听觉口语编码、视觉数字形式、近似的数量表征的模块化数字系统。第一种编码专门负责口语的输入和输出、计数以及记忆中的加法和乘法知识的提取。这一种模型认为加法和乘法问题是储存在记忆中的口语信息，而视觉的阿拉伯数字形式则是参与了阿拉伯数字的操作，近似的数量表征描述了一个数字的量并在比较和求近似值时起到作用。在此模型的基础上，有人提出了有关在左和右半球的数字加工的功能和解剖结构的明确的论断。认为数字的视觉形式对应于两半球的枕颞区中部的联结式激活，近似数量表征是由两半球的顶枕颞联合区所加工的。

1. 编码过程

Dm 效应是在与提取（正确与错误）有关的记忆编码过程中获取的 ERPs 差异，也就是记住与未记住的 ERPs 的差异，所以，它被看作记忆编码过程的反映。本实验既观察到了学习困难组和对照组存在的 ERPs 差异，也比较了不同能力组加工所对应的两种 Dm 效应。同时，还进一步比较探讨了加工差异与 Dm 之间的关系。

总体上看，编码阶段，学习困难组和对照组的正确再认与错误再认两种条件下的 ERPs 在基本特征上十分相似，且记住比未记住的波幅更正。本书发现编码过程在 300～700ms 存在显著的相继记忆效应，以往研究多使用英文或德文等拼音材料，被试主要是大学生，虽然本书以儿童为被试，使用非拼音的汉语单字词和数字材料，但没有在视觉通道发现任何文字依赖的效应，学习困难组和对照组均发现明显的 Dm 效应。同时，与大多数研究一样，在不同能力组两种条件下，均获得了明显的 Dm 效应。

在以汉字为材料的编码实验中，本书所获得的 Dm 效应与以往研究有很大不同。时程上，本书发现的 Dm 效应主要集中在 300～700ms。在以数字为材料的实验中，时程上，本书发现，学习困难组的 Dm 效应主要集中在 400～600ms，对照组的 Dm 效应主要集中在 400～700ms。郭春彦等（2003）关于不同加工与记忆编码关系的 ERP 研究发现，Dm 效应与 N2 波有关，出现在 230～280ms，作者将 Dm 效应划分为三个时段，除 LPC1 与 LPC2 外，还有一个 fbN2，而且，Dm 效应在 fbN2 与 LPC1 之间是不连续的，处在 N2 峰的两侧。Friedman & Trott（2000）的 ERP 研究使用英文句子，研究两组被试（年轻人和老年人）记住和熟悉编码过程的分离，结果发现对于年轻被试，在 210～1000ms 都发现显著记住 Dm 效应。在脑区分布上，本书发现，相对右侧电极来说左侧电极记住的 Dm 效应相对更大。结合差异波地形图还发现，记住的 Dm 效应在 400～500ms 内的左侧后部电极位置活动更加显著，在 500～600ms 内整个脑区活动均十分明显，在 600～700ms 内前部脑区和额区活动更为明显。总体来看，记住的 Dm 效应在 500～600ms 活动最明显，从波形图上能发现此段正确再认与错误再认的 ERPs 差异最大。这一结果同 Duarte（2004）的 ERP 研究也有不同之处，该研究使用灰色实物图片，在刺激呈现后 300～450ms 发现双侧额极、左侧前额、左侧额区和左侧中央区的相继熟悉效应，而在该时段发现右额极、右前额、右额区和双侧中央区的相继记住效应。

通过不同能力组记忆编码差异波比较发现，学习困难组与对照组两种加工条件下的 Dm 效应存在着显著的时间与空间上的差异。加工差异主要开始于右枕区的 P1，远远早于 Dm 效应，总体上看，对照组加工比学习困难组更正。在 Dm 效应出现以前，不同类型组加工的枕区 P2 差异与 P1 相似，亦主要表现在右枕区，而且，对照组比学习困难组更正。不同能力组加工的突出差异还表现在，学习困难组加工的 P2 潜伏期，显著晚于对照组。同时还发现，不同能力组加工的 N2 和 LPC 差异与 Dm 效应十分相似，对照组比学习困难组更正。但是，与 Dm 效应不同的是，不同能力组加工的分离明显大于 Dm 效应的分离，而且，持续时间更长，一直持续到 1000ms 之后，远远晚于 Dm 效应的分离时间。且对照组比学习困难组有一个更正的晚正成分。这些结果提示，Dm 效应反映了加工的变化，学习困难组与对照组在加工程度上存在差异，使编码项目的记忆痕迹呈现强弱特点。

2. 提取过程

old/new 效应是在与记忆提取过程中获取的 ERPs 差异，也就是正确记住的旧词与正确记住的新词的 ERPs 的差异，所以，它被看作记忆提取过程的反映。本实验既观察到了学习困难组和对照组存在的 old/new 差异，也比较了不同能力组加工所对应的两种 old/new 效应。同时，还进一步比较探讨了加工差异与 old/new 之间的关系。

在记忆提取阶段，许多的研究已经发现：在再认测试阶段，在刺激后 300～400ms 开始，判断正确的旧词比判断正确的新词或者判断错误的旧词诱发出更正的波幅。本实验结果显示，判断正确的旧词比判断正确的新词诱发出更正的波幅，观察到了显著的 old/new 效应。该结果与前人 ERP 研究结果是一致的。

在使用汉字为材料的实验中，old/new 效应在脑区激活的分布上与以往研究不同，本书发现，对于学习困难组来说，结合差异波地形图发现，记住的旧词与判断正确的新词 400～500ms 和 500～600ms 内整个脑区活动均十分明显，在 600～700ms 内脑区活动主要表现在中央区和顶区。而从对照组来看，记住的旧词与判断正确的新词 500～600ms 和 600～700ms 内整个脑区活动均十分明显，记住的旧词与判断正确的新词的旧/新效应只在 500～600ms 和 600～700ms 内最明显。从以上结果来看,对照组要比学习困难组激活的区域更多。而且,从两者的 old/new 效应差异波的比较也可得出,在 400～700ms,对照组的 old/new 效应都要显著大于学习困难组的 old/new 效应。在使用数字为材料的实验中,对于学习困难组来说,记住的旧词与判断正确的新词在 300～400ms 和 400～500ms 内在额区和中央区活动显著,在 500～600ms 和 600～700ms 只在额区内活动明显。而从对照组来看,在 300～400ms 内未发现明显的脑活动,记住的旧词与判断正确的新词在 400～500ms 内额区和枕区活动均明显,记住的旧词与判断正确的新词的旧/新效应在 500～600ms 和 600～700ms 内整个脑区活动均明显。从以上结果来看,对照组要比学习困难组激活的区域更多。而且,从两者的 old/new 效应差异波的比较也可得出,在 400～700ms,对照组的 old/new 效应都要显著大于学习困难组的 old/new 效应。Wilding 等人(1996)的一个实验是在学习阶段采用不同性别的声音读出单词,在测试阶段首先判断单词在学习阶段是否出现过,接着对判断为旧的单词在学习阶段的声音来源进行判断,结果显示在 500～800ms 相继来源判断正确、相继来源判断错误项目的 ERPs 都显著地更正于正确拒绝的新项目,且在顶区更显著。不管是正确的来源判断还是记得判断,都涉及被试对学习阶段项目背景信息的提取,该结果说明顶区显著的 old/new 效应更明显。

在使用汉字和数字材料的实验中均发现,不同能力组加工的共性差异,学习困难组加工的 P2 潜伏期,显著晚于对照组。同时还发现,不同能力组加工的 N2 和 LPC 差异与 old/new 效应十分相似,对照组比学习困难组更正。但是,与 old/new 效应不同的是,不同能力组加工的分离明显大于 old/new 效应的分离,而且,持续时间更长,一直持续到 1000ms 之后,远远晚于 old/new 效应的分离时间。且对照组比学习困难组有一个更正的晚正成分。这些结果提示,old/new 效应反映了加工的变化,学习困难组与对照组在加工程度上存在差异,对照组记忆痕迹激活强度明显高于学习困难组。Tulving 认为,记忆的关键阶段是提取。

总体来看,不同能力组的差异明显出现在早期的 P1 和 P2 上,而且伴有一定程度的半球不对称性。这些 P2 以前的变化都发生在 Dm 效应和 old/new 效应出现以前,显然都涉及加工活动而不直接涉及记忆活动。加工差异都在 N2 和 LPC 两个时段上有明显的表现,这体现了它们之间的相似性。但是,在时程和强度上,加工差异要远远大于或强于 Dm 效应和 old/new 效应。另外,不同能力组加工的 ERPs 曲线分离,一直保持到 1000ms 以后,因此,加工活动不仅早于记忆活动,而且,甚至可能持续到记忆活动以后。该结果提示,记忆活动虽然需要在加工活动的基础上进行，但它不是加工处理的简单结果，很可能是一种具有记忆特异性的脑活动。

综合上述分析发现，学习困难组与对照组相比在汉字和数字的编码与提取方面均存在缺陷，其缺陷原因可能与心理资源的容量有限以及对资源的分配有关。心理资源是指记忆和注意的容量有限。Knowles（1963）认为，人的记忆编码和提取与容量有限的资源库有关，更为重要的是资源的合理分配与利用。郭春彦（2000）高低、频词和语义、非语义加工对 Dm 效应影响的研究提出，刺激材料诱发的 ERP 波幅值反映了刺激材料对心理资源的占有量，刺激材料诱发的 ERP 波幅越高，其所占用的心理资源就越多。由此可见，数学学习困难记忆编码与提取差的原因可能是，一方面，学习困难组总体资源可用量比对照组要少，另一方面，与在有限的资源利用中不合理的资源分配有关。

（二）结论

学习困难组和对照组都存在显著的 Dm 效应。对照组记忆编码的 Dm 效应要大于学习困难组记忆编码的 Dm 效应；学习困难组和对照组都存在显著的 old/new 效应。学习困难组与对照组在加工程度上存在差异，对照组记忆痕迹激活强度明显高于学习困难组；学习困难组与对照组相比在汉字和数字的编码与提取方面均存在缺陷，其缺陷原因可能与心理资源的容量有限以及对资源的分配不合理有关。

六、有待进一步探讨的问题

首先，本书对学习困难组与对照组汉字与数字编码和提取关系只是进行了初步的探索性研究，发现了可能存在的一些特征，但这些结论还需要更多的实验，包括使用不同的范式、不同的材料，以及不同的技术手段加以佐证。

其次，本书只采用了视觉通道探讨不同能力组的编码与提取，今后研究有待进一步探讨不同能力组听觉通道编码和提取过程的神经机制。

最后，结合高空间分辨率的 FMRI 或者 128 导脑电仪探讨不同能力组视、听汉字和数字编码和提取过程神经机制的空间特征。

参考文献

［1］蔡增林，金蕾，薛寿儒. 应用失匹配负波评估帕金森病患者轻度认知功能损害［J］. 中国临床康复，2004（8）：1220－1221.

［2］程大志，陈春萍，隋光远. 数学学习困难儿童抑制控制能力的 ERP 研究［J］. 心理科学，2010，33（3）：714－718.

［3］冯小霞，李乐，丁国盛. 发展性阅读障碍的脑区连接异常［J］. 心理科学进展，2016（12）：1864－1872

［4］郭春彦，朱滢，丁锦红. 不同加工与记忆编码关系的 ERP 研究［J］. 心理学报，2003，35（2）：150－156.

［5］郭春彦，朱滢，丁锦红，等. 记忆编码过程的神经机制研究［J］. 心理科学，2002，25（1）：80－83.

［6］郭明丽，杨伟炎，王秋菊. 失匹配负波简介及其听力学应用前景［J］. 听力学及言语疾病杂志，2006（2）：141－146.

［7］李君荣，周平，丁继良，等. 学习障碍儿童筛查量表的标准化研究［J］. 中国校医，1999（4）：250－252.

［8］吕静，徐芬.《儿童认知能力诊断量表》的特点与分析［J］. 心理学报，1991，23（4）：30－37.

［9］罗跃嘉，魏景汉，翁旭初，等. 汉字视听再认的 ERP 效应与记忆提取脑机制［J］. 心理学报，2001，33（6）：489－494.

［10］罗跃嘉，魏景汉. 跨通路注意的失匹配负波研究［J］. 中国科学，1998，28（2），186－192.

［11］马凯峰，冯菁菁，徐秀. 学习障碍儿童的事件相关脑电位研究［J］. 中国儿童保健杂志，2009，17（5）：536－538.

［12］马学梅，赵亚茹，张云静，等. 注意缺陷多动儿童视觉和听觉持续性注意力的比较［J］. 中国儿童保健杂志，2006，14（2）：138－139.

［13］孟迎芳，郭春彦. 内隐记忆和外显记忆的脑机制分离：面孔再认的

ERP 研究 [J]. 心理学报, 2006, 38 (1): 15 - 21.

[14] 聂爱情, 郭春彦, 吴艳红, 等. 图形编码和提取的 ERP 研究 [J]. 科学通报, 2004, 49 (19): 1962 - 1968.

[15] 彭小虎, 罗跃嘉, 魏景汉, 等. 面孔识别的认知模型与电生理学证据 [J]. 心理科学进展, 2002, 10 (3): 241 - 247.

[16] 屈南, 郭春彦, 聂爱情, 等. 提取方式对相继记忆效应的影响 [J]. 心理学报, 2005, 37 (1): 26 - 33.

[17] 苏彦捷, 郭晓娟. 儿童视听觉通道现实监控的发展 [J]. 心理学报, 2007, 39 (1): 88 - 95.

[18] 王恩国. 工作记忆与学习能力的关系 [J]. 中国特殊教育, 2007 (3): 78 - 84.

[19] 王恩国, 刘昌. 数学学习困难与工作记忆关系研究的现状与前瞻 [J]. 心理科学进展, 2005, 1 (1): 39 - 47.

[20] 王恩国, 刘昌. 学习困难的 ERP 研究 [J]. 心理科学, 2005 (5): 1144 - 1147.

[21] 王恩国, 时金献, 刘昌. 不同类型学习困难初二学生的信息加工速度比较 [J]. 中国心理卫生, 2008 (11): 801 - 805.

[22] 王恩国, 叶枝娟. 不同类型学习困难儿童有意遗忘特点 [J]. 心理研究, 2011 (6): 30 - 36.

[23] 魏景汉. 仿同时刺激延迟反应模式及其在 ERP 研究中的作用 [J]. 心理学动态, 1995, 3 (4): 28 - 30.

[24] 周平, 李君荣. 学习障碍儿的教育指导 [M]. 北京: 人民军医出版社. 2003.

[25] ACKERMAN P T, DYKMAN R A, OGLESBY D M. Visual event - related potentials of dyslexic children to rhyming and nonrhyming stimuli [J]. Clinical and Experimental Neuropsychology, 1994, 16: 136 - 154.

[26] ACKERMAN P T, MCPHERSON W B, OGLESBY D M, et al. EEG power spectra of ado - lescent poor readers [J]. Journal of Learning Disabil - ities, 1998, 31: 83 - 90.

[27] ALARCON M, PENNINGTON B F, FILIPEK P A, et al. Etiology of neuroanatomical correlates of reading disability [J]. Developmental Neuropsychology, 2000, 17: 339 - 360.

[28] ALHO K, WOODS D L, ALGAZI A, et al. Intermodal selective atten-

tion. II. Effects of attentional load on processing of auditory and visual stimuli in central space [J]. Electroencephalography and clinical Neurophysiology, 1992, 82 (5): 356 - 368.

[29] ALLOWAY T P, WOOTAN S, DEANE P. Investigating working memory and sustained attention in dyslexic adults [J]. International Journal of Educational Research, 2014, 67: 11 - 17.

[30] ALONSO - BUA B, DíAZ F, FERRACES M J. The contribution of AERPs (MMN and LDN) to studying temporal vs. linguistic processing de? cits in children with reading dif? culties [J]. International Journal of Psychophysiology, 2006, 59 (2): 159 - 167.

[31] ANDERSEN H G, GAROFALAKIS M, HONEYMAN J C, et al. Anomalous cerebral structure in dyslexia revealed with magnetic resonance imaging [J]. Archives of Neurology, 1993, 50: 461 - 469.

[32] ANDERSSON U. Skill development in different components of arithmetic and basic cognitive functions: Findings from a three - year longitudinal study of children with different types of learning difficulties [J]. Journal of Educational Psychology, 2010, 102 (1): 115 - 134.

[33] ANGELE B, SOPHIE D, NOEL N. Regional differences in the listener's phonemic inventory affect semantic processing: A mismatch negativity (MMN) study [J]. Brain & Language, 2011, 117: 45 - 51.

[34] ANOBILE G, CICCHINI G M, BURR D C. Linear mapping of numbers onto space requires attention [J]. Cognition, 2012, 122 (3): 454 - 459.

[35] ASHKENAZI S, RUBINSTEN O, HENIK A. Attention, automaticity, and developmental dyscalculia [J]. Neuropsychology, 2009, 23 (4): 535 - 40.

[36] AZIZIAN A, POLICH J. Evidence for attentional gradient in the serial position memory curve from event - related potentials [J]. Journal of Cognitive Neuroscience, 2007, 19 (12): 2071 - 2081.

[37] BAKKER D J, VINKE J. Effects of hemisphere - specific stimulation on brain activity and reading in dyslexics [J]. Journal of Clinical & Experimental Neuropsychology, 1985, 7 (5), 505 - 525.

[38] BAKKER D J, LICHT R, KOK A, et al. Cortical responses to word reading by right - and left - eared normal and reading - disturbed children [J]. 1980, 21 (1): 211 - 219.

[39] BARROUILLET P, FAYOL M, LATHULIèRE E. Selecting between competitors in multiplication tasks: An explanation of the errors produced by adolescents with learning difficulties [J]. International Journal of Behavioral Development, 1997, 21 (2): 253 – 275.

[40] BEATON A A. The relation of planum temporale asymmetry and morphology of the corpus callosum to handedness, gender, and dyslexia: A review of the evidence [J]. Brain and Language, 1997, 60: 255 – 322.

[41] BENI R D, PALLADINO P, PAZZAGLIA F, ET A L. Increases in intrusion errors and Working Memory Deficit of Poor Comprehenders [J]. The Quarterly Journal of Experimental Psychology, 1998, 51A (2): 305 – 320.

[42] BEST M, DEMB J B. Normal planum temporale asymmetry in dyslexics with a magno – cellular pathway deficit [J]. Neuroreport, 1999, 10: 607 – 612.

[43] BISHOP D V. Using mismatch negativity to study central auditory processing in developmental language and literacy impairments: where are we, and where should we be going? [J]. Psychological Bulletin, 2007, 133 (4): 651 – 672.

[44] BODER E. Developmental dyslexia: A diagnos – tic approach based on three atypical reading – spelling patterns [J]. Developmental Medicine and Child Neurology, 1973, 15: 663 – 687.

[45] BONTE M L, POELMANS H, BLOMERT L. Deviant neurophysiological responses to phonological regularities in speech in dyslexic children [J]. Neuropsychologia, 2007, 45 (7): 1427 – 1437.

[46] BORNKESSEL I, SCHLESEWSKY M. The Extended Argument Dependency Model: A neurocognitive approach to sentence comprehension across languages [J]. Psychological Review, 2006, 113: 787 – 821.

[47] BORNKESSEL – SCHLESEWSKY I, SCHLESEWSKY M. An alternative perspective on "semantic P600" effects in language comprehension [J]. Brain Research Review, 2008, 59: 55 – 73.

[48] BOSSE M L, VALDOIS S. Influence of the visual attention span on child reading performance: A cross – sectional study [J]. Journal of Research in Reading, 2009, 32 (2): 230 – 253.

[49] BRAFF D L. Information processing and attention dysfunctions in schizophrenia [J]. Schizophrenia bulletin, 1993, 19 (2): 233 – 259.

[50] BREZNITZ Z. Speed of phonological and orthographic processing as factors

in dyslexia: electrophysiological evidence [J]. Genet., Soc. Gen. Psychol. Monogr, 2003, 129 (2): 183 –206.

[51] BROADBENT H. On the cerebral mechanism of speech and thought [J]. Transactions of the Royal Medical and Chirurgical Society, 1872, 15: 145 – 194.

[52] BROCA P P. Remarks on the seat of the faculty of articulate speech, followed by the report of a case of aphemia (loss of speech) [M] //ROTTENBERG D A, HOCHBERG F H. Neurological classics in modern trnslation. New York: Hafner Press, 1977.

[53] BROSNAN M, DEMETRE J, HAMILL S, et al. Executive functioning in adults and children with developmental dyslexia [J]. Neuropsychologia, 2002, 40 (12): 2144 –2155.

[54] BROUWER H, FITZ H, HOEKS J. Getting real about Semantic Illusions: Rethinking the functional role of the P600 in language comprehension [J]. Brain Research, 2012, 1446: 127 – 143.

[55] BROWN W E, ELIEZ S, MENON V, et al. Preliminary evidence of widespread morphological variations of the brain in dyslexia [J]. Neurology, 2001, 56: 781 –783.

[56] BRUNSWICK N , MCCRORY E , PRICE C J , ET A L. Explicit and Implicit Processing of Words and Pseudowords by Adult Developmental dyslexics: A search for Wernicke's Wortschatz? [J]. Brain, 1999, 122: 1901 –1917.

[57] BULL R, SERIF G. Executive functioning as a predictor of children's mathematics ability: Inhibition, switching , and working memory [J]. Developmental Neuropsychology, 2001, 19 (3): 273 –293

[58] CABEZA R, CIARAMELLI E, OLSON I R, et al. The parietal cortex and episodic memory: an attentional account [J]. Nature Reviews Neuroscience, 2008, 9 (8): 613 –625.

[59] CAMMANN R. Is there a mismatch negativity (MMN) in visual modality? [J]. Behavioral and Brain Sciences, 1990, 13 (2): 234 –235.

[60] CAMPBELL T, WINKLER I, KUJALA T. N1 and the mismatch negativity are spatiotemporally distinct ERP components: Disruption of immediate memory by auditory distraction can be related to N1 [J]. Psychophysiology, 2007, 44: 530 –540.

[61] CARRICO R, DEUTSCH H. Isolation of human hepatocuprein and cere-

brocuprein [J]. Journal of Biological Chemistry, 1969, 244 (22): 6087.

[62] CATHERINE J, JHON F, STEIN. The Cerebellum and Dyslexia [J]. Cortex. 2011, 47: 101 – 116.

[63] CATHERINE S, IFAT Y. Speech versus tone processing in compensated dyslexia: Discrimination and lateralization with a dichotic mismatch negativity (MMN) paradigm [J]. International Journal of Psychophysiology, 2008, 70: 115 – 126.

[64] CHEN C P, SUI Z Y, CHENG D Z, et al. ERP study of information processing learning disabilities [J]. Psychological Science, 2009, 32 (2): 399 – 400.

[65] CHEN S L, ZHENG S J. Ability of children phonological dyslexia [J]. Journal of Special Education Research, 1999, 17: 205 – 223.

[66] CHENG D Z, CHEN C P, SUI Z Y. ERP study of mathematics learning disabilities of children suppression control capabilities [J]. Psychological Science, 2010, 33 (3): 715 – 718.

[67] CHEOUR M, HAAPANEN M L, CEPONIENE R, et al. Mismatch negativity (MMN) as an index of auditory sensory memory deficit in cleft – palate and CATCH syndrome children [J]. Neuroreport, 1998, 9 (12): 2709.

[68] CHO S, YALI S, GEARY D C, et al. How does a child solve 7 + 8? Decoding brain activity patterns associated with counting and retrieval strategies [J]. Developmental science, 2011, 14 (5): 989 – 1001.

[69] CHRISTMANN C A, LACHMANN T, BERTI S. Earlier timbre processing of instrumental tones compared to equallycomplex spectrally rotated sounds as revealed by the mismatchnegativity [J]. Neuroscience Letters, 2014, 581: 115 – 119.

[70] CHURCHWELL J C, MORRIS A M, MUSSO N D, et al. Prefrontal and hippocampal contributions to encoding and retrieval of spatial memory [J]. Neurobiology of Learning and Memory, 2010, 93: 415 – 421.

[71] CIESIELSKI K T, KNIGHT J E, PRINCE R J, et al. Event – related potentials in cross – modal divided attention in autism [J]. Neuropsychologia, 1995, 33 (2): 225 – 246.

[72] CIESLIK E C, ZILLES K, GREFKES C, et al. Dynamic interactions in the fronto – parietal network during a manual stimulus – response compatibility task [J]. NeuroImage, 2011, 58 (3): 860 – 869.

[73] CODERRE T J, VACCARINO A L, MELZACK R. Central nervous system plasticity in the tonic pain response to subcutaneous formalin injection [J]. Brain

research, 1990, 535 (1): 155 – 158.

[74] COHEN – MIMRAN R, SAPIR S. Deficits in working memory in young a-dults with reading disabilities [J]. Journal of Communication Disorders, 2007, 40: 168 – 183.

[75] CONNERS C K. Cortical visual evoked response in children with learning disorders [J]. Psychophysiol – ogy, 1970, 7: 418 – 428.

[76] CONWAY W, SAMS C. Calcium infiltration of golden delicious apples and its effect on decay [J]. Phytopathology, 1983, 73 (7): 1068 – 1071.

[77] Critchley M. Developmental dyslexia [M]. Spring – field, IL: Charles C. Thomas. 1964.

[78] CSEPE V, SZUCS D, HONBOLYGO F. Number – word reading as chal-lenging task in dyslexia? An ERP study [J]. International Journal of Psychophysiolo-gy, 2003, 51: 69 – 83.

[79] Curran H V. Benzodiazepines, memory and mood: a review [J]. Psy-chopharmacology, 1991, 105 (1): 1 – 8.

[80] DALBY M A, ELBRO C, STODKILDE – JORGENSEN H. Temporal lobe asymmetry and dyslexia: An in-vivo study using MRI [J]. Brain and Language, 1998, 62: 51 – 69.

[81] DAVID W C, BYRON P R. Learning – disabled Brains: A Review of the Literature [J]. Journal of Clinical and Experimental Neuropsychology, 2003, 25 (7): 1011 – 1034.

[82] DAVRANCHE K, NAZARIAN B, VIDAL F, et al. Orienting attention in time activates left intraparietal sulcus for both perceptual and motor task goals [J]. Journal of Cognitive Neuroscience, 2011, 23 (11): 3318 – 3330.

[83] DE VISSCHER A, NOEL M P. A case study of arithmetic facts dyscalculia caused by a hypersensitivity – tointerference in memory [J]. Cortex, 2013, 49, 50 – 70.

[84] DEHAENE S. Varieties of Numerical Abilities [J]. Cognition, 1992, 44: 1 – 42.

[85] DEMB J B, BOYNTON G M, HEEGER D J. Brian activity in visual cor-tex predicts individual differences in reading performance [J]. Proceedings of the Na-tional Academy of Sciences of the United States of America, 1997, 94: 13363 – 13366.

[86] DEMB J B, BOYNTON G M, HEEGER D J. Functional magnetic reso-nance imaging of early visual pathways in dyslexia [J]. Journal of Neu – roscience, 1998, 18: 6939 – 6951.

[87] DENCKLA M B, LEMAY M, CHAPMAN C A. Few CT abnormalities found even in neurologically impaired learning disabled children [J]. Journal of Learning Disabilities, 1985, 18: 132 – 135.

[88] DEVINE A, SOLTESZ F, NOBES A, et al. Gender differences in devel-opmental dyscalculia depend on diagnostic criteria [J]. Learning and Instruction, 2013, 27: 31 – 39.

[89] DING D, LIU X P, LI L, et al. Literacy characteristics in Children with dyslexia [J]. Psychological Development and Education, 2002, 2: 64 – 67.

[90] DOOL C B, STELMACK R M, ROURKE B P. Event – related potentials in children with learning disabilities [J]. Journal of Clinical Child Psychology, 1993, 22: 387 – 398.

[91] DRAK W E. Clinical and pathological findings in a child with a develop-mental learning disability [J]. Journal of Learning Disabilities, 1968, 1: 486 – 502.

[92] DUARA R, KUSCH A, GROSS – GLENN K, et al. Neuroanatomic differ-ences between dyslexic and normal readers on magnetic resonance imaging scans [J]. Archives of Neurology, 1991, 48: 410 – 416.

[93] DUARTE A, RANGANATH C, WINWARD L, et al. Dissociable neural correlates for familiarity and recollection during the encoding and retrieval of pictures [J]. Cognitive Brain Research, 2004, 18 (3): 255 – 272.

[94] DUJARDIN T, ETIENNE Y, CONTENTIN C, et al. Behavioral perform-ances in participants with phonological dyslexia and different patterns on the N170 com-ponent [J]. Brain and Cognition, 2011, 75: 91 – 100.

[95] DULAS M R, DUARTE A. The influence of directed attention at encoding on source memory retrieval in the young and old: An ERP study [J]. Brain Re-search, 2013, 1500: 55 – 71.

[96] DULAS M R, NEWSOME R N, DUARTE A. The effects of aging on ERP correlates of source memory retrieval for self – referential information [J]. Brain Re-search, 2011, 1377: 84 – 100.

[97] DUMONTHEIL I, KLINGBERG T. Braina ctivity during avisuo spatial

working memory task predicts arithmetical performance 2 years later [J]. Cerebral Cortex, 2012, 22 (5): 1078 – 85.

[98] EDEN G F, VANMETER J W, RUMSEY J M, et al. Abnor – mal processing of visual motion in dyslexia revealed by functional brain imaging [J]. Nature, 1996, 382: 66 – 69.

[99] ELGER C W, GRUNWALD T, LEHNERTZ K, et al. Human temporal lobe potentials in verbal learning and memory processes [J]. Neuropsychologia, 1997, 35 (5): 657 – 667

[100] ELIEZ S, RUMSEY J M, GIEDD J N, et al. Morpholo – gical alteration of temporal lobe gray matter in dyslexia: An MRI study [J]. Journal of Child Psychology and Psychiatry, 2000, 41: 637 – 644.

[101] ELLIS H D, GUNTER H L. Asperger syndrome: A simple matter of white matter? [J]. Trends in Cognitive Sciences, 1999, 3: 192 – 200.

[102] ENGLE R W, TUHOLSKI S W, LAUGHLIN J E, et al. Working memory, short – term memory, and general fluid intelligence: a latent – variable approach [J]. Journal of experimental psychology: General, 1999, 128 (3): 309.

[103] ERNST T, CHANG L, JOVICICH J, et al. Abnormal brain activation on functional MRI in cognitively asymptomatic HIV patients [J]. Neurology, 2002, 59: 1343 – 1349.

[104] FILIPEK P A. Neurobiologic correlates of developmental dyslexia: How do dyslexic's brains differ from those of normal readers? [J]. Journal of Child Neurology, 1995, 10 (Suppl. 1): S62 – S69.

[105] FINNERAN D A, FRANCIS A L, LEONARD L B. Sustained attention in children with specific language impairment (SLI) [J]. Journal of Speech, Language, and Herning Research, 2009, 52 (4): 915 – 929.

[106] FLOWERS D L. Brain basis for dyslexia: A summary of work in progress [J]. Journal of Learning Disabilities, 1993, 26: 575 – 582.

[107] FLOWERS D L, WOOD F B, NAYLOR C E. Regional cerebral blood flow correlates of language processes in reading disability [J]. Archives of Neurology, 1991, 48: 637 – 643.

[108] FLYNN J M, DEERING W, GOLDSTEIN M, et al. Electrophysiological correlates of dyslexic subtypes [J]. Journal of Learning Disabilities, 1992, 25: 133 – 141.

[109] FORD J H, VERFAELLIE M, GIOVANELLO K S. Neural correlates of familiarity-based associative retrieval [J]. Neuropsychologia, 2010, 48: 3019 – 3025.

[110] FRANCESCHINI S, GORI S, RUFFINO M, et al. Action video games make dyslexic children read better [J]. Current Biology, 2013, 23: 462 – 466.

[111] FRIEDERICI A D. Towards a neural basis of auditory sentence processing [J]. Trends in Cognitive Sciences, 2002, 6: 78 – 84.

[112] FRIEDMAN D, TROTT C. An event – related potential study of encoding in young and older adults [J]. Neuropsychologia, 2000, 38 (5): 542 – 557.

[113] FRIEDMANN N, KERBEL N, SHVIMER L. Developmental attentional dyslexia [J]. Cortex, 2010, 46 (10): 1216 – 1237.

[114] GABRIELI J D E, NORTON E S. Reading abilities: Importance of visual-spatial attention [J]. Current Biology, 2012, 22: 298 – 299.

[115] GABRIELI J D. Dyslexia: A new synergy between education and cognitive neuroscience [J]. Science, 2009, 325: 280 – 283.

[116] GAGNON G, BLANCHET S, GRONDIN S, ET A L. Paired – pulse transcranial magnetic stimulation over the dorsolateral prefrontal cortex interferes with episodic encoding and retrieval for both verbal and non – verbal materials [J]. Brain Research, 2010, 1344: 148 – 158.

[117] GALABURDA A M. Ordinary and extraordinary brain development: Anatomical variation in developmental dyslexia [J]. Annals of Dyslexia, 1989, 39: 67 – 80.

[118] GALABURDA A M, MENARD M T, ROSEN G D. Evidence for aberrant auditory anatomy in devel – opmental dyslexia [J]. Proceedings of the National Academy of Sciences of the United States of America, 1994, 91: 8010 – 8013.

[119] GALABURDA A M, SHERMAN G F, ROSEN G D, et al. Developmental dyslexia: Four consecutive patients with cortical anomalies [J]. Annals of Neurology, 1985, 18: 222 – 233.

[120] GEARY D C, HOARD M K, BAILEY D H. Fact retrieval deficits in low achieving children and children with mathematical learning disability [J]. Journal of learning disabilities, 2011, 18: 1 – 17.

[121] GEARY D C, HOARD M K, BAILEY D H. Fact retrieval deficits in low achieving children and children with mathematical learning disability [J]. Journal of

Learning Disabilities, 2012, 45: 291 – 307.

[122] GEARY D C, HOARD M K, NUGENT L, et al. Mathematical cognition deficits in children with learning disabilities and persistent low achievement: A five year prospective study [J]. Journal of Educational Psychology, 2012, 104: 206 – 223.

[123] GEARY D C. Mathematical disabilities: Reflections on cognitive, neuropsychological, and genetic components [J]. Learning and individual differences, 2010, 20 (2): 130 – 133.

[124] GEARY D C. Cognitive predictors of achievement growth in mathematics: A five year longitudinal study [J]. Developmental Psychology, 2011, 47: 1539 – 1552.

[125] GEORGIEWA P, RZANNY R, HOPF J M, et al. FMRI during word processing in dyslexic and normal reading children. Neuroreport, 1999, 10: 3459 – 3465.

[126] GRAZIANO P A, CALKINS S D, KEANE S P. Sustained attention development during the toddlerhood to preschool period: associations with toddlers' emotion regulation strategies and maternal behaviour [J]. Infant and Child Development, 2011, 20: 389 – 408.

[127] GREEN R L, HUSTLER J J, LOFTUS W C, et al. The caudal infrasylvian surface in dyslexia: Novel magnetic resonance imaging – based findings [J]. Neurology, 1999, 53: 974 – 981.

[128] GREENHAM L, STELMACK M. Learning disability subtypes and the role of attention during the naming of pictures and words: An Event Potential analysis [J]. Developmental Neuropstchology, 2003, 23 (3): 339 – 358

[129] GREENHAM S L, STELMACK R M, VAN DER VLUGT H. (in press). Learning disability subtypes and the role of attention during the naming of pictures and words: An event – related potential analysis [J]. Developmental Neuropsychology. 2003.

[130] GRIGORENKO E L. Developmental dyslexia: An update on genes, brains, and environments [J]. Journal of Child Psychology and Psychiatry, 2001, 42: 99 – 125.

[131] GROSS – GLENN K, DUARA R, BARKER W W, et al. Positron emission tomographic studies during serial word – reading by normal and dyslexic adults

[J]. Journal of Clinical and Experimental Neuropsychology, 1991, 13: 531 – 544.

[132] GUILLEM F, MOGRASS M. Gender differences in memory processing: evidence from event – related potentials to faces [J]. Brain and cognition, 2005, 57 (1): 84 – 92.

[133] GUO C Y, VOSS J L, PALLER K A. Electrophysiological correlates of forming memories for faces, names, and face – name associations [J]. Cognitive Brain Research, 2005, 22: 153 – 164.

[134] GUO C Y, ZHU Y, DING J H. Processing and memory encoding different ERP study of the relationship between [J]. Acta Psychological Sinica, 2003, 35 (2): 150 – 156.

[135] GUTTORM T K, LEPPÄNEN P H, HÄMÄLÄINEN J A, et al. Newborn event – related potentials predict poorer pre – reading skills in children at risk for dyslexia [J]. Journal of Learning Disabilities, 2010, 43: 391 – 401.

[136] HABEKOST T, STARRFELT R. Visual attention capacity: A review of TVA – based patient studies [J]. Scandinavian Journal of Psychology, 2009, 50: 23 – 32.

[137] HABIB M. The neurological basis of developmental dyslexia: An overview and working hypothesis [J]. Brain, 2000, 123: 2373 – 2399.

[138] HAGMAN J O, WOOD F, BUCHSBAUM M S, et al. Cerebral brain metabolism in adult dyslexic subjects assessed with positron emission tomography during performance of an auditory task [J]. Archives of Neurology, 1992, 49: 734 – 739.

[139] HANNULA M M, LEPOLA J, LEHTINEN E. Spontaneous focusing on numerosity as a domain – specific predictor of arithmetical skills [J]. Journal of Experimental Child Psychology, 2010, 107: 394 – 406.

[140] HARLEY C, WILKIE R M, WANN J P. Stepping over obstacles: Attention demands and aging [J]. Gait & Posture, 2009, 29: 428 – 432.

[141] HARRAR V, TAMMAM J, PE'REZ – BELLIDO, et al. Multisensory integration and attentionin developmental dyslexia [J]. Current Biology, 2014, 24: 531 – 535.

[142] HARTER M R, ANLLO – VENTO L, WOOD F B. Event – related potentials, spatial orienting, and reading disabilities [J]. Psychophysiology, 1989, 26: 404 – 421.

[143] HASHER L, ZACKS R T. Automatic processing of fundamental informa-

tion: The case of frequency of occurrence [J]. American Psychologist, 1984, 39 (12): 1372.

[144] HASLAM R H, DALBY J T, JOHNS R D, et al. Cerebral asymmetry in developmental dyslexia [J]. Archives of Neurology, 1981, 38: 679 – 682.

[145] HELENIUS P, UUTELA K, HARI R. Auditory stream segregation in dyslexic adults [J]. Brain, 1999, 122: 907 – 913.

[146] HELTON W S, RUSSELL P N. Feature absence-presence and two theories of lapses of sustained attention [J]. Psychological Research, 2011, 75: 384 – 392.

[147] HELTON W S, WARM J S. Signal salience and the mindlessness theory of vigilance [J]. Acta Psychologica, 2008, 129: 18 – 25.

[148] HIDEYA K, GLENNA A B, FERRARO F R. The relationship between cognitive ability and positive and negative priming in identify and spatial priming tasks [J]. The Journal of General Psychology, 2000, 127 (4): 372 – 382.

[149] HIER D B, LEMAY M, ROSENBERGER P B, et al. Developmental dyslexia: Evidence for a subgroup with a reversal of cerebral asymmetry [J]. Archives of Neurology, 1978, 35: 90 – 92.

[150] HINSHELWOOD J. Word – blindness and visual memory [J]. Lancet, 1895, 2: 1564 – 1570.

[151] HO C S H, BRYANT P. Phonological skills are important in learning to read Chinese [J]. Developmental Psychology, 1997, 33: 946 – 951.

[152] HO C S H, BRYANT P. Development of phonological awareness of Chinese children in HongKong [J]. Journal of Psycholinguistic Research, 1997, 26: 109 – 126 .

[153] HO C S H, BRYANT P. Learning to read Chinese beyond the logographic phase [J]. Reading Research Quarterly, 1997, 32: 276 – 14.

[154] HO C S H, CHAN D W O, LEE S H, et al. Cognitive profiling and preliminary subtyping in Chinese developmental dyslexia [J]. Cognition, 2004, 91: 43 – 75.

[155] HO C S H, CHAN D W, CHUNG K K, et al. In search of subtypes of Chinese developmental dyslexia [J]. Journal of Experimental Child Psychology, 2007, 97 (1): 61 – 83.

[156] HOEKS J C J, STOWE L A, DOEDENS G. Seeing words in context:

the interaction of lexical and sentence level information during reading [J]. Cognitive Brain Research, 2004, 19: 59 - 73.

[157] HORWITZ B, RUMSEY J M, DONOHUE B C. Functional connectivity of the angular gyrus in normal reading and dyslexia [J]. Proceedings of the National Academy of Sciences of the United Stated of America, 1998, 95: 8939 - 8944.

[158] HUANG H S, HANLEY J R. Phonological awareness and visual skills in learning to read Chinese and English [J]. Cognition, 1995, 54: 73 - 98.

[159] HUANG H S, HANLEY J R. A longitudinal study of phonological aware-ness, visual skills, and Chinese reading acquisition among First - graders in Taiwan [J]. International Journal of Behavioral Development, 1997, 20: 249 - 268.

[160] HUANG J H, CHEN X Z. Chinese reading and phonological processing glyph [J]. Acta Psychologica Sinica, 2000, 32 (1): 1 - 6.

[161] HUMPHREYS P, KAUFMAN W E, GALABURDA A M. Developmental dyslexia in women: Neuro - pathological findings in three patients [J]. Annals of Neurology, 1990, 28: 727 - 738.

[162] HUTTUNEN T, HALONEN A, KAARTINEN J, et al. Does mismatch negativity show differences in reading - disabled children compared to normal children and children with attention deficit? [J]. Developmental Neuropsychology, 2007, 31 (3): 453 - 470.

[163] HYND G W, SEMRUD - CLIKEMAN M. Dyslexia and brain morphology [J]. Psychological Bulletin, 1989, 106: 447 - 482.

[164] HYND G W, HALL J, NOVEY E S, et al. Dyslexia and corpus callo-sum morphology [J]. Archives of Neurology, 1995, 52: 32 - 38.

[165] HYND G W, HYND C R, SULLIVAN H G, et al. Regional cerebral blood flow in developmental dyslexia: Activation during reading in a surface and deep dyslexic [J]. Journal of Learning Disabilities, 1987, 20: 294 - 300.

[166] HYND G W, SEMRUD - CLIKEMAN M, LORYS A R, et al. Brain mor - phology in developmental dyslexia and attention deficit disorder/hyperactivity [J]. Archives of Neurology, 1990, 47: 919 - 926.

[167] IGLESIAS A, MARTÍN L M, HINOJOSA J A, ET AL. The recognition potential during sentence presentation: stimulus probability background stimuli and SOA [J]. International journal of psychophysiology, 2004, 52 (2): 169 - 186.

[168] INABA M, NOMURA M, OHIRA H. Neural evidence of effects of emo-

tional valence on word recognition ［J］. International Journal of Psychophysiology, 2005, 57 (3): 165 – 173.

［169］International Classification of Diseases (ICD 10), WHO. Available at: http: // www. who. int/classifications/icd/en/. 2009, Accessed August, 18.

［170］ITIER R J, TAYLOR M J. Effects of repetition learning on upright, inverted and contrast – reversed face processing using ERPs ［J］. Neuroimage, 2004, 21 (4): 1518 – 1532.

［171］JÄÄSKELÄINEN I P, OJANEN V, AHVENINEN J, et al. Adaptation of neuromagnetic N1 responses to phonetic stimuli by visual speech in humans ［J］. Neuroreport, 2004, 15 (18): 2741.

［172］JAMES T W, HUMPHREY G K, GATI J S, et al. The effects of visual object priming on brain activation before and after recognition ［J］. Current Biology, 2000, 10, 1017 – 1024.

［173］JERNIGAN T L, HESSELINK J R, SOWELL E, et al. Cerebral structure on magnetic reso – nance imaging in language – and learning – impaired children ［J］. Archives of Neurology, 1991 (48): 539 – 545.

［174］JIN H, HE Y X, MO L. Explore the Chinese developmental dyslexia diagnosis method ［J］. South China Normal University, 2009, 10: 39 – 43.

［175］JIN Z C, SUI J. Students with learning disabilities cognitive processing mechanism ［J］. Acta Psychological Sinica, 1999, 31 (1): 47 – 52

［176］JIN Z C, ZHANG Y, GAI X T. Learning disabilities and learning the best students compare the effects of interference inhibition of distraction ［J］. Acta Psychologica Sinica, 2002, 34 (3): 229 – 234.

［177］JINCHO N, LACHMANN T, VAN LEEUWEN C. Dissociating congruence effects in letters versus shapes: Kanji and kana ［J］. Acta Psychol (Amst), 2008, 129 (1): 138 – 146.

［178］JORDAN N C, HANICH L B, KAPLAN D. Arithmetic fact mastery in young children: A longitudinal investigation ［J］. Journal of Experimental Child Psychology, 2003, 85 (2): 103 – 119.

［179］KALTNER S, JANSEN P. Mental rotation and motor performance in children with developmental dyslexia ［J］. Research in Developmental Disabilities, 2014, 35: 741 – 754.

［180］KANEKO M, UNO A, KAGA M, et al. Cognitive neuropsycho – logical and regional cerebral blood flow study of a developmentally dyslexic Japanese child [J]. Journal of Child Neurology, 1998, 13: 457 – 461.

[181] KATHMANN N, BOGDAHN B, ENDRASS T. Event – related brain potential variations during location and identity negative priming [J]. Neuroscience Letters, 2006, 394: 53 – 56.

[182] KE H W, LI J R. Development of lower primary students the ability to voice Awareness and literacy abilities: a longitudinal study [J]. National Chung Cheng University, 1996, 7: 49 – 66 .

[183] KENDER J P, KENDER M A. Educational implications relating neuroanatomical research and developmental dyslexia [J]. Reading Horizon, 1998, 38: 217 – 225.

[184] KIM A, SIKOS L. Conflict and surrender during sentence processing: An ERP study of syntax – semantics interaction [J]. Brain & Language, 2011, 118: 15 – 22.

[185] KOLK H H J, CHWILLA D J, VAN HERTEN M, et al. Structure and limited capacity in verbal working memory: a study with event – related potentials [J]. Brain and Language, 2003, 85: 1 – 36.

[186] KOLK H H J, CHWILLA D J. Late positivities in unusual situations [J]. Brain and Language, 2007, 100: 257 – 262.

[187] KOSC L. Developmental dyscalculia [J]. Journal of Learning Disabilities, 1974, 7: 164 – 177.

[188] KRONBICHLER M, HUTZLER F, WIMMER H, et al. The visual word form area and the frequency with which words are encountered: evidence from a parametric fMRI study [J]. Neuroimage, 2004, 21: 946 – 953.

[189] KUCIAN K, LOENNEKER T, DIETRICH T, et al. Impaired neural networks for approximate calculation in dyslexia children: A functional MRI study [J]. Behavioral and Brain Functions. 2006, 31: 1 – 17.

[190] KUCIAN K, LOENNEKER T, MARTIN E, et al. Non – symbolic numerical distance effect in children with and without developmental dyscalculia: A parametric FMRI study [J]. Developmental Neuropsychology, 2011, 36 (6): 741 – 762.

[191] KUJALA T, NAATANEN R. The mismatch negativity in evaluating central auditory dysfunction in dyslexia [J]. Neurosicience and Biobehavioral Review.

2001, 23: 535 – 543.

[192] KUJALA T, MYLLYVIITA K, TERVANIEMI M, et al. Basic auditory dysfunction in dyslexia as demonstrated by brain activity measurements [J]. Psychophysiology, 2000, 37: 262 – 266.

[193] KUPERBERG G R, KREHER D A, SITNIKOVA T, et al. The role of animacy and thematic relationships in processing active English sentence: evidence from event – related potentials [J]. Brain and Language, 2007, 100: 223 – 237.

[194] KUPERBERG G R, SITNIKOVA T, CAPLAN D, et al. Electrophysiological distinctions in processing conceptual relationships within simple sentences [J]. Cognitive Brain Research, 2003, 17 (1): 117 – 129.

[195] KUPERBERG G R, SITNIKOVA T, LAKSHMANAN B M. Neuroanatomical distinctions within the semantic system during sentence comprehension: Evidence from functional magnetic resonance imaging [J]. NeuroImage, 2008, 40: 367 – 388.

[196] KUPERBERG G R. Neural mechanisms of language comprehension: challenges to syntax [J]. Brain Research, 2007, 1146: 23 – 49.

[197] KUSHCH A, GROSS – GLENN K, JALLAD B, et al. Temporal lobe surface area measurements on MRI in normal and dyslexic readers [J]. Neuropsychologia, 1993, 31: 811 – 821.

[198] KUTAS M, FEDERMEIER K D. Thirty Years and Counting: Finding Meaning in the N400 Component of the Event – Related Brain Potential (ERP) [J]. Annual Reviews Psychology, 2011, 62: 621 – 647.

[199] KUTAS M, HILLYARD S A. Reading senseless sentences: brain potential reflect semantic incongruity [J]. Science, 1980, 207: 203 – 205.

[200] LAASONEN M, SERVICE E, VIRSU V. Crossmodal temporal order and Processing acuity in developmental dyslexic young adults [J]. Brain & Language, 2002, 80: 340 – 354.

[201] LABERGE D. Automatic information processing: A review [J]. Attention and performance IX, 1981, 173 – 186.

[202] LALLIER M, DONNADIEU S, BERGER C, et al. A case study of developmental phonological dyslexia: Is the attentional deficit in rapid stimuli sequences processing a modal? [J]. Cortex, 2010, 46: 231 – 241.

[203] LANDERL K, FUSSENEGGER B, MOLL K, et al. Dyslexia and dys-

calculia: Two learning disorders with different cognitive profiles [J]. Journal of Experimental Child Psychology, 2009, 103 (3): 309 – 324.

[204] LANGESLAG S J, VAN STRIEN J W. Age differences in the emotional modulation of ERP old/new effects [J]. International Journal of Psychophysiology, 2008, 70 (2): 105 – 114.

[205] LAURA P M, THOMAS H, KATHERINE A J, et al. Sustained attention, attentional selectivity, and attentional capacity across the lifespan [J]. Atten Percept Psychophys, 2012, 74: 1570 – 1582.

[206] LEISMAN G, ASHKENAZI M. Aetiological factors in dyslexia: IV. Cerebral hemispheres are functionally equivalent [J]. International Journal of Neuroscience, 1980, 11: 157 – 164.

[207] LEONARD C M, LOMBARDINO L J, MERCADO L R, et al. Cerebral asymmetry and cognitive development in children: A magnetic resonance imaging study [J]. Psychological Science, 1996, 7, 89 – 95.

[208] LEPPANEN P H, GUTTORM T K, PIHKO E. Maturational effects on newbom ERPs measured in the mismatch negativity paradigm [J]. Exp Neurol, 2004, 190 Suppl 1: 91 – 101.

[209] LEYNES P A, KAKADIA B. Variations in retrieval monitoring during action memory judgments: Evidence from event – related potentials (ERPs) [J]. International Journal of Psychophysiology, 2013, 87: 189 – 199.

[210] LI H, PENG H, SHU H. The emergence and development of orthographic awareness of Chinese Children [J]. Psychological Development and Education, 2006, 1: 35 – 38.

[211] LIN O, WANG Z K, MENG X Z. Chinese developmental dyslexia children perceptual learning [J]. Acta Psychologica Sinica, 2013, 45 (7): 762 – 772.

[212] LIU X P, HOU D M, YANG S, et al. Dyslexic children Characteristics of Chinese character recognition [J]. Psychological Development and Education, 2004, 2: 7 – 11.

[213] LIVINGSTON M S, ROSEN G D, DRISLANE F W, et al. Physiological and anatomical evidence for a magnocellular defect in developmental dyslexia [J]. Proceedings of the National Academy of Sciences of the United States of America, 1991, 88, 7943 – 7947.

[214] LOBIER M, ZOUBRINETZKY R, VALDOIS S. The visual attention

span deficit in dyslexia is visual and not verbal [J]. Cortex, 2012, 48: 768 – 773.

[215] LOHER L, ROEBERS C M. Executive Functions and Their Differential Contribution to Sustained Attention in 5 – to 8 – Year – Old Children [J]. Journal of Educational and Developmental Psychology, 2013, 3 (1): 51 – 63.

[216] LOVRICH D, STAMM J S. Event – related potential and behavioral correlates of attention in reading retardation [J]. Journal of Clinical Neuropsy – chology, 1983, 5: 13 – 37.

[217] LOVRICH D, CHENG J C, VELTING D M, et al. Auditory ERPs during rhyme and semantic processing: Effects of reading ability in college students [J]. Journal of Clinical and Experi – mental Neuropsychology, 1997, 19: 313 – 330.

[218] LUO J L, QIU J, HUAI Z C, et al. Sentence processing level in the brain mechanisms of judgment task [J]. Journal of Southwest University (Natural Science Edition), 2008, 30 (6): 168 – 173.

[219] LUO Y, WANG J, WU H R. Chinese Developmental disorders in children, as the correlation between spatial working memory and language cognition [J]. Chinese Journal of Child Health Care, 2011, 19 (10): 881 – 886.

[220] LUO J L, QIU J, HUAI Z C, et al. Sentence processing level in the brain mechanisms of judgment task [J]. Journal of Southwest University (Natural Science Edition), 2008, 30 (6): 168 – 173.

[221] LV C X, WANG Q H. Font effects of Chinese characters and pseudo – characters on the N400: Evidence for an orthographic processing view [J]. Brain and Cognition, 2012, 80: 96 – 103.

[222] LYON G R, SHAYWITZ S E, SHAYWITZ B A. A definition of dyslexia [J]. Annals of Dyslexia, 2003, 53: 1 – 14.

[223] MACKWORTH N H. The breakdown of vigilance during prolonged visual search [J]. Quarterly Journal of Experimental Psychology, 1948, 1: 6 – 21.

[224] MAEHLER C, SCHUCHARDT K. Working memory functioning in children with learning disabilities: does intelligence make a difference? [J]. Child Neuropsychology, 2009, 2 (53): 3 – 10

[225] MAGANIOTI A E, HOUNTALA C D, PAPAGEORGIOU C C, et al. Principal component analysis of the P600 waveform: RF and gender effects [J]. Neuroscience Letters, 2010, 478: 19 – 23.

[226] MAMMARELLA I C, PAZZAGLIA F. Visual perception and memory im-

pairments in Children at Risk of Nonyerbal learning disabilities [J]. Journal of Learning Disabilities, 2010, 1 (16): 564 – 576.

[227] MANGINA J H. Brain plasticity following psychophysiological treatment in learning disabled pre – adolescents [J]. International Journal of Psychophysiology, 2004, 52 (2): 129 – 138

[228] MANLY T, ROBERTSON I H, GALLOWAY M, et al. The absent mind: Further investigations of sustained attention to response [J]. Neuropsychologia, 1999, 37: 661 – 670.

[229] MARIALUISA M, MARIA D L, LAURA L, et al. Bridging the gap between different measures of the reading speed deficit in developmental dyslexia [J]. Exp Brain Res, 2014, 232: 237 – 252.

[230] MATTHEWS G, DAVIES D R, WESTERMAN S J, et al. Human performance: Cognition stress and individual differences [M]. East Sussex, UK: Psychology Press. 2000.

[231] MATTHEWS J A, WNEK G E, SIMPSON D G, et al. Electrospinning of Collagen Nanofibers [J]. Biomacromolecules, 2002, 3: 232 – 238.

[232] MATTSON A J, SHEER D E, FLETCHER J M. Electrophysiological evidence of lateralized dis – turbances in children with learning disabilities [J]. Journal of Clinical and Experimental Neuropsy – chology, 1992, 14: 707 – 716.

[233] MAX C, BRENT C, PAUL A, et al. Models of reading aloud: Dual – route and parallel – distributed – processing approaches [J]. Psychological Review, 1993, 100 (4): 589 – 608

[234] MCAVINUE L P, VANGKILDE S, JOHNSON K A, et al. The relationship between sustained attention, attentional selectivity, and capacity [J]. Journal of Cognitive Psychology, 2012, 24 (3): 313 – 328.

[235] MCCLOSKEY M. Cognitive mechanisms in numerical processing: evidence from acquired dyscalculia [J]. Cognition, 1992, 44: 107 – 157.

[236] MCCORMICK C, MOSCOVITCH M, PROTZNER A B, et al. Hippocampal – neocortical networks differ during encoding and retrieval of relational memory: Functional and effective connectivity analyses [J]. Neuropsychologia, 2010, 48: 3272 – 3281.

[237] MCLEAN J F, HITCH G J. Working memory impairments in children with specific arithmetic learning difficulties [J]. Journal of Experimental Child Psy-

chology, 1999, 74: 240 –260.

[238] MCPHERSON W B, ACKERMAN P T. A study of reading disability u-sing event – related brain potentials elicited during auditory alliteration judgments [J]. Developmental Neuropsychology, 1999, 15: 359 –378.

[239] MCPHERSON W B, ACKERMAN P T, HOLCOMB P J, et al. Eventre-lated potentials elicited during phonological processing differenti – ate subgroups of reading disabled adolescents [J]. Brain and Language, 1998, 62: 163 –185.

[240] MECHELLI A, GORNO – TEMPINI M L, PRICE C J. Neuroimaging studies of word and pseudoword reading: consistencies, inconsistencies and limitations [J]. Journal of Cognitive Neuroscience, 2003, 15: 260 –271.

[241] MECKLINGER A, PFEIFER E. Event – related potentials reveal topo-graphical and temporal distinct neuronal activation patterns for spatial and object work-ing memory [J]. Cognitive Brain Research, 1996, 4 (3): 211 –224.

[242] MEJIAS S, GRÉGOIRE J, NOËL M P. Numerical estimation in adults with and without developmental dyscalculia [J]. Learning and Individual Differences, 2012, 22 (1): 164 –170.

[243] MEJIAS S, MUSSOLIN C, ROUSSELLE L, et al. Numerical and non-numerical estimation in children with and without mathematical learning disabilities [J]. Child Neuropsychology, 2012, 18: 550 –575.

[244] MENG X Z, SHU H, ZHOU X L. During Chinese characters output the child's structure of consciousness [J]. Psychological Science, 2000, 23 (3): 260 –264.

[245] MENG X Z, SHU H, ZHOU X L, et al. Chinese character output differ-ent reading levels of children and Recognition [J]. Acta Psychologica Sinica, 2000, 32 (2): 133 –138.

[246] MENG X Z, SHU H, ZHOU X L, et al. Different reading levels of children's characters recognition [J]. Acta Psychologica Sinica, 2000, 32 (2): 133 –138.

[247] MENGHINI D, FINZI A, CARLESIMO G A, et al. Working Memory Impairment in Children With Developmental Dyslexia: Is it Just a Phonological Defici-ty? [J]. Developmental Neuropsychology, 2011, 36 (2): 199 –213.

[248] MEYLER1 A, BREZNITZ Z. Visual, auditory and cross – modal process-ing of linguistic and nonlinguistic temporal patterns among adult dyslexic readers [J].

Dyslexia, 2005, 11: 93 – 115.

[249] MILES J, STELMACK R M. Learning disability subtypes and the effects of auditory and visual priming on visual event – related potentials to words [J]. Journal of Clinical and Experimental Neuropsy – chology, 1994, 16: 43 – 64.

[250] MIYAKE A, FRIEDMAN N P. The nature and organization of individual differences in executive functions: Four general conclusions [J]. Psychological Science, 2012, 21: 8 – 14.

[251] MOELLER K, PIXNER S, ZUBER J, et al. Early place – value understanding as a precursor for later arithmetic performance: A longitudinal study on numerical development [J]. Research in Developmental Disabilities, 2011, 32: 1837 – 1851.

[252] MOLFESE D L. Predicting dyslexia at 8 years of age using neonatal brain responses [J]. Brain and Language, 2000, 72: 238 – 245.

[253] MOLHOLM S, MARTINEZ A, RITTER W, et al. The neural circuitry of pre – attentive auditory change – detection: An FMRL Study of Pitch and Duration Mismatch Negativity generators [J]. Cereb Cortex, 2005, 15: 545 – 555.

[254] MOREY C C, COWAN N, MOREY R D, et al. Flexible attention allocation to visual and auditory working memory tasks: Manipulating reward induces a tradeoff [J]. Attention Perception Psychophysics, 2011, 73: 458 – 472.

[255] MORGAN P. A case of congenital word blindness [J]. British Medical Journal, 1896, 2: 1378.

[256] MORR M L, SHAFER V L, KREUZER J A, et al. Maturation of mismatch negativity in typically developing infants and preschool children [J]. Ear Hear, 2002, 23: 118 – 136.

[257] NÄÄTÄNEN R, ALHO K. Mismatch negativity—the measure for central sound representation accuracy [J]. Audiology & Neurotology. 1997, 2 (5): 341 – 353.

[258] NÄÄTÄNEN R, GAILLARD A W K, MÄNTYSALO S. Early selective – attention effect on evoked potential reinterpreted [J]. Acta psychologica, 1978, 42 (4): 313 – 329.

[259] NAATANEN R, PAKARINEN S, RINNE T, et al. The mismatch negativity (MMN): towards the optimal paradigm [J]. Clin Neurophysiol, 2004, 115: 140 – 144.

[260] NÄÄTÄNEN R. Implications of ERP data for psychological theories of attention [J]. Biological Psychology, 1988, 26 (1 – 3): 117 – 163.

[261] NÄÄTÄNEN R. The role of attention in auditory information processing as revealed by event – related potentials and other brain measures of cognitive function [J]. Behavioral and Brain Sciences, 1990, 13 (2): 201 – 288.

[262] NELE W W, MICHAEL F. Age – dependent impairment of auditory processing under spatially focused and divided attention: An electrophysiological study [J]. Biological Psychology, 2010, 83: 27 – 36.

[263] NEWSOME R N, DULAS M R , DUARTE A. The effects of aging on e-motion – induced modulations of source retrieval ERPs: Evidence for valence biases [J]. Neuropsychologia, 2012, 50: 3370 – 3384.

[264] NICHOLSON R I, FAWCETT A J, DEAN F P. Developmental dyslexia: the cerebellar deficit hypothesis [J]. Trends in Neurosciences, 2001, 24 (9): 508 – 511.

[265] NOBRE A C, MCCARTHY G. Language – related field potentials in the anterior – medial temporal lobe: II. Effects of word type and semantic priming [J]. Neurosci, 1995, 15 (2): 1090 – 1198.

[266] NOVAK G P, RITTER W, VAUGHAN JR H G, et al. Differentiation of negative event – related potentials in an auditory discrimination task [J]. Electroencephalography and clinical Neurophysiology, 1990, 75 (4): 255 – 275.

[267] Orton S T. Reading, writing and speech problems in children [M]. New York: Norton. 1937.

[268] OSTERHOUT L, HOLCOMB P. Event – related brain potentials elicited by syntactic anomaly [J]. Journal of Memory and Language, 1992, 31: 785 – 806.

[269] PAAVILAINEN P, KARLSSON M L, REINIKAINEN K, et al. Mismatch negativity to change in spatial location of an auditory stimulus [J]. Electroencephalography and clinical Neurophysiology, 1989, 73 (2): 129 – 141.

[270] PALLADINO P, FERRARI M. Interference control in working memory: Comparing groups of children with atypical development [J]. Child Neuropsychology, 2013, 19 (1): 37 – 54.

[271] PALLER K A, KUTAS M, MAYES A R. Neural correlates of encoding in an incidental learning paradigm [J]. Electroencephalography and clinical Neurophysiology, 1987, 67: 360 – 371.

[272] PALLER K A, MCCARTHY G, WOOD C C. ERPs predictive of subsequent recall and recognition performance [J]. Biological Psychology, 1988, 26: 269 – 276

[273] PASOLUNGHI M C, CORNOLDI C, DE LIBERTO S. Working memory and intrusions of irrelevant information in a group of specific poor problem solvers [J]. Memory & Cognition, 1999, 27 (5): 779 – 790.

[274] PASSOLUNGHI M C, MAMMARELLA I C. Spatial and visual working memory ability in children with difficulties in arithmetic word problem solving [J]. European Journal of Cognitive Psychology, 2010, 22 (6): 944 – 963.

[275] PASSOLUNGHI M C, SIEGEL L S. Working memory and access to numerical information in children with disability in mathematics [J]. Journal of Experimental Child Psychology, 2004, 88 (4): 348 – 367.

[276] PAULESU E, EMONET J F, FAZIO F, et al. Dyslexia cultural diversity and biological unity [J]. Science, 2001, 291: 2165 – 2167.

[277] PAULESU E, FRITH U, SNOWLING M, et al. Is developmental dyslexia a disconnection syndrome? Evidence from PET scanning [J]. Brain, 1996, 119: 143 – 157.

[278] PENNINGTON B F, FILIPEK P A, LEFLY D, et al. Brain morphometry in reading – disabled twins [J]. Neurology, 1999, 53: 723 – 729.

[279] PERFETTI C A. Psycholinguistics and reading ability [M] //Gernsbacher, M A. Handbook of Psycholinguistics. San Diego: Academic Press, San Diego, 1994.

[280] PETTEN C V, SENLTFOR A J. Memory for words and novel visual patterns: repetition, recognition, and encoding effects in the event – related brain potential [J]. Psychophysiology, 1996, 33: 491 – 506

[281] PEYRIN C, LALLIER M, DéMONET J F, et al. Neural dissociation of phonological and visual attention span disorders in developmental dyslexia: FMRI evidence from two case reports [J]. Brain & Language, 2012, 120: 381 – 394.

[282] PICKLE J M. Historical trends in biological and medical investigations of reading disabilities: 1850 – 1915 [J]. Journal of Learning Disabilities, 1998, 31: 625 – 635.

[283] PICTON T W, BENTIN S, BERG P, et al. Guide – lines for using human event – related potentials to study cognition: Recording standards and publication

criteria [J]. Psychophysiology, 2000, 37: 127 – 152.

[284] PIMPERTON H, NATION K. Suppressing irrelevant information from working memory: Evidence for domain – specific deficits in poor comprehenders [J]. Journal of Memory and Language, 2010, 62: 380 – 391.

[285] PLANTE E, VAN PETTEN C, SENKFOR A J. Electrophysiological dissociation between verbal and nonverbal semantic processing in learning disabled adults [J]. Neuropsychologia, 2000, 38: 1669 – 1684.

[286] PRESTON M S, GUTHRIE J T, CHILDS B. Visual evoked responses (VERs) in normal and disabled readers [J]. Psychophysiology, 1974, 11: 452 – 457.

[287] PRICE C J, WISE R J S, FRACKOWIAK R S J. Demonstrating the implicit processing of visually presented words and pseudo – words [J]. Cerebral Cortex, 1996 (6): 62 – 70.

[288] PUGH K R, SHAYWITZ B A, CONSTABLE R T, et al. Cerebral organization of component processes in reading [J]. Brain, 1996, 119: 1221 – 1238.

[289] RAE C, LEE M A, DIXON R M, et al. Metabolic abnormalities in developmental dyslexia detected by 1H magnetic resonance spectroscopy [J]. Lancet, 1998, 351: 1849 – 1852.

[290] RAGHUBAR K, CIRINO P, BARNES M, et al. Errors in multi – digit arithmetic and behavioral inattention in children with math difficulties [J]. Journal of learning disabilities, 2009, 12: 1 – 16.

[291] RECK S G, HUND A M. Sustained attention and age predict inhibitory control during early childhood [J]. Journal of Experimental Child Psychology, 2011, 108: 504 – 512.

[292] RICHARDS T L. Functional magnetic resonance imaging and spectroscopic imaging of the brain: Application of fMRI and fMRS to reading disabilities and education [J]. Learning Disability Quarterly, 2001, 24: 189 – 203.

[293] RICHARDSON S O. Specific developmental dyslexia: Retrospective and prospective views [J]. Annals of Dyslexia, 1989, 39: 3 – 23.

[294] RIVERA S M, REISS A L, ECKERT M A, et al. Developmental changes in mental arithmetic: evidence for increased functional specialization in the left inferior parietal cortex [J]. Cerebral cortex, 2005, 15 (11): 1779 – 1790.

[295] ROBERTS R J, VARNEY N R, REINARZ S J, et al. CT asymmetries

in developmentally dyslexic adults [J]. Developmental Neuropsychology, 1988, 4: 231 – 237.

[296] ROBICHON F, BESSON M, HABIB M. An electrophysiological study of dyslexic and control adults in a sentence reading task [J]. Biological Psychology, 2002, 59: 29 – 53.

[297] ROBICHON F, BOUCHARD P, DE'MONET J F, et al. Developmental dyslexia: Re – evaluation of the corpus callosum in male adults [J]. European Neurology, 2000, 43: 233 – 237.

[298] ROBINCHON F, BESSON M, HABIB M. An electrophysiology study of dyslexic and control adults in a sentence reading task [J] . Biological Psychology, 2002, 59: 22 – 53.

[299] ROGERS M, CORNISH K. Age – related changes in visual and auditory sustained attention in preschool – aged children [J]. Child Neuropsychology, 2013, 2: 601 – 614.

[300] ROMANI C, TSOUKNIDA E, BETTA A M, et al. Reduced attentional capacity, but normal processing speed and shifting of attention in developmental dyslexia: Evidence from a serial task [J]. Cortex, 2011, 47: 715 – 733.

[301] ROSEN V M, ENGLE R W. The role of working memory capacity in retrieval [J]. Journal of Experimental Psychology: General, 1997, 126 (3): 211.

[302] ROSEN G D, SHERMAN G F, GALABURDA A M. Interhemispheric connections differ between symmetrical and asymmetrical brain regions [J]. Neuroscience, 1989, 33 (3): 525 – 533.

[303] ROSENBERGER P B, HIER D B. Cerebral asymmetry and verbal intellectual deficits [J]. Annals of Neurology, 1980, 8: 300 – 304.

[304] ROSS A O. Psychological aspects of learning disabilities and reading disorders [M]. New York: McGraw – Hill, 1976.

[305] ROTZER S, LOENNEKER T, KUCIAN K, ET Al. Dysfunctional neural network of spatial working memory contributes to developmental dyscalculia [J]. Neuropsychologia, 2009, 47 (13): 2859 – 2865.

[306] ROURKE B P. Brain – behavior relationships in children with learning disabilities: A research program [J]. American Psychologist, 1975, 30: 911 – 920.

[307] ROURKE B P. Central processing deficiencies in children: Toward a de-

velopmental neuropsychological model [J]. Journal of Clinical Neuropsychology, 1982, 4: 1–18.

[308] ROURKE B P. Neuropsychology of learning disabilities: Essentials of subtype analysis [M]. New York: Guilford Press. 1985.

[309] ROURKE B P. Nonverbal learning disabilities: The syndrome and the model [M]. New York: Guilford Press, 1989.

[310] ROURKE B P. Arithmetic disabilities, specific or otherwise: A neuropsychological perspective [J]. Journal of Learning Disabilities, 1993, 26: 214–226.

[311] ROURKE B P. Syndrome of nonverbal learning disabilities [M]. New York: Guilford Press, 1995.

[312] ROURKE B P. Neuropsychological and psycho – social subtyping: A review of investigations within the University of Windsor laboratory [J]. Canadian Psychology, 1999, 41: 34–51.

[313] ROURKE B P, CONWAY J A. Disabilities of arithmetic and mathematical reasoning: Perspectives from neurology and neuropsychology [J]. Journal of Learning Disabilities, 1997, 30: 34–46.

[314] ROURKE B P, HAYMAN – ABELLO B A, COLLINS D W. Learning disabilities: A neuropsychological perspective [M] //FOGEL B S, SCHIFFER B, RAO S M. Neuropsychiatry. 2nd ed. New York: Lippincott, Williams, & Wilkins, 2003.

[315] RUBINSTEN O, HENIK A. Double dissociation of functions in developmental dyslexia and dyscalculia [J]. Journal of Educational Psychology, 2006, 98 (4): 854–867.

[316] RUBINSTEN O, HENIK A. Developmental dyscalculia: heterogeneity might not mean different mechanisms [J]. Trends in cognitive sciences, 2009, 13 (2): 92–99.

[317] RUCHKIN D S, JOHNSON R, MAHAFFEY D, et al. Toward a functional categorization of slow waves [J]. Psychophysiology, 1988, 25 (3): 339–353.

[318] RUDELL A P, HU B. Behavioral and brain wave evidence for automatic processing of orthographically regular letter strings [J]. Brain and Language, 2000, 75 (2): 137–152.

[319] RUDELL A P. The recognition potential: A visual response evoked by

recognizable images [J]. Neuroscience Abstracts, 1990, 16: 106.

[320] RUDELL A P. The recognition potential contrasted with the P300 [J]. International Journal of Neuroscience, 1991, 60 (1): 85 –111.

[321] RUGG M D, CURRAN T. Event – related potentials and recognition memory [J]. Trends in cognitive sciences, 2007, 11 (6): 251 –257.

[322] RUMSEY J M, ANDREASON P, ZAMETKIN A J, et al. Failure to activate the left temporoparietal cortex in dyslexia: An oxygen 15 positron emission tomography study [J]. Archives of Neurology, 1992, 49: 527 –534.

[323] RUMSEY J M, BERMAN K F, DENCKLA M B, et al. Regional cerebral blood flow in severe developmental dyslexia [J]. Archives of Neurology, 1987, 44: 1144 –1150.

[324] RUMSEY J M, DORWART R, VERMESS M, et al. Magnetic resonance imaging of brain anatomy in severe developmental dyslexia [J]. Archives of Neurology, 1986, 43: 1045 –1046.

[325] RUMSEY J M, HORWITZ B, DONOHUE B C, et al. A functional lesion in developmental dyslexia: Left angular gyrus blood flow predicts severity [J]. Brain and Language, 1999, 70: 187 –204.

[326] RUMSEY J M, NACE K, DONOHUE B, et al. A positron emission tomographic study of impaired word recognition and phonological processing in dyslexic men [J]. Archives of Neurology, 1997, 54: 562 –573.

[327] RUMSEY J M, ZAMETKIN A J, ANDREASON P, et al. Normal activation of frontotemporal language cortex in dyslexia, as measured with oxygen 15 positron emission tomography [J]. Archives of Neurology, 1994, 51: 27 –38.

[328] RYKHLEVSKAIA E, UDDIN L Q, KONDOS L, et al. Neuroanatomical correlates of developmental dyscalculia: combined evidence from morphometry and tractography [J]. Frontiers in Human Neuroscience, 2009, 3: 51 –59.

[329] SABRI M, LABELLE S, GOSSELIN A, ET A1. Effects of sleep onset on the mismatch negativity (MMN) to frequency deviants using a rapid rate of presentation [J]. Brain Res Cogn Brain Res, 2003, 17: 164 –176.

[330] SALLY E S, WITZ M D. Dyslexia [J]. N Eng l J Med, 1998, 338: 307 –312.

[331] Salmelin R, Helenius P. Functional neuroanatomy of impaired reading in dyslexia [J]. Scientific Studies of Reading, 2004, 8: 257 –272.

[332] SALMELIN R, SERVICE E, KIESILA P, et al. Impaired visual word processing in dyslexia revealed with magnetoencephalography. Annals of Neurology, 1996, 40: 157 - 162.

[333] SAMS M, ALHO K, NAATANEN R. Sequential effects on the ERP in discriminating two stimuli [J]. Biological Psychology, 1983, 17 (1): 41 - 58.

[334] SAMS M, PAAVILAINEN P, ALHO K, et al. Auditory frequency discrimination and event - related potentials [J]. Electroencephalography and Clinical Neurophysiology/Evoked Potentials Section, 1985, 62 (6): 437 - 448.

[335] SANQUIST T F, ROHRBAUGH J W, SYNDULKO K, et al. Electrophysiological signs of Levels of processing: perceptual analysis and recognition memory [J]. Psychophysiology, 1980, 17: 568 - 577

[336] SCHACHT A, SOMMER W, SHMUILOVICH O, et al. Differential task effects on N400 and P600 elicited by semantic and syntactic violations [J]. PLoS ONE, 2014 (3): 1 - 7.

[337] SCHMID J M, LABUHN A S, HASSELHORN M. Response inhibition and its relationship to phonological processing in children with and without dyslexia [J]. International Journal of Disability Development and Education, 2011, 58: 19 - 32.

[338] SCHULTE - KÖRNE G, BRUDER J. Clinical neurophysiology of visual and auditory processing in dyslexia: A review [J]. Clinical Neurophysiology, 2010, 121: 1794 - 1809.

[339] SCHWEINBERGER S R, PICKERING E C, JENTZSCH I, et al. Event-related brain potential evidence for a response of inferior temporal cortex to familiar face repetitions [J]. Cognitive Brain Research, 2002, 14 (3): 398 - 409.

[340] SEKI A, KOEDA T, SUGIHARA S, et al. A functional magnetic resonance imaging study during sentence reading in Japanese dyslexic children [J]. Brain and Development, 2001, 23: 312 - 316.

[341] SERENO S C, RAYNER K, POSNER M I. Establishing a time - line of word recognition: evidence from eye movements and event - related potentials [J]. NeuroReport, 1998, 9: 2195 - 2200.

[342] SHAUL S, ARZOUAN Y, GOLDSTEIN A. Brain activity while reading words and pseudowords: A comparison between dyslexic and fluent readers [J]. International Journal of Psychophysiology, 2012, 84: 270 - 276.

[343] SHAW T H, WARM J S, FINOMORE V, et al. Effects of sensory modality on cerebral blood flow velocity during vigilance [J]. Neuroscience Letters, 2009, 461: 207 – 211.

[344] SHAYWITZ B A, LYON G R, SHAYWITZ S E. The role of functional magnetic resonance imaging in understanding reading and dyslexia [J]. Developmental Neuropsychology, 2006, 30: 613 – 632.

[345] SHAYWITZ S E, SHAYWITZ B A, PUGH K R, et al. Functional disruption in the organization of the brain for reading in dyslexia [J]. Proceedings of the National Academy of Sciences of the United States of America, 1998, 95: 2636 – 2641.

[346] SHELLEY A M, WARD P, CATTS S, et al. Mismatch negativity: An index of a preattentive processing deficit in schizophrenia [J]. Biological Psychiatry. 1991, 30 (10): 1059 – 1062.

[347] SHESTAKOVA A, HUOTILAINEN M, YAGVCHI K. Involuntary attention in children as a function of sound source location: evidence from event – related potentials [J]. Clinical neurophysiology, 2002, 113 (1): 162 – 168.

[348] SHU H, ANDERSON R C. Role of radical awareness in the character and word acquisition of Chinese children [J]. Reading Research Quarterly, 1997, 32 (1): 78 – 89.

[349] SHU H, BAI X L, HAN Z Z, et al. Lexical Representation and Processing Theory and evidence of cognitive neuropsychology [J]. Chinese Journal of Applied Psychology, 2003, 9 (2): 41 – 45.

[350] SHU H, BAI X L, HAN Z Z, et al. Lexical Representation and Processing Theory and evidence of cognitive neuropsychology [J]. Chinese Journal of Applied Psychology, 2003, 9 (2): 41 – 45.

[351] SHU H, MCBRIDE – CHANG C, WU S, et al. Understanding Chinese developmental dyslexia: Morphological awareness as a core cognitive construct [J]. Journal of Educational Psychology, 2006, 98 (1): 122 – 133.

[352] SHU H, MENG X Z. Chinese children's reading difficulties Exploration-statistics from dyslexia children [J]. Applied Linguistics, 2000, 3: 63 – 69.

[353] SHU H, MENG X, CHEN X, et al. The subtypes of developmental dyslexia in Chinese: evidence from three cases [J]. Dyslexia, 2005, 11: 311 – 329.

[354] SHULTZ R T, CHO N K, STAIB L H, et al. Brain morphology in normal

and dyslexic children: The influence of sex and age [J]. Annals of Neurology, 1994, 35: 732 – 742.

[355] SIEGLER R S, SHRAGER J. Strategy choices in addition and subtraction: How do children know what to do [M] //Sophian C. Origins of cognitive skills, 1984.

[356] SIMON F, MICHAEL S H, SIMON D G, et al. ERP "old/new" effects: memory strength and decisional factor (s) [J]. Neuropsychologia, 2002, 40: 2288 – 2304.

[357] SIMOS P G, BREIER J L, FLETCHER J M ET AL. Agerelated changes in regional brain activation during phonological decoding and printed word recognition [J]. Developmental Neuropsychology, 2001, 19: 191 – 210.

[358] SIMOS P G, BREIER J L, FLETCHER J M, et al. Cerebral mechanisms involved in word reading in dyslexic children: A magnetic source imaging approach [J]. Cerebral Cortex, 2000a, 10: 809 – 816.

[359] SIMOS P G, BREIER J L, FLETCHER J M, et al. Brain activation profiles in dyslexic children during non – reading: A magnetic source imaging study [J]. Neu – roscience Letters, 2000b, 290: 61 – 65.

[360] SIMOS P G, BREIER J L, FLETCHER J M, et al. Age – related changes in regional brain activation during phonological decoding and printed word recognition [J]. Developmental Neuropsychology, 2001, 19: 191 – 210.

[361] SINGH S K, HAWKINS C, CLARKE I D, et al. Identification of human brain tumour initiating cells [J]. Nature, 2004, 432 (7015): 396 – 401.

[362] SKAGERLUND K, TRÄFF U. Number processing and heterogeneity of developmental dyscalculia: subtypes with different cognitive profiles and deficits [J]. Journal of Learning Disabilities, 2014, 5: 1 – 15.

[363] SLUIS S, LEIJ A, PETER F. Working Memory in Dutch Children with Reading – and Arithmetic – Related LD [J]. Journal of Learning Disabilities, 2005, 38 (3): 207 – 221.

[364] SMALL S L, FLORES D K, NOLL D C. Different neural circuits subserve reading before and after therapy for acquired dyslexia [J]. Brain and Language, 1998, 62: 298 – 308.

[365] SMALLWOOD J, DAVIES J B, HEIM D, et al. Subjective experience and the attentional lapse: Task engagement and disengagement during sustained atten-

tion [J]. Consciousness and Cognition, 2004, 13: 657 – 690.

[366] SMILEK D, CARRIERE J S. A, CHEYNE J A. Failures of sustained attention in life, lab, and brain: Ecological validity of the SART [J]. Neuropsychologia, 2010, 48: 2564 –2570.

[367] SNODGRASS J G, CORWIN J. Pragmatics of measuring recognition memory: applications to dementia and amnesia [J]. Journal of Experimental Psychology: General, 1988, 117 (1): 34.

[368] SNOWLING M, DAWES P, NASH H, et al. Validity of a protocol for adult self – report of dyslexia and related difficulties [J]. Dyslexia, 2012, 18: 1 –15.

[369] SOBOTKA K R, MAY J G. Visual evoked potentials and reaction time in normal and dyslexic children [J]. Psychophysiology, 1977, 14: 18 –24.

[370] SORIANO – FERRER M, NIEVAS – CAZORLA F, SáNCHEZ – LóPEZ P, et al. Reading – related Cognitive Deficits in Spanish Developmental Dyslexia [J]. Social and Behavioral Sciences, 2014, 132 : 3 –9.

[371] SPIRONELLI C, ANGRILLI A. Developmental aspects of automatic word processing: language lateralization of early ERP components in children, young adults and middle – aged subjects [J]. Biological Psychology, 2009, 80 (1): 35 –45.

[372] SPREEN O, RISSER A H, EDGELL D. Developmental neuropsychology [M]. New York: Oxford University Press, 1995.

[373] SQUIRES – WHEELER E, FRIEDMAN D, SKODOL A E, et al. A longitudinal study relating P3 amplitude to schizophrenia spectrum disorders and to global personality functioning [J]. Biological Psychiatry, 1993, 33 (11 – 12): 774 –785.

[374] STELMACK R M, MILES J. The effect of picture priming on eventrelated potentials of nor – mal and disabled readers during a word recognition memory task [J]. Journal of Clinical and Experimental Neuropsychology, 1990, 12: 887 –903.

[375] STELMACK R M, ROURKE B P, VAN DER VLUGT H. Intelligence, learning disabilities, and event – related potentials [J]. Developmental Neuropsychology, 1995, 11: 445 –465.

[376] STELMACK R M, SAXE B J, NOLDY – CULLUM N, et al. Recognition memory for words and event – related potentials: A comparison of normal and disabled readers [J]. Journal of Clinical and Experimental Neuropsy – chology, 1988,

10: 185 – 200.

［377］STENNEKEN P, EGETEMEIR J, SCHULTE – KÖRNE G, et al. Slow perceptual processing at the core of developmental dyslexia: A parameter – based assessment of visual attention ［J］. Neuropsychologia, 2011, 49: 3454 – 3465.

［378］STEVENSON H W, TIGLER J W, LUCKER G W, ET al. Reading disabilities: The case of Chinese, Japanese and English ［J］. Child Development, 1982, 53: 1164 – 1181.

［379］SUI X, WANG Y, MA L B. Chinese developmental dyslexia children cognitive defects of research ［J］. China's special Education, 2008, 3: 4 – 47.

［380］SWANSON H L, KEHLER P, JERMAN O. Working Memory, Strategy Knowledge, and Strategy Instruction in Children With Reading Disabilities ［J］. Learning Disabilities, 2010, 43 (1): 24 – 47

［381］SZUCS D, DEVINE A, SOLTESZ F, et al. Developmental dyscalculia is related to visuo – spatial memory and inhibition impairment ［J］. Cortex, 2013, 49 (10): 2674 – 2688.

［382］TAIR J, BREZNER A, ARIEL R. Profound developmental dyscalculia: evidence for a cardinal/ ordinal skills acquisition device ［J］. Brain and Cognition, 1997, 35: 184 – 206.

［383］TAROYAN N A. NICOLSON R I. Reading words and pseudo – words in dyslexia: ERP and behavioural tests in English – speaking adolescents ［J］. International Journal of Psychophysiology, 2009, 74: 199 – 208

［384］TAYLOR H G , FLETCHER J M. Biological foundations of "specific developmental disorders"; : methods, findings and future directions ［J］. Journal of Clinical Child Psychology, 1983, 12 (1): 46 – 65.

［385］TAYLOR M J, KEENAN NK. Event – related potentials to visual and language stimuli in normal and dyslexic children ［J］. Psychophysiology, 1990, 727: 318 – 327.

［386］TECCE J J. Contingent negative variation (CNV) and psychological processes in man ［J］. Psychol Bull, 1972, 677 (2): 73 – 108.

［387］TEMPLE E, POLDRACK R A, PROTOPAPAS A, et al. Disruption of the neural response to rapid acoustic stimuli in dyslexia: Evidence from functional fMRI ［J］. Proceedings of the National Academy of Sciences of the United States of America, 2000, 97: 13907 – 13912.

［388］TEMPLE E, POLDRACK R A, SALIDIS J, et al. Disrupted neural responses to phonological and orthographic processing in dyslexic children: An fMRI study ［J］. Neuroreport, 2001, 12: 299 – 307.

［389］THOMPSON R, BERRY S, RINALDI P, et al. Habituation and the orienting reflex: The dual – process theory revisited ［M］//International conference on orienting reflex in humans, 1979.

［390］TIPPER S P, CRANSTON M. Selective attention and priming: Inhibitory and facilitatory effects of ignored primes ［J］. Quarterly Journal of experimental psychology: human , experimental psychology, 1985, 37 （A）: 581 – 611.

［391］TIPPER S P. The negative priming effect: Inhibitory priming by ignored objects ［J］. Quarterly Journal of Experimental Psychology, 1985, 37A: 571 – 590.

［392］TRAINOR L, MCFADDEN M, HODGSON L, ET A1. Changes in auditory corex and the development of mismatch negativity between 2 and 6 months of age ［J］. Int J psychophysiol, 2003, 51: 5 – 15.

［393］TREISMAN A M. Contextual cues in selective listening ［J］. Quarterly Journal of Experimental Psychology, 1960, 12 （4）: 242 – 248.

［394］UMBRICHT D, VYSSOTKI D, LATANOV A, et al. Deviance – related electrophysiological activity in mice: is there mismatch negativity in mice? ［J］. Clinical neurophysiology, 2005, 116 （2）: 353 – 363.

［395］UNSWORTH N, REDICK T, LAKEY C, et al. Lapses in sustained attention and their relation to executive control and fluid abilities: An individual differences investigation ［J］. Intelligence, 2010, 38: 111 – 122.

［396］VAN DOREN J A, KALTNER S, JANSEN P. Neuronal correlates of mental rotation performance in children with developmental dyslexia ［J］. Neuroreport, 2014, 8 （25）: 34 – 38.

［397］VAN HERTEN M, KOLK H H J, CHWILLA D J. An ERP study of P600 effects elicited by semantic anomalies ［J］. Cognitive Brain Research, 2005, 22: 241 – 255.

［398］VAN PETTEN C, KUTAS M. Influences of Semantic and Syntactic Context on Open and Close – Class Words ［J］. Memory and Cognition, 1991, 19: 95 – 112.

［399］VANDENBERGHE R, MOLENBERGHS P , GILLEBERT C. Spatial attention deficits in humans: The critical role of superior compared to inferior parietal lesions [J]. Neuropsychologia, 2012, 50 (6): 1092 – 1103.

[400] VIDYASAGAR T R, PAMMER K. Dyslexia: A deficit in visual – spatial attention, not in phonological processing [J]. Trends in Cognitive Sciences, 2010, 14: 57 – 63.

[401] VÕ M L H, JACOBS A M, KUCHINKE L, et al. The coupling of emotion and cognition in the eye: Introducing the pupil old/new effect [J]. Psychophysiology, 2008, 45 (1): 130 – 140.

[402] VON ASTER M G, SHALEV R S. Number development and developmental dyscalculia [J]. Developmental Medicine & Child Neurology, 2007, 49 (11): 868 – 873.

[403] VON ASTER M G. Developmental cognitive neuropsychology of number processing and calculation: varieties of developmental dyscalculia [J]. European Child & Adolescent Psychiatry, 2000, 9: 1141 – 1157.

[404] WAGNER M, BAVING L, BERG P, et al. An ERP Investigation of Semantic Priming, Repetition Priming, and Negative Priming in Schizophrenic Patients [J]. Journal of Psychophysiology, 2006, 20: 195 – 211.

[405] WANG E G, SHEN D L, LV Y, et al. Language learning disability children Chinese memory coding neural mechanism research [J]. Psychological development and education, 2011, 2: 57 – 66.

[406] WANG E G, ZHAO G X, LIU C, et al. Different types of Learning Disabilities adolescents have different types of working memory defects [J]. Chinese Science Bulletin, 2008, 53 (14): 1673 – 1679.

[407] WANG E G, LIU C, ZHAO G X. Processing speed and working memory in children with learning disability in mathematics [J]. Psychological Science, 2008, 31 (4): 856 – 860.

[408] WANG E G, QIN S T, CHANG M Y, et al. Digital memory encoding in Chinese dyscalculia: An event – related potential study [J]. Research in Developmental Disabilities, 2014, 36: 142 – 149.

[409] WANG E G, SHEN D L, LV Y, et al. Language learning disability children Chinese memory coding neural mechanism research [J]. Psychological development and education, 2011, 2: 57 – 66.

[410] WANG E G, ZHAO G X, LIU C, et al. Different types of learning difficulty youth there are different types of working memory defects [J]. Chinese science

bulletin, 2008, 53 (14) : 1673 –1679.

[411] WANG E, QIN S, CHANG M, et al. Digital memory encoding in Chinese dyscalculia: An event – related potential study [J]. Research in developmental disabilities, 2015, 36: 142 –149.

[412] WANG H, CHENG D Z, CHEN C P, et al. A simple mental arithmetic of mathematics learning disability children's digital distance effect [J]. Psychological science, 2010, 33 (1) : 108 –112.

[413] WANG J J, BI H Y, GAO L Q, et al. The visual magnocellular pathway in Chinese – speaking children with developmental dyslexia [J]. Neuropsychologia, 2010, 48 (12): 3627 –3633.

[414] WANG R L, LI N, CHEN B G. Sentence Processing semantic P600 effect [J]. Advances in Psychological Science, 2010, 18 (4): 545 –552.

[415] WEBER B A, OMEN G S. Auditory and visual evoked responses in children with learning disabilities [J]. Journal of Learning Disabilities, 1977, 10: 153 –158.

[416] WEEKES B S, CHEN M J, YIN W G. Anomia without dyslexia in Chinese [J]. Neurocase, 1997, 3: 51 –60.

[417] WERNER H, STRAUSS A A. Causal factors in low performance [J]. American Journal of Mental Deficiency, 1940, 45: 213 –218.

[418] WEYERTS H, TENDOLKAR I, SMIDHGO M, HEINAE H J. ERPs to encoding and recognition in two different inter – item associatinon task [J]. Neuroreport, 1997, 8: 1583 –1588.

[419] WILDING E L, RUGG M D. An event – related potential study of recognition memory with and without retrieval of source [J]. Brain, 1996, 119: 889 –905.

[420] WILD – WALL N, FALKENSTEIN M, HOHNSBEIN J. Flanker interference in young and older participants as reflected in event – related potentials [J]. Brain Research, 2008, 1211: 72 –84.

[421] WILLBURGER E, FUSSENEGGER B, MOLL K, et al. Naming speed in dyslexia and dyscalculia [J]. Learning and Individual Differences, 2008, 18 (2): 224 –236.

[422] WIMMER H, HUTZLER F, WIENER, C. Children with dyslexia and right parietal lobe dysfunction: event – related potentials in response to words and

pseudowords [J]. Neuroscience Letters, 2002, 331: 211 - 213.

[423] WINKLER I, NÄÄTÄNEN R. Event - related potentials in auditory backward recognition masking: A new way to study the neurophysiological basis of sensory memory in humans [J]. Neuroscience letters, 1992, 140 (2): 239 - 242.

[424] WOODS D L, ALHO K, ALGAZI A. Intermodal selective attention. I. Effects on event - related potentials to lateralized auditory and visual stimuli [J]. Electroencephalography and clinical Neurophysiology, 1992, 82 (5): 341 - 355.

[425] WU H R , LI L. Pupils math proficiency test Scale Development and Reliability and Validity [J]. China Public Health, 2005, 21 (4) : 473 - 475.

[426] WU H R, SONG R R, YAO B. Children of Chinese reading disorder scale preliminary establishment [J]. The Chinese school health, 2006, 27 (3): 189 - 190.

[427] WU HAN - RONG, LI LI. The norm establishment for Chinese Rating Scale of Pupil's Mathematic Ability [J]. Chinese Journal of Clinical Rehabilitation, 2006, 30: 058.

[428] WU S G, SHU H, LIU Y R. Role of children in the morphological awareness of Chinese reading [J]. Psychology and Behavior, 2005, 3: 35 - 38.

[429] WUNDERLICH J L, CONE - WESSON B. Effects of stimulus frequency and complexity on mismatch negativity and othercomponents of the cortical auditory evoked potential [J]. J Acoust Soc Arner, 2001, 109: 1526 - 1537.

[430] YIN W G, WEEKES B S. Dyslexia in Chinese: clues from cognitive neuropsychology [J]. ProQuest Psychology Journals, 2003, 53: 255 - 279.

[431] YOUGUO CHEN, XITING HUANG, YANGMEI LUO, et al. Differences in the neural basis of automatic auditory and visual time perception: ERP evidence from an across - modal delayed response Oddball task [J]. Brain research, 2010, 1325: 100 - 111.

[432] ZAMARIAN L, ISCHEBECK A, DELAZER M. Neuroscience of learning arithmetic - Evidence from brain imaging studies [J]. Neuroscience and Biobehavioral Reviews, 2009, 33: 909 - 925.

[433] ZHANG C F, ZHANG J H, CHANG S M, et al. Research on children's cognitive characteristics of Chinese dyslexia [J]. Acta Psychologica Sinica, 1998, 30 (1): 50 - 58.

[434] ZHANHG C, WANG X P. Raven standard reasoning test in the revision

of our country [J]. Acta Psychologica Sinica, 1989, 2: 113 – 121.

[435] ZHAO S F, CHEN R L, XIAO P H, ET A1. The relationship between white matter lesions and P300 during brain aging [J]. Chin J Clin Rehabil, 2002, 6 (17): 2531 – 2538.

[436] ZHOU X L, MENG X Z, CHEN Y Z. Functional brain imaging studies of developmental dyslexia [J]. Chinese Journal of Neuroscience, 2002, 18 (2): 568 – 572.